12,95

Todd Cartmell

BRUDER, SCHWESTER, BESTER FREUND

Todd Cartmell

Bruder, Schwester, bester Freund

Vom kreativen Umgang mit Geschwisterrivalität

FRANCKE
Verlag der Francke-Buchhandlung GmbH

Über den Autor:
Dr. Todd Cartmell ist Kinderpsychologe und Vortragsredner. In seiner Praxis in Wheaton (Illinois) behandelt er Kinder, die durch aggressives oder depressives Verhalten auffallen oder am ADS-Syndrom leiden. Er ist verheiratet und hat zwei Söhne.

Bibliografische Information der Deutschen Bibliothek
Die Deutsche Bibliothek verzeichnet diese Publikation in der Deutschen Nationalbibliografie; detaillierte bibliografische Daten sind im Internet über http://dnb.ddb.de abrufbar.

ISBN 3-86122-810-6

Originaltitel: Keep the Siblings, Lose the Rivalry

published by Zondervan, Grand Rapids, Michigan, USA

Deutsch von Andrea Wegener
Umschlaggestaltung: Henri Oetjen, DesignStudio Lemgo
Satz: Verlag der Francke-Buchhandlung GmbH
Druck: Ebner & Spiegel, Ulm

www.francke-buch.de

Inhaltsverzeichnis

Wie Geschwisterprobleme entstehen

Die Augen meines Zweijährigen wurden immer größer. Gerade war er in eine ganz neue Rolle geschlüpft – in die eines älteren Bruders. Ohne dass ihm das richtig bewusst war, waren seine Tage als Einzelkind für immer gezählt. Während ich in einem dick gepolsterten Stuhl im Entbindungszimmer saß und meinem Schwiegervater die Videokamera überließ, beobachtete ich Jakob, der dieses kleine lilarote Gesicht, das aus einem Krankenhauslaken hervorlugte, zum ersten Mal betrachtete.

„Du kannst Lukas ruhig guten Tag sagen!“, schlug ich vor und kämpfte mit den Freudentränen.

„Kann ich ihn mal anfassen?“, kam die Reaktion.

„Klar. Hier, schau mal. Aber mach ganz vorsichtig“, sagte ich und führte seine Hand so, dass er Lukas' Wange vorsichtig streicheln konnte.

„Und kann ich ihn mal halten?“, fragte Jakob, der einmal Streicheln offensichtlich nicht ausreichend fand, um seinen frischgebackenen Bruder im Leben zu begrüßen.

„Na klar“, sagte ich und nahm Jakob auf den Schoß, damit er das Baby halten konnte, während ich seine Arme von unten stützte.

Das waren unsere ersten Momente als vergrößerte Familie. Wir gingen zu dem Bett hinüber, in dem Laura sich ausruhte, legten ihr Lukas in den Arm und bestaunten gemeinsam das großartige Wunder, das wir hier erlebten.

„Ist er mein Baby?“, fragte Jakob aus heiterem Himmel. Laura und ich mussten über die unschuldige Kinderfrage unwillkürlich lächeln.

„Ja, Schätzchen“, antwortete Laura. „Er gehört uns allen. Lukas ist jetzt ein Teil unserer Familie.“

Irgendwann erinnerte uns eine Krankenschwester daran, dass Lukas noch für eine Weile zur Beobachtung in ein anderes Zimmer gebracht werden musste. Also legte ich das Neugeborene gehorsam in den Baby-Wagen und begann ihn aus dem Zimmer zu schieben.

„Kann ich ihn schieben?“, fragte Jakob. Ich hatte schon fast damit gerechnet.

„Oh ja, das ist toll, wenn du mir hilfst“, antwortete ich.

Eins unserer Lieblingsbilder von diesem Tag zeigt Jakob, wie er aufgeregt zu mir hochsieht, während wir beide den Baby-Wagen durch den Gang schieben. Immer wenn wir es anschauen, lächeln wir in der Erinnerung an das Band, das an diesem Tag zwischen den Geschwistern geknüpft wurde. Wir hoffen, dass es ewig Bestand hat.

Wenn sich die Familie vergrößert, sind die meisten Eltern voller Hoffnungen und Erwartungen. Sie wünschen sich eine Familie, deren Mitglieder einander liebevoll begegnen und Geborgenheit vermitteln, gemeinsam Spaß haben und Hand in Hand durchs Leben gehen. Vor ihrem inneren Auge ziehen herzliche und gesunde Beziehungen zwischen Eltern und Kindern vorüber, Beziehungen, die wachsen und blühen. Brüder und Schwestern erkennen den Beitrag an, den jeder Einzelne mit seinen Gaben und Fähigkeiten zum gemeinsamen Familienleben leistet, begegnen einander mit höflichem Lächeln und denken immer zuerst an das Wohl der anderen.

„Chris, du kannst heute zuerst an den Computer.“

„Tanja, möchtest du das letzte Stück Schokoladenkuchen?“

„Max, du hast heute bestimmt keine Lust, im Garten das Laub zusammenzufegen – ich übernehm das für dich.“

Und dann passiert es doch. Die Realität bricht herein.

Anja: „Mama, Steffen hat mich geschubst!“
Steffen *(mit boshaftem Grinsen)*: „Ist ja gar nicht wahr!“
Anja: „Ist ja doch wahr! Jetzt hör auf zu lügen!“
Steffen: „Ich lüg ja gar nicht! Hör auf, mich zu verpetzen!“
Mama: „Hört jetzt beide sofort auf damit!“
Anja *(fängt an zu weinen)*: „Aber Mama, der macht das extra!“
Steffen: „Du bist eine doofe Heulsuse!“
Jonas: „Mama, sag ihr, sie soll endlich ihre blöde Musik leiser stellen. Ich versuche hier, meine Hausaufgaben zu machen.“
Mama: „Schatz, es ist wirklich nicht besonders laut.“
Jonas: „Doch, es ist besonders laut! Na gut, wenn du ihr nichts

sagst, sag ich es ihr eben. *(brüllt)* Michelle, mach deine blöde Musik aus!"

Michelle *(brüllt aus ihrem Zimmer)*: „Reg dich ab! Kannst ja in den Keller gehen, wenn's dir zu laut ist!"

Jonas: „Ich geh bestimmt nicht in den Keller. *Du* kannst in den Keller gehen, dann werden wir anderen wenigstens von deiner abartigen Musik verschont. Das hält ja kein Mensch aus!"

Michelle: „Bloß weil du so lange an deinem Kram sitzt, musst du mich nicht nerven. Mama, sag ihm, er soll mich in Ruhe lassen."

Jonas: „Naja, immerhin bin ich nicht so hässlich, dass kein Junge aus der Schule mit mir gesehen werden will!"

Wir alle verstehen die erschöpfte Mutter von drei Kindern, die man fragte, ob sie wieder Kinder haben wollte, wenn sie ihr Leben noch mal leben könnte. „Klar", gab sie zur Antwort, „aber nicht wieder dieselben."

Eine Mahlzeit ohne Streit darüber, wer die meisten Erbsen essen musste, kann einem wie ein Geschenk des Himmel vorkommen. All unsere Bemühungen, Streitereien schon im Keim zu ersticken, werden von unseren Kindern zunichte gemacht, die über schier grenzenlose Möglichkeiten verfügen, aufeinander herumzuhacken. Manchmal fühlen wir uns wie die Mutter eines Sechsjährigen, der weinend angelaufen kam, weil seine kleine Schwester ihn an den Haaren gezogen hatte.

„Sei nicht böse", versuchte die Mutter zu vermitteln. „Deine Schwester weiß nicht, dass das wehtut, wenn man an den Haaren zieht." Kurz darauf hörte die Mutter wieder Geschrei und ging nach den Kindern sehen. Diesmal schrie die kleine Schwester wie am Spieß.

Ihr Bruder sah auf und verkündete mit Unschuldsmiene: „Jetzt weiß sie's."

Wir alle kennen solche Momente, in denen wir zum hundertsten Mal den Streit um die Fernbedienung schlichten und uns währenddessen leise die Eine-Million-Euro-Frage stellen: „Warum können sich meine Kinder eigentlich nicht vertragen?"

Tief in Ihrem Herzen ahnen Sie, dass Gott sich das mit Ihrer Familie irgendwie anders vorgestellt hat.

Was Beziehungen zwischen Geschwistern prägt

Ein Blick in die Bibel macht sehr schnell deutlich, dass Geschwisterprobleme keine Erfindung des 21. Jahrhunderts sind. Sie haben die Menschheit von Anfang an begleitet. Das erste Geschwisterpaar, Kain und Abel, entwickelte eine intensive Rivalität, die letztlich in einem Mord gipfelte; wir alle hoffen, dass unser Heim in der nächsten Zeit von Ähnlichem verschont bleibt. Nicht allzu lange Zeit darauf erschwindelte sich Jakob das Erstgeburtsrecht, das seinem Bruder Esau zustand. Und einige Jahre später wurde Joseph von seinen Brüdern als Sklave an vorbeiziehende Händler verkauft, weil sie seine Träume und Visionen nicht mehr ertrugen.

Wir müssen uns andererseits nicht auf die Erzählungen der Bibel stützen, um daran erinnert zu werden, dass Geschwisterkonflikte allgegenwärtig sind; unsere eigenen Erfahrungen als Familie überzeugen uns davon schon schnell genug. In meinen Workshops über Geschwisterbeziehungen frage ich die Eltern oft, ob sie in ihrer Kindheit Konflikte mit ihren Geschwistern erlebt haben. Fast jeder hebt hier die Hand. Manche geben sogar zu, dass sie zu Brüdern und Schwestern absichtlich gemein waren und sie ärgerten!

Verschiedene Faktoren bestimmen die Qualität von Geschwisterbeziehungen. Die wichtigsten sind: das Temperament der Kinder, ihre individuellen Stärken und Schwächen und der Erziehungsstil der Eltern. Schauen wir uns diese Faktoren einmal im Einzelnen an.

Unterschiedliche Temperamente

Mit dem Temperament des Kindes sind hier angeborene Charaktereigenschaften gemeint, also die Art und Weise, wie ein Kind „tickt“. Manche Kinder sind eher schüchtern und vorsichtig, andere ausdauernd und voller Energie. Ein Kind ist von Natur aus umgänglich und gibt schnell nach, ein anderes dagegen gerät mit jedem aneinander und bekommt Wutausbrüche, wenn es nicht nach seinem Willen geht.

Es ist nicht besonders schwierig, bei so verschiedenen Temperamenten ein Konfliktpotenzial auszumachen. Jan ist ein unkomplizierter Junge von zehn Jahren. Er mag Fußball, bekommt in der Schule gute Noten und hat eine Menge Freunde. Seine achtjährige Schwester Kathrin dagegen ist aus ganz anderem Holz geschnitzt. Sie konnte sich noch nie lange auf etwas konzentrieren und ist sehr unausgeglichen. Sie hält sich in der Schule mit knappen Dreien über Wasser und brütet viel länger über ihren Hausaufgaben als Jan. Wenn irgendetwas verkehrt läuft, reagiert sie ungehalten und bekommt oft schon wegen Kleinigkeiten einen Wutanfall.

Es überrascht nicht besonders, dass Jan und Kathrin sich manchmal ganz gewaltig auf die Nerven gehen können. Kathrin sieht sich ständig im Schatten ihres großen Bruders und schafft es nie, so zu sein wie er. Er scheint immer alles richtig zu machen. Und auf der anderen Seite wundert sich Jan, warum Kathrin so viel mehr Aufmerksamkeit und Zuwendung erfährt als er – und dabei macht sie doch nichts als Ärger.

Individuelle Stärken und Schwächen

Geschwister haben nicht nur verschiedene Temperamente, sie sind auch auf verschiedenen Gebieten unterschiedlich gut oder schlecht: bei schulischen Leistungen, körperlicher Belastbarkeit, künstlerischer Begabung und sozialem Geschick.

Nehmen wir Tim, der seit dem ersten Schuljahr mit dem Lesen und Schreiben seine Schwierigkeiten hat, während sein älterer Bruder ohne besondere Mühe eine Eins nach der anderen schreibt. Oder Tessa, die ihren Klavierstunden etwa so viel abgewinnen kann wie Zahnarztbesuchen, während ihre Schwester Clara ihrer Geige mit müheloser Leichtigkeit die schönsten Töne entlockt. Kinder, deren Leistungen immer hinter denen der Geschwister zurückbleiben, stehen schnell in der Gefahr, eifersüchtig und missmutig zu werden. Damit wird unweigerlich Öl ins Feuer der Geschwisterkonflikte gegossen.

Der Erziehungsstil der Eltern

Eltern haben einen starken Einfluss auf die Qualität der Geschwisterbeziehungen. Ohne dass uns das bewusst wäre, behandeln viele von uns die erstgeborenen Kinder anders als die später geborenen. Es gibt Zeiten, in denen wir selber ungesunde Kommunikationsstile pflegen oder es versäumen, klare Regeln für das Miteinander aufzustellen. Und manchmal sind wir so im Alltag gefangen, dass unser Miteinander als Familie viel zu kurz kommt; die Beziehungen untereinander werden mit der Zeit immer fader. Schauen wir uns die Erziehungsfalle, in die Eltern immer wieder tappen, einmal genauer an.

Die Kinder werden unterschiedlich behandelt

Irgendjemand hat einmal gesagt, dass keine zwei Kinder dieselben Eltern haben. Natürlich ist es bis zu einem gewissen Grad vernünftig und unvermeidlich, dass Kinder ihrem Alter und ihrem Verhalten gemäß behandelt werden. Andererseits können wir sehr schnell zu Neid und Streit beitragen, indem wir allzu viele Unterschiede in der Erziehung machen. Es ist beispielsweise sehr einfach und passiert schneller, als uns lieb ist, dass wir vom ältesten Kind zu viel erwarten, das jüngste wie ein Baby behandeln und das mittlere in dem ganzen Trubel glatt übersehen. Folglich sieht sich das Älteste einem enormen Druck ausgesetzt, alles richtig zu machen, das Jüngste wird beschuldigt, das Lieblingskind zu sein, und das Mittlere, das Sandwich-Kind, verbittert über dem Mangel an Zuwendung.

„Mark ist ein ganz typisches Sandwich-Kind", erzählte mir eine Mutter über ihren Zehnjährigen, als wir eines Nachmittags vor meiner Bürotür aufeinander stießen.

„Wie meinen Sie das denn?", hakte ich nach.

„Oh, er geht irgendwie unter bei seinem großen Bruder und seiner kleinen Schwester", erklärte sie so sachlich, als ginge es um die Wetteraussichten für den nächsten Tag.

Ihr war nicht bewusst, dass sie zu Marks unglücklicher Lage zum Teil mit beigetragen hatte. Wenn man alle Faktoren zusammenrechnet, steht Mark ja vielleicht wirklich außen vor.

Wie sich die Geburtsfolge auswirkt, hat mit dem Temperament der Kinder nichts zu tun, sondern wird erst zum Thema, weil sich das Kind als älteres, mittleres oder jüngeres Kind einzuordnen lernt. Es ist ganz wichtig, dass Kinder unabhängig von der Reihenfolge der Geburt spüren, dass sie ein wichtiger und wertvoller Teil der Familie sind. Es liegt an den Eltern, Mark zu vermitteln, dass er für seine Familie kein bisschen weniger wichtig ist als sein großer Bruder oder seine kleine Schwester.

Wie Sie jedes einzelne Ihrer Kinder behandeln (ob es nun das erste oder das zehnte ist!), wird entscheidend dazu beitragen, inwieweit die Geburtsfolge die Beziehungen der Geschwister untereinander beeinflusst.

ZUM SCHMUNZELN

Wie Eltern mit Frustration umgehen können

Richtig	Falsch
Ein kleines Gummibällchen in den Händen kneten.	Das Bällchen nach ihnen werfen.
	Die Luft aus ihren Fahrradreifen lassen.
Bis zehn zählen.	Sich aus einem Streit zurückziehen und sofort einen Martini mixen.
Fünfmal tief durchatmen.	Absichtlich vergessen, die Trinkflasche in den Schulranzen zu packen.
Ein gutes Buch lesen.	
Ein kurzes Gebet flüstern.	Die Kinder daran erinnern, dass sie Sie gerade wieder um fünf Jahre Ihrer Lebenserwartung gebracht haben.

Kommunikation misslingt

Unsere Kinder beobachten unsere Art der Kommunikation sehr genau. Sie hat einen großen Einfluss darauf, wie sie selber mit Konflikten umgehen. Wenn wir wütend auf unsere Kinder sind, geben wir allzu leicht der Versuchung nach, in einem Ton mit ihnen zu reden und

Worte zu benutzen, die wir andersherum bei ihnen niemals dulden würden. Wir scheinen zu denken, dass sich Probleme damit lösen lassen.

„Ich ertrag es einfach nicht, wenn die Kinder sich ständig anbrüllen", klagte mir Georg sein Leid, als er zusammen mit seiner Frau Teresa in einer meiner Elternsprechstunden saß.

„Warum setzen wir uns nicht einmal alle zusammen und versuchen ihnen beizubringen, wie man höflich miteinander redet?", schlug ich vor.

„Oh ja, das machen wir", stimmten Georg und Teresa begeistert zu.

In der Familiensprechstunde lief dann allerdings alles anders, als ich mir das nach ihren Schilderungen vorgestellt hatte. Als wir einige Probleme im Familienleben ansprachen, war es Georg, der laut wurde und einfach niemandem zuhören wollte, egal, um welches Thema es gerade ging. Den Kindern konnte man die Bitterkeit und Enttäuschung darüber deutlich vom Gesicht ablesen. Im Verlauf unserer Sitzung beobachtete ich Teresa, die einfach nur passiv dasaß und das rechthaberische Verhalten ihres Mannes damit noch unterstützte. Es dauerte nicht lange, bis die Kinder eins nach dem anderen lautstark aufbegehrten; sie wollten einfach nur um jeden Preis gehört werden. Genau wie ihr Vater hörten auch sie nicht zu, was die anderen sagten, und benutzten immer unfreundlichere Worte, um ihre Meinung zum Ausdruck zu bringen. Am Schluss war klar, dass die Familie in ihrer Diskussion genau den Weg gegangen war, den die Eltern eingeschlagen hatten. Man sagt nicht umsonst: Der Apfel fällt nicht weit vom Stamm.

Erwartungen werden nicht geklärt

Wenn nie klar und ausdrücklich festgelegt wurde, wie Familienmitglieder miteinander umgehen, führt das mit ziemlicher Sicherheit zu Konflikten.

Sarah saß eines Tages in meinem Büro und erzählte mir, dass ihre drei Kinder sich ständig Schimpfwörter an den Kopf warfen. „Ach, die machen das ständig", lachte sie, „dafür sind Brüder und Schwestern doch da, oder?"

Was mir auffiel, war die Unbekümmertheit, mit der Sarah darüber hinwegsah. Sie ging einfach davon aus, dass Schimpfwörter ein ganz normaler Bestandteil von Geschwisterbeziehungen waren, und unternahm nichts dagegen. Folglich entwickelten die Kinder einige üble Gewohnheiten – und Sarah wurde in ihren Ansichten weiter bestätigt.

Die Familienmitglieder leben nebeneinander her

Wenn Familien nie feste Zeiten ansetzen, um gemeinsam etwas zu unternehmen, oder wenn die ganze Atmosphäre vom vielen Streiten und Schimpfen regelrecht vergiftet ist, wird respektloses Verhalten unter Geschwistern schnell die Norm. Die Kinder gewöhnen sich daran, einander nervig zu finden, und machen nicht mehr genügend positive Erfahrungen miteinander, um diese negative Einstellung auszugleichen. Unter Schritt eins werden wir noch sehen, inwieweit die Zeit, in der man als Familie gemeinsam etwas unternimmt, auch dann die Beziehung zwischen den Geschwistern bestimmt, wenn die Eltern nicht dabei sind.

Darüber hinaus gibt es noch drei Hauptgründe für Geschwisterkonflikte, und diese beeinflussen seit Kain und Abel jede Geschwisterbeziehung. Schauen wir uns die wichtigsten drei Gründe für Geschwisterprobleme an.

Die drei Hauptgründe für Geschwisterkonflikte

Grund Nummer 3: Sie haben mehr als ein Kind

Natürlich fängt damit alles an. Eigentlich sind Kinder sogar eines der schönsten Geschenke, die wir von Gott bekommen können. Aber sobald Nummer Zwei unterwegs ist, sollten Sie sich auf eine Reihe großer Herausforderungen einstellen. Wie bringt man Kindern bei, ihr Spielzeug zu teilen? Nach welchen Kriterien entscheidet man, wer den letzten Schokopudding bekommt? Wie findet man heraus, wer wen zuerst gehauen hat? Das sind alles Fragen, vor denen man mit einem Einzelkind nie steht.

Grund Nummer 2: Ihre Kinder leben unter einem Dach

Wenn Sie dieses Buch lesen, haben Sie wahrscheinlich nicht nur Kinder, sondern sie leben auch noch im selben Haus. Manche von Ihnen waren sogar mutig genug, mehrere Kinder ein Zimmer teilen zu lassen! (Was haben Sie sich nur dabei gedacht?)

Haben Sie sich jemals gefragt, warum Ihre Kinder Freunde haben? Sie haben Freunde, weil sie mit diesen Freunden nicht zusammen *leben* müssen. Sie sehen ihre Freunde in der Schule, beim Fußball, in der Gemeinde, und dann gehen sie alle wieder in ihr jeweiliges Zuhause. Mit anderen Worten: Freunde erleben den ganzen Spaß und alle möglichen Höhepunkte miteinander, aber nur selten die langweiligen, anstrengenden Seiten des Lebens: vor dem Badezimmer warten, bis man an der Reihe ist, Spielsachen aufräumen, die man gar nicht verstreut hat, Musik anhören, die man nicht ausstehen kann, sich einen Fernseher teilen, entscheiden, wer das größere Zimmer bekommt. In den vollen Genuss all dieser Unerfreulichkeiten kommen nur Geschwister. Und je näher sie sich sind und je gewöhnlicher ihr Leben sich gestaltet, desto mehr Gelegenheiten haben sie, einander auf die Nerven zu gehen. Nehmen wir das gemeinsame Zimmer als Beispiel. Geschwister, die sich ein Zimmer teilen, können viel in punkto Teilen und Verhandeln lernen, und möglicherweise entwickeln sie eine sehr enge Beziehung, weil sie abends noch leise miteinander spielen oder sich bis zum Einschlafen unterhalten. Aber diese ständige Tuchfühlung bringt auch viel Zündstoff mit sich – selbst für Geschwister, die sich sehr nahe stehen.

Grund Nummer 1: Ihre Kinder müssen das Zusammenleben erst noch lernen

Der Hauptgrund dafür, dass Kinder sich mit ihren Geschwistern streiten, liegt darin, dass ihre Fähigkeiten zu einem gelingenden Zusammenleben erst noch entwickelt werden müssen. Falls Sie es noch nicht bemerkt haben: Es ist nicht immer einfach, mit anderen Menschen zusammenzuleben. Man teilt gute und schlechte Zeiten miteinander, scherzt und räumt auf, erlebt den anderen in bester Stimmung und auch an Tagen, an denen er mit dem falschen Fuß zuerst aufgestanden ist.

Mit der Zeit entwickeln wir alle hoffentlich die Fertigkeiten, die man zu einem vernünftigen Zusammenleben braucht, Gewohnheiten und Verhaltensweisen, die uns zu guten Mitbewohnern machen. Diese Fertigkeiten umfassen unter anderem Verhandlungsgeschick, Teilen, Achtung vor der Meinung des anderen, Flexibilität, die angemessene Formulierung eigener Gefühle, Umgang mit Alltagsstress, Rücksicht und Problemlösungsstrategien. Das klingt vielleicht wie eine Aufzählung aus den Träumen, die sie für Ihre Kinder haben. Und genau das ist es auch, denn all diese wichtigen Fähigkeiten helfen Ihren Kindern dabei, mit den Enttäuschungen und Schwierigkeiten eines ganz normalen Familienlebens umzugehen.

Die zehnjährige Jana beispielsweise kam nach einem harten Schultag verärgert nach Hause, nachdem sie trotz aller Mühe für ihr Diktat nur eine Dreiminus bekommen hatte. Im Versuch, alle Gedanken an die Schule so schnell wie möglich hinter sich zu lassen, steuerte sie geradewegs den Fernseher an, wo sie sich von ein paar hirnlosen Zeichentrickfilmen Entspannung erhoffte. Als sie allerdings ins Wohnzimmer kam, musste sie feststellen, dass ihre sechsjährige Schwester Rahel in ein Kindervideo vertieft war, das Jana schon tausendmal gesehen hatte und nach dem ihr der Sinn nun gerade nicht stand.

Ärger keimte in Jana auf wie eine wärmegesteuerte Rakete, die geradewegs auf ihr Ziel zusteuert. Und dieses Ziel lag vor ihr auf dem Wohnzimmerboden.

Jana:	„Du schaust dir das doch wohl nicht schon wieder an! Warum musst du immer diesen blöden Film gucken, wenn ich meine Zeichentrickfilme sehen will?“
Rahel:	„Der ist nicht blöd!“
Jana:	„Du hast ihn doch schon tausendmal gesehen. Können wir nicht was anderes gucken?“
Rahel:	„Nein, ich bin grad mittendrin!“
Jana:	*(zunehmend frustriert)* „Immer muss es nach dir gehen. Du bist total egoistisch!“
Rahel:	„Bin ich gar nicht. Mama!“
Jana:	„Ich will diesen blöden Film sowieso nicht mehr sehen. Der ist ja was für Babys.“

So sieht es aus, wenn die Fertigkeiten, die man zum Zusammenleben braucht, noch unterentwickelt sind.

In diesem Fall muss Jana Flexibilität lernen, wenn nicht alles nach ihren Wünschen verläuft.

Flexibel zu sein, wenn sich unsere großartigen Pläne plötzlich zerschlagen, ist eine Fähigkeit, die schwer zu erlernen ist. Jana ging davon aus, dass sie ein Recht darauf hatte, fernzusehen, wenn sie dazu Lust hatte (auch wenn schon jemand anderes vor dem Fernseher saß), und dass sie zu ihrer Schwester unfreundlich sein durfte, weil nicht alles nach ihren Wünschen verlief.

Diese beiden unausgesprochenen Grundannahmen sind allerdings nicht richtig. Der Fernseher gehört nicht Jana, und deswegen kann sie sich nicht zu jeder Zeit ihre Zeichentrickfilme ansehen. Außerdem kann sie nicht einfach ein anderes Familienmitglied respektlos behandeln, nur weil sie in der Schule einen schweren Tag hatte. Richtigere Grundannahmen wären die folgenden gewesen:

- Der Fernseher steht mir nicht immer zur Verfügung.
- Ich muss zu Rahel auch dann freundlich sein, wenn ich sauer bin.

Jana hätte sich auch für eine andere Vorgehensweise entscheiden können. Sie hätte dafür allerdings das Handwerkszeug zum Zusammenleben benötigt, bei dem es um Problemlösungen geht. Sie hätte ihre Schwester fragen können, wie lange ihr Film noch geht, oder sie hätte sich jemand anderes zum Spielen suchen können. Janas Grundfähigkeiten zum Zusammenleben sind noch nicht ausreichend entwickelt, deswegen kann es zum Konflikt mit der Schwester kommen.

Was wir tun können

Wenn wir uns diese drei Gründe für Streit unter Geschwistern ansehen, fragen wir uns natürlich, was wir da machen sollen.

Was Grund Nummer 3 betrifft (Sie haben mehr als ein Kind), so können wir dagegen nicht viel machen – und wollen es auch gar nicht. Wir finden es doch eigentlich großartig, mehrere Kinder zu haben, und wir hoffen, dass wir ihnen ein gutes Umfeld bieten können – auch mit Geschwistern und allem, was dazugehört.

Grund Nummer 2 (die Kinder unter einem Dach) ist ähnlich schwer zu überwinden, wenn Sie nicht Ihre Kinder in verschiedenen Internaten – möglichst in unterschiedlichen Ländern – unterbringen wollen.

Nein. Wir müssen unsere Energie auf Grund Nummer 1 verwenden (Ihre Kinder entwickeln die Fähigkeiten zum Zusammenleben erst noch). Wir müssen unseren Kindern beibringen, wie Zusammenleben gelingen kann.

Gibt es einen besseren Ort, diese Fähigkeiten zu erlernen, als die Familie – ein Umfeld, in dem man unglaublich viel lehren, wachsen und lernen kann?

Gott hat uns in seinem Wort hilfreiche Richtlinien vermittelt, wie wir gesunde Familien aufbauen und unseren Kindern helfen können, alle Fähigkeiten zu entwickeln, die sie zum Leben in einer Gemeinschaft brauchen. Und in seiner großen Weisheit hat er die Familie als ein Klassenzimmer geschaffen, in dem man all das lernen kann.

Und raten Sie mal, wer als Lehrer vorgesehen ist!

Sie.

Was wir vom Gärtnern lernen können

Manchmal liegt die Antwort auf unsere kniffligen Fragen nicht weiter entfernt als der Garten hinter unserem Haus. Was Geschwisterkonflikte angeht, so können wir von den Blumen eine Menge lernen. Sie brechen jedes Frühjahr aufs Neue in atemberaubenden Farbkombinationen durch die mit Torf bedeckte Erde und sprechen Bände über den Prozess von Wachstum und Reife.

Um eine gesunde Blume aufzuziehen, müssen Sie vor allem drei Dinge tun:

- Den Boden vorbereiten.
- Die Saat setzen.
- Für ein günstiges Klima sorgen.

Was für Blumen gilt, lässt sich auch leicht auf die Erziehung unserer Kinder übertragen. Jede Phase in diesem Prozess lässt sich in verschiedene Schritte unterteilen, die die Fähigkeiten Ihrer Kinder zum Zusammenleben stärken und die Beziehungen der Geschwister untereinander dauerhaft verändern können. Im Folgenden sollen die drei Phasen dieses Prozesses und die einzelnen Schritte kurz vorgestellt werden.

Phase eins: Den Boden vorbereiten

Jeder halbwegs gute Gärtner weiß, dass man auf die Vorbereitung des Bodens viel Sorgfalt verwenden muss. Fruchtbare, nährstoffreiche Erde bringt sehr viel gesündere und schönere Pflanzen hervor als ein trockener Batzen Ton. Auf Geschwisterbeziehungen angewandt bedeutet das, dass man einen nährstoffreichen Familienboden vorbereitet, der Beziehungen und Bande zwischen Familienmitgliedern hervorbringt, wie Gott sie sich vorgestellt hat.

Um einen solchen fruchtbaren Boden zu erhalten, lernen Sie zuerst, wie Sie mit Ihren Kindern einfache, aber entscheidende Gespräche führen können, in denen der Zusammenhalt zwischen den Geschwistern gestärkt wird. Es ist dabei ganz wichtig, die unterschiedlichen Charaktereigenschaften und Fähigkeiten jedes Kindes als von Gott gegeben anzunehmen und mit jedem einzelnen eine vertraute Beziehung aufzubauen. Sie widerstehen dabei immer besser der allgegenwärtigen Versuchung, Vergleiche anzustellen, das Kind in eine Schublade zu stecken oder Konkurrenz zwischen den Geschwistern zu fördern, und entwickeln stattdessen Strategien, wie die Erde Ihres Familienlebens den wichtigen Nährstoff gegenseitigen „Respekt“ erhält.

Phase zwei: Die Saat setzen

Wenn Ihre Erde gut vorbereitet ist und sich eine Atmosphäre von Vertrautheit und gegenseitigem Respekt entwickelt hat, können Sie die Saat setzen. Mit der „Saat“ sind hier die Fähigkeiten gemeint, die Ihre Kinder für gesunde Geschwisterbeziehungen brauchen. Es gibt grundsätzlich drei Arten von Fähigkeiten: Kommunikationsregeln, Ansätze zur Problemlösung und Überlebenstricks.

Jede dieser Fähigkeiten ist unabdingbar, wenn man harmonisch zusammenleben möchte. Wenn Ihre Kinder die Probleme lösen wollen, die sie miteinander haben, müssen sie zuerst einmal wissen, wie man respektvoll miteinander redet. Als Nächstes müssen sie

Strategien kennen, wie man Probleme zur Zufriedenheit aller Beteiligten lösen kann. Und schließlich gibt es grundlegende Überlebensfähigkeiten, mit denen alle Geschwister vertraut sein sollten. Dazu gehört, dass man auf Geschwister, die einem auf die Nerven gehen, angemessen reagiert, dass man teilen und sich bei irgendetwas abwechseln kann, dass man flexibel bleibt und dass man vergeben kann, wenn einem Unrecht geschehen ist.

Für jede der oben geschilderten Fähigkeiten finden Sie in diesem Buch Anleitungen, um Ihren Kindern alles Nötige zu vermitteln und es praktisch einzuüben. Je mehr Sie ihnen in all diesen Bereichen helfen, ihre Fähigkeiten zu verbessern, desto mehr stellen Sie fest, dass Ihre Kinder Probleme ohne Ihre Mithilfe lösen können.

Phase drei: Für ein günstiges Klima sorgen

Nachdem Sie den Boden vorbereitet und die Saat gesetzt haben, müssen Sie weiter für ein gutes Umfeld sorgen, damit Ihre Blume wächst und ihre Schönheit entfaltet. Auf Geschwisterbeziehungen angewendet, bedeutet das, Ihren Kindern ein Milieu zu schaffen, in dem sie wichtige Lektionen fürs Leben lernen können. Diese Lektionen umfassen Folgendes:

- Es lohnt sich, andere Menschen respektvoll zu behandeln; es lohnt sich nicht, einander zu verletzen.
- Es zahlt sich aus, wenn man Zeit und Mühe investiert, um die eigenen Gefühle und Wünsche deutlich und höflich auszudrücken; mit Schimpfwörtern und Geschrei dagegen kommt man nicht besonders weit.
- Wenn man Probleme richtig löst, kommt man weiter, als wenn man zankt und streitet.
- Jeder ist selbst für sein Verhalten in einer bestimmten Situation verantwortlich.

Mit anderen Worten: Sie vermitteln Ihren Kindern, dass sich ein respektvoller Umgang miteinander lohnt. Ihre Familie sollte ein Ort sein, in dem positives Verhalten im Zusammenleben bestärkt und gefördert wird.

Der strategische Einsatz und ausgewogene Gebrauch von Lob

einerseits und negativen Konsequenzen andererseits schafft ein Klima, in dem Ihre Kinder diese wichtigen Lektionen lernen können.

Wie man dieses Buch am besten nutzt

Jedes Kapitel dieses Buches endet mit zwei Abschnitten, die Ihnen helfen sollen, die vorgestellten Konzepte zu erfassen und sofort in Ihrer Familie anzuwenden. Wenn Sie dieses Buch als Elternpaar lesen, überlegen Sie einfach, wie Sie die Vorschläge in Ihrer Familie umsetzen können. Wenn Sie allein erziehend sind, denken Sie die Abschnitte genauer durch und überlegen Sie, wie Sie sich für Ihre Situation am sinnvollsten abändern lassen.

Zunächst enthält jedes Kapitel einen Abschnitt mit Anregungen „zum Nachdenken". Hier stehen Fragen, die Ihnen helfen sollen, die vorgestellten Konzepte genauer zu erfassen und auf Ihre Familiensituation zuzuschneiden. Im Anschluss daran folgt ein Abschnitt „Übung macht den Meister", der praktische Übungen zu den gerade vorgestellten Fähigkeiten enthält. Wenn Sie diese durchgearbeitet haben, können Sie am Ende des Buches Beispielantworten und mögliche Lösungen nachschlagen. Fünfzehn „Anleitungen zum Familiengespräch" sollen Ihnen noch weiter dabei helfen, Ihren Kindern hilfreiche Fähigkeiten zum Zusammenleben zu vermitteln. Diese Übungen lassen sich in spannenden und lustigen Familiengesprächen sofort einsetzen.

Wenn Sie das Material im Rahmen einer Arbeitsgemeinschaft oder Elterngruppe systematisch durcharbeiten wollen, finden Sie hier einen Zwölf-Wochen-Plan; dabei ist die Zeit angegeben, die Sie ungefähr zum Lesen und für die Übungen brauchen.

1. Woche

20 min: Einführung
20 min: Fragen zum Nachdenken

2. Woche

20 min: ERSTER SCHRITT: Stärken Sie den Familienzusammenhalt
20 min: Fragen zum Nachdenken und Übung macht den Meister

30 min: Anleitung zum Familiengespräch Nr. 1: Unser erstes Familientreffen

3. Woche

20 min: Zweiter Schritt: Wenden Sie sich den Kindern einzeln zu
20 min: Fragen zum Nachdenken und Übung macht den Meister
30 min: Anleitung zum Familiengespräch Nr. 2: Ohne dich geht es nicht

4. Woche

20 min: Dritter Schritt: Wirken Sie dem Konkurrenzdenken entgegen
20 min: Fragen zum Nachdenken und Übung macht den Meister
30 min: Anleitung zum Familiengespräch Nr. 3: Gott hat Großes mit dir vor

5. Woche

20 min: Vierter Schritt: Bestehen Sie auf gegenseitigem Respekt
20 min: Fragen zum Nachdenken und Übung macht den Meister
30 min: Anleitung zum Familiengespräch Nr. 4: Die Respektregel für Familien

6. Woche

20 min: Fünfter Schritt: Verbessern Sie die Kommunikation
20 min: Fragen zum Nachdenken und Übung macht den Meister
30 min: Anleitung zum Familiengespräch Nr. 5: Sag freundlich, was dich ärgert

7. Woche

20 min: Sechster Schritt: Lassen Sie Ihre Kinder Probleme selbst lösen
20 min: Fragen zum Nachdenken und Übung macht den Meister
30 min: Anleitung zum Familiengespräch Nr. 9: Wir lösen das Problem gemeinsam (mit älteren Kindern). Mit jüngeren Kindern kann aus den Anleitungen zum Familiengespräch Nr. 6 bis 9 ein weiterer Baustein zur Kommunikation gewählt werden

8. Woche

20 min: SIEBTER SCHRITT: Helfen Sie Ihren Kindern, im Geschwisteralltag zu überleben
20 min: Fragen zum Nachdenken und Übung macht den Meister
30 min: Anleitung zum Familiengespräch Nr. 10: Mit nervigen Geschwistern fertig werden

9. Woche

20 min: ACHTER SCHRITT: Belohnen Sie respektvolles Verhalten
20 min: Fragen zum Nachdenken und Übung macht den Meister
30 min: Es kann aus den Anleitungen zum Familiengespräch zum Thema Kommunikation oder Überlebensstrategien ausgewählt werden (Nr. 6 bis 8 bzw. Nr. 11 bis 14)

10. Woche

20 min: NEUNTER SCHRITT: Bestrafen Sie respektloses Verhalten
20 min: Fragen zum Nachdenken und Übung macht den Meister
30 min: Es kann aus den Anleitungen zum Familiengespräch zum Thema Kommunikation oder Überlebensstrategien ausgewählt werden (Nr. 6 bis 8 bzw. Nr. 11 bis 14)

11. Woche

20 min: ZEHNTER SCHRITT: Bilden Sie ein Geschwisterteam
20 min: Fragen zum Nachdenken und Übung macht den Meister
30 min: Es kann aus den Anleitungen zum Familiengespräch zum Thema Kommunikation oder Überlebensstrategien ausgewählt werden (Nr. 6 bis 8 bzw. Nr. 11 bis 14)

12. Woche

20 min: Zusammenfassung
20 min: Fragen zum Nachdenken
30 min: Anleitung zum Familiengespräch Nr. 15: Der Familien-TÜV

Auf die Plätze, fertig, los

Schauen Sie sich einmal einen Schnappschuss Ihrer Familie genauer an. Gott hat Sie mit genau dieser Familie gesegnet, und die Zeit, in der Sie Ihre Kinder prägen können, verrinnt zwischen Ihren Fingern. Jedes Gramm Energie, das Sie aufwenden, um Ihren Kindern Gottes Maßstäbe für den Umgang miteinander zu vermitteln, zahlt sich aus – unmittelbar in einem besseren Miteinander als Familie, aber auch weit darüber hinaus im Leben Ihrer Kinder.

Kürzlich brachten unsere Jungs ihr Lego-Spielzeug ins Wohnzimmer und vertieften sich in den Aufbau einer ganzen Stadt: bunte Fassaden, geheime Schlupfwinkel und komplexe Bauwerke wurden für die kleinen Lego-Männchen errichtet. Ich arbeitete am Tisch daneben und konnte sie aus den Augenwinkeln beobachten.

Plötzlich sah Jakob auf und fragte unvermittelt: „Papa, wenn unsere Lego-Leute sich entscheiden müssten, ob sie ihren Schatz oder ihre Familie verlieren – was wäre denn besser?"

„Was meinst du denn, was besser wäre?", fragte ich.

Jakob überlegte eine Weile und runzelte dabei angestrengt die Stirn. „Sie würden besser den Schatz aufgeben, dann hätten sie immerhin noch die Familie", gab er zur Antwort und wandte sich wieder seinem Spielzeug zu.

„Junge, da sagst du was Wahres", stimmte ich zu.

Wir als Eltern wünschen uns, dass unseren Kindern die Familie wichtiger ist als eine Fernsehsendung, ein Computerspiel oder das letzte Stück Schokoladenkuchen. Ob es ihnen bewusst ist oder nicht – die Beziehung, die sie als Geschwister untereinander haben, ist einer der größten, dauerhaftesten Schätze in ihrem Leben. Behalten wir das im Hinterkopf, wenn wir nun ins Thema einsteigen und uns zunächst ansehen, wie wir den Familienboden so vorbereiten können, dass gute Geschwisterbeziehungen auf ihm wachsen können.

ZUM NACHDENKEN

1. Welche Hoffnungen und Träume verbinden Sie mit den Beziehungen, die Ihre Kinder untereinander aufbauen?
2. Welches negative Verhalten legen Ihre Kinder im Umgang miteinander an den Tag?

3. Inwieweit wirken sich die unterschiedlichen Temperamente Ihrer Kinder, individuelle Stärken und Schwächen oder Ihr Erziehungsstil (unterschiedliche Behandlung, ungesunde Kommunikationsstile, das Fehlen klarer Richtlinien oder ein Mangel an gemeinsam verbrachter Zeit) auf die Geschwisterbeziehungen aus?
4. Stellen Sie eine Liste mit fünf Fähigkeiten zusammen, die die Beziehungen Ihrer Kinder untereinander verbessern würden!
5. Denken Sie an die drei Phasen zurück, durch die das Wachstum von gesunden Geschwisterbeziehungen möglich gemacht wird (den Boden vorbereiten, die Saat setzen, für ein günstiges Klima sorgen). Warum ist jede dieser Phasen wichtig?

EINLADUNG ZUM GEBET

Schließen Sie diese Zeit mit Gebet. Bitten Sie Gott darum, Sie als Familie auf der Reise durch dieses Buch zu begleiten. Beten Sie, dass er Ihren Kindern Aufnahmebereitschaft für all die neuen Erfahrungen schenkt und Sie neugierig macht, Neues zu lernen. Lassen Sie sich darauf ein, auch Ihre eigenen Stärken und Schwächen besser kennen zu lernen, und seien Sie bereit, sich bei der Veränderung Ihres Erziehungsstils von Gott leiten zu lassen.

Phase eins
Den Boden vorbereiten

Erster Schritt
Stärken Sie den Familienzusammenhalt

Melanie war vierzehn Jahre alt und hatte eine zehnjährige Schwester, Heidi. Das Verhältnis der beiden Mädchen war jahrelang auf dürrem, trockenem Beziehungsboden gewachsen. Eines Tages sprach ich in einem Beratungsgespräch mit Melanie über ihr Verhältnis zu ihrer kleinen Schwester.

„Unternimmst du mit Heidi eigentlich auch schon mal was Lustiges?", fragte ich.

„Sie machen wohl Witze!", entgegnete sie bissig. „Warum sollte ich mit *der* denn was unternehmen?"

„Naja, sie ist immerhin deine Schwester", gab ich zurück. Ihre scharfe Antwort erstaunte mich.

„Wie gehen uns nur gegenseitig auf die Nerven und am Schluss streiten wir dann. Es geht besser, wenn jeder für sich ist", kam ihre Antwort.

Als Melanie sprach, konnte man die Eiseskälte dieser kaputten Geschwisterbeziehung fast mit Händen greifen. Diese beiden Mädchen hatten sich gegenseitig verletzt, bis alles Leben aus ihrem Verhältnis gewichen war. Zum Glück gibt es Hoffnung für ramponierte Beziehungen wie die von Melanie und Heidi, und der erste Schritt zur Besserung besteht darin, den Familienzusammenhalt zu stärken.

Wenn Familienmitglieder sich nahe stehen, fühlen sie sich von den anderen geschätzt und mit ihnen verbunden. Es bedeutet nicht, dass sie immer glücklich miteinander sind oder in allen Fragen übereinstimmen. Wenn das die Voraussetzung wäre, könnte sich keine Familie über längere Zeit zusammengehörig fühlen. Es geht vielmehr darum, dass gegenseitige Achtung und Wertschätzung den Familienboden so durchtränken, dass man darauf wachsen und lernen (und auch unterschiedliche Meinungen aushalten) kann.

Wenn man etwas pflanzt, muss man zuerst gute Erde aussuchen. Wenn die Saat in trockenen, harten Boden eingesetzt wird, stirbt sie möglicherweise schon, bevor sie überhaupt Wurzeln schlagen konnte. Wenn man gute Erde gefunden hat, gräbt man ein Loch. Es muss tief genug sein, damit das Samenkorn vor Schädlingen geschützt wird und die Nährsalze der umgebenden Erde möglichst gut aufnehmen kann.

Genauso sollte Ihr Familienboden eine „nahrhafte" und sichere Grundlage für die Beziehungen Ihrer Kinder untereinander bieten. Nur wenn sie tief in eine gesunde Familienerde eingebettet sind, können Geschwisterbeziehungen so wachsen und blühen, wie Gott sie vorgesehen hat.

Es gibt zwei Bestandteile, um die Einheit und den Zusammenhalt als Familie zu stärken: gemeinsame Unternehmungen und ausdrückliche Zuneigung. Beide tragen zu gesunden Geschwisterbeziehungen bei und lassen sich mit erstaunlich geringem Aufwand umsetzen. Sehen wir uns diese beiden Bausteine einmal genauer an.

Gemeinsame Unternehmungen

Die Zeit, die wir als Familien zusammen verbringen, lässt sich durch nichts ersetzen, wenn wir für gute Beziehungen unserer Kinder untereinander sorgen wollen. Leider haben über das letzte Jahrzehnt viele Eltern diese Tatsache aus den Augen verloren. Während amerikanische Kinder (2 bis 17 Jahre) durchschnittlich zwanzig Stunden pro Woche vor dem Fernseher sitzen, verbringen sie nur magere neununddreißig Minuten im Gespräch mit ihren Eltern. Das macht im Schnitt nicht mehr als sechs Minuten täglich, in denen man darüber spricht, was wirklich wichtig ist! Wenn die Zeit, die man als Familie miteinander verbringt, so auffällig fehlt, gehen die Kinder durchs Leben, ohne einander nahe kommen und beziehungsmäßig auftanken zu können; entsprechend anfällig für Spannungen und Schäden sind die Beziehungen der Geschwister untereinander.

Nehmen Sie sich einen Moment Zeit, über Ihre Familie nachzudenken. Wie viel Zeit – in der sie das Zusammensein genießen und über das reden, was sie bewegt – verbringen Ihre Kinder miteinander? Wenn Sie den Eindruck haben, dass dieser Bereich noch ausbaufähig wäre (was bei den meisten von uns der Fall ist), liegt darin vielleicht einer der Gründe, warum Ihre Kinder nicht besonders gut miteinander auskommen. Und der Rest des Kapitels ist gerade für Sie geschrieben.

Lora und ich haben in unserer Familie regelmäßige „Familienzeiten" eingeführt, als die Kinder noch ganz klein waren. Obwohl wir im Alltagstrubel viel öfter eine Woche ausfallen lassen mussten, als mir lieb war, haben wir diesen Treffen immer Vorrang vor anderen Aktivitäten geben wollen. Wir sind uns darüber einig, dass der Beschluss, diese Familientreffen einzuführen, einer der besten war, die wir als Eltern je getroffen haben. Wir sind unseren Kindern näher gekommen und sind im gemeinsamen Gespräch, in dem wir einander Anteil gaben, als Familie mehr zusammengewachsen als durch irgendetwas anderes.

Auf das Verhältnis unserer Jungen zueinander hat sich dies auch positiv ausgewirkt. Ich konnte erleben, wie meine Söhne während unserer Familientreffen lernten, für andere und füreinander zu beten. Sie haben gelernt, was man für eine gute Beziehung braucht – dass man teilen sollte und dass sich Probleme lösen lassen –, und sie haben dadurch ihre Alltagsschwierigkeiten miteinander zunehmend erfindungsreich und respektvoll lösen können. Ich durfte zusehen, wie ihre Beziehung eine solide Grundlage erhielt, die ihnen bislang durch allen Ärger hindurch, den ein normales Familienleben mit sich bringt, Halt gegeben hat. Ich kann nur sagen, dass unsere Familientreffen wirklich zu den besten Erfahrungen gehören, die ich in meinem Leben machen durfte.

Es folgt eine Beschreibung, wie unsere Treffen ablaufen. Sie können Sie als Sprungbrett für Ihre eigenen Ideen verwenden und für Ihre Familie einfach entsprechend anpassen. Unsere Familientreffen sind eigentlich sehr einfach aufgebaut und bestehen aus zwei Elementen: Spaß und Gespräch.

Spaß

Eine Aktivität, die uns allen Spaß macht, steht am Anfang oder am Ende unseres Familientreffens. Genauso wie ein werdender Pilot viele Flugstunden absolvieren muss, bevor er seinen Flugschein bekommt, brauchen Ihre Kinder viele Stunden, in denen sie gemeinsam Schönes erleben. Stephen Covey hat in seinem Buch *Die sieben*

Wege zur Effektivität scharfsinnig beobachtet, dass Leute umso großzügiger über gegenseitige Schwächen hinwegsehen, je mehr Pluspunkte sie wechselseitig auf ihrem emotionalen Konto angesammelt haben. Gemeinsame Aktivitäten als Familie, Spaß und schöne Erlebnisse sind gute Gelegenheiten für Ihre Kinder, auf den emotionalen Konten ihrer Geschwister solche Pluspunkte anzuhäufen. Mit der Zeit vertiefen diese angesammelten positiven Erfahrungen die Beziehungen der Kinder untereinander und gleichen die frustrierenden, enttäuschenden Erfahrungen aus.

Als Kinderpsychologe stelle ich Kindern, die zum ersten Mal in meine Praxis kommen, immer die Frage, warum sie zu mir gekommen sind, und wir beenden die Sitzung mit einem Spiel. Eine der Fragen, die ich immer stelle, ist die: „Was gefällt dir an deiner Familie am besten?" Obwohl ich auf diese Frage verschiedene Antworten bekomme, höre ich doch am häufigsten: „Dass wir lustige Sachen zusammen machen."

Ich frage dann nach, was für lustige Sachen das sind, und bekomme Antworten, die genauso unterschiedlich sind wie die Kinder selbst. Urlaub machen. Wandern gehen. In einem Lieblingsrestaurant essen. Mensch-ärgere-dich-nicht spielen. Filme angucken. Zu Sportveranstaltungen gehen. Dass man dabei als Familie zusammenwächst, zieht sich wie ein roter Faden durch all diese Aktivitäten. Wir haben in der Vergangenheit eine ganze Reihe solcher Unternehmungen in unsere Familientreffen eingebaut; einige davon finden sich auf der nebenstehenden Liste.

Wie Sie sehen können, gibt es ungezählte Möglichkeiten, als Familie zusammen Schönes zu erleben. Die einzige Bedingung dabei ist, dass wir alle Spaß daran haben. Ihr erstes Familientreffen könnte darin bestehen, dass Sie sich zusammensetzen und eine Liste mit Dingen zusammenstellen, die Sie alle gerne tun. Diese Liste können Sie immer weiter ergänzen, je mehr Aktivitäten Ihnen einfallen.

Wenn Sie mit diesen Familientreffen erst anfangen und sich nicht sicher sind, ob Ihre Kinder es über eine ausgedehnte Aktivität hindurch miteinander aushalten, beginnen Sie einfach mit kleineren Aktionen und bauen darauf auf. Selbst wenn das Spaß-Element Ihres Treffens nur zehn Minuten dauert, sind das immerhin zehn Minuten, in denen Ihre Kinder zusammen etwas Positives erleben und so ihre Beziehung verbessern. Das nächste Mal geht es dann wahrscheinlich schon besser.

SPASS BEIM FAMILIENTREFFEN

Wandern im Naturschutzgebiet
Brettspiele
Ein Besuch im Zoo
Bummeln durch die Innenstadt
Minigolf
Volleyball mit einem Luftballon
Kicken im Hinterhof
Kino
Ein Abend mit Videofilm und Popcorn
Ein Ausflug zur Eisdiele
Plätzchen backen
Schwimmen gehen
Kegeln gehen
Ein gemeinsames Computerspiel
Fußball spielen: Eltern gegen Kinder
Schnitzeljagd
Spielen im Park

Gespräch

Das zweite Element eines gelungenen Familientreffens ist das Gespräch. Als wir vor ein paar Jahren in der Willow-Creek-Gemeinde waren, sprach Bill Hybels darüber, wie er mit seiner Familie einfach „Leben gemeinsam lebte". Diese Formulierung trifft ganz gut, wie man gezielt alles daransetzt, gemeinsam als Familie durchs Leben zu gehen. Regelmäßige Familientreffen sind ein wichtiger Bestandteil dieser Reise, denn sie schaffen die Gelegenheit zum Austausch über alles, was das Leben ausmacht. Sie halten die Familienbeziehungen instand. Man bleibt immer auf dem Laufenden, was gerade im Leben der anderen Familienmitglieder vorgeht. Man freut sich gemeinsam, wenn einer Erfolg gehabt hat, und hilft einander, wo einer versagt hat. Man erlebt Zusammenhalt zwischen Eltern und Kindern, zwischen Geschwistern und Nachfolgern Christi.

Unsere Familiengespräche bestehen oft aus einem der folgenden Dinge:

- eine Familienandacht
- Aktuelles
- Charakterbildung
- Sozialkompetenz

ZUM SCHMUNZELN

Was sich für Familientreffen nicht wirklich empfehlen lässt:

1. ein Wettbewerb, wer die meisten Hamburger essen und die meiste Limo trinken kann.
2. ein Abend mit Videos der letzten Box- oder Wrestling-Meisterschaften.
3. die Kinder waschen und polieren das Auto, während die Eltern zuschauen und Anweisungen geben.
4. ein Tagesausflug ins Museum über Atomspaltung.
5. gemeinsam den Garten düngen.
6. ein zweistündiges Video über die aufregende Welt der Bakterien.
7. ein Wettkampf „wer spuckt seine Kirschkerne am weitesten“ in einem nahe gelegenen Restaurant.

Familienandachten

Wir haben festgestellt, dass Familientreffen eine großartige Gelegenheit bieten, uns untereinander über Gottes Wort auszutauschen. In diesen Familienandachten reden wir darüber, was wir gelesen haben, und dann besprechen wir, was die Texte für uns bedeuten und wie wir sie in unserem Leben anwenden können. Unsere Diskussionen sind mir sehr wichtig, denn ich verfolge gerne mit, wie meine Jungs die wirklich spannenden Fragen unseres Lebens mit Gott durchdenken.

Persönliches und Familienangelegenheiten

Gute Gespräche ergeben sich auch, wenn man sich Persönliches erzählt und über Dinge austauscht, die die ganze Familie angehen. Wir beginnen oft mit der Frage, ob jemand über ein bestimmtes Thema reden möchte, oder wir machen eine Runde, in der jeder über etwas berichtet, das gerade sein Leben prägt. Ich finde auch hilfreich, wenn jemand aus der Runde eine Frage stellt, die man der Reihe nach beantwortet (weiter unten finden Sie eine Liste mit verschiedenen Fragen, wie wir sie uns bei diesen Gelegenheiten stellen).

Wie Sie sehen, gibt es unendlich viele Möglichkeiten, einfache und gute Fragen zu stellen, die als Sprungbrett für eine Diskussion dienen können und mit deren Hilfe auch die Kinder sehr schnell ins Gespräch kommen. Ein anderes Mal hat vielleicht ein Familienmitglied etwas auf der Seele und man verbringt die gemeinsame Zeit mit dem Gespräch darüber. Ganz unabhängig vom Thema lernen Kinder in diesen Gesprächen Dinge aus einer christlichen Perspektive heraus zu erörtern und zu deuten, und außerdem erfahren sie ganz praktisch, dass sie mit ihren Ansichten und Gefühlen angenommen werden.

FRAGEN FÜR DIE FAMILIENRUNDE

- Was ist dein Lieblingsfilm?
- Was ist dein Lieblingseis?
- Wofür kannst du Gott danken?
- Was findest du an unserer Familie gut?
- Was würdest du gerne besser können?
- Wofür betest du zurzeit?
- Was findest du an deinem rechten Nachbarn gut?
- Was hast du in der letzten Zeit (fürs Leben) gelernt?
- Für wen aus deinem Bekanntenkreis sollen wir beten?

Charakterbildung

Wir möchten unseren Kindern so gerne vermitteln, worauf es im Leben wirklich ankommt. Mit Ihren Kindern können Sie sich über verschiedene Charaktereigenschaften austauschen, über Mut zum Beispiel, über Selbstdisziplin, Ausdauer, Geduld, Ehrlichkeit, Mitgefühl, Vergebungsbereitschaft und Höflichkeit. Galater 5,22-23 enthält eine wunderbare Liste mit Früchten, die Gott in unser Familienleben pflanzen möchte: „Die Frucht des Geistes ... ist Liebe, Freude, Friede, Geduld, Freundlichkeit, Güte, Treue, Sanftmut, Keuschheit."

Einmal beschlossen wir in unserem Familiengespräch, über den Charakterzug „Ehrlichkeit" zu reden. Wir forderten unsere Söhne nacheinander auf, einen Eiswürfel so in der Hand zu halten, dass wir anderen ihn nicht sehen konnten. Sie hätten die Gesichter der Kinder sehen müssen – die beiden waren ganz gespannt auf unser kleines Experiment! Richtig interessant wurde es natürlich, als sie trotz des tauben, kalten Gefühls in ihren Händen den Eiswürfel zu verstecken versuchten. Langsam, als das Wasser ihnen durch die Finger zu tropfen begann, dämmerte es den Jungen, dass sich ein Eiswürfel nicht so einfach verbergen lässt.

Wir lasen dann einige Bibelabschnitte zum Thema Ehrlichkeit (Spr 16,11, Eph 4,25) und sprachen darüber, warum für Gott Ehrlichkeit so wichtig ist. Wir dachten gemeinsam darüber nach, was passiert, wenn jemand unehrlich ist, und wie schwierig es ist, eine Lüge auf Dauer zu verbergen (wie den Eiswürfel). Wir arbeiteten heraus, wie Beziehungen und Vertrauen durch Unehrlichkeit zerstört werden. Uns allen fielen Situationen ein, in denen es einfacher schien, zu lügen, und dann sprachen wir darüber, warum sich Ehrlichkeit auf lange Sicht gesehen doch eher auszahlt.

Ähnliche Familiengespräche führten wir über Mut, Barmherzigkeit, Höflichkeit und viele andere Charaktereigenschaften. Weil diese Themen wirklich entscheidend sind und unser ganzes Leben prägen, wiederholt man sie am besten von Zeit zu Zeit.

Sozialkompetenz

Wie schon in der Einleitung erwähnt, gibt es eine Menge Fähigkeiten, die Ihre Kinder erwerben sollten, wenn sie auf Dauer miteinander auskommen möchten. Dazu kommen noch Fähigkeiten, die ihnen auch außerhalb des Familienumfelds helfen, Herausforderungen zu meistern – in der Schule, unter Gleichaltrigen, im Sportverein oder in anderen alltäglichen Situationen. Die unten abgedruckte Liste mit Fähigkeiten, die man zum Leben braucht, ist bei weitem nicht vollständig, kann aber eine gute Gesprächsgrundlage für praktische Lebenskunde bieten.

Die Anleitungen zum Familiengespräch, die Sie am Ende dieses Buches finden, sind gut geeignet, um Ihren Kindern die Fähigkeiten zum Zusammenleben zu vermitteln, die gesunde Geschwisterbeziehungen aufzubauen helfen.

Wir beenden unsere Familientreffen immer mit einer gemeinsamen Gebetszeit. Oft wechseln wir uns dabei ab, füreinander zu beten, und wir achten immer darauf, dass jeder auch die Gelegenheit zum Beten bekommt. Dass wir gemeinsam als Familie Dank und Bitte vor Gott bringen können, ist eine wunderbare Erfahrung. Außerdem lernen unsere Kinder, die Lora und mich beten hören, gleich verschiedene Möglichkeiten kennen, wie man mit dem himmlischen Vater sprechen kann.

WAS ZUR SOZIALKOMPETENZ GEHÖRT

Teilen
Sich abwechseln
Verhandeln
Probleme lösen
Unannehmlichkeiten ertragen
Mit Versagen umgehen
Ärger formulieren
Hänseleien angemessen begegnen
Sich Fremden vorstellen
Ein Gespräch beginnen
Verlieren können
Gruppendruck aushalten

Regelmäßige Familientreffen sind also eine gute Hilfe, wenn man einen nährstoffreichen Familienboden vorbereiten will, in dem starke Geschwisterbeziehungen Wurzeln schlagen können. Vielleicht stellen Sie jetzt fest, dass es in Ihrer Kindheit solche gemeinsamen Unternehmungen nie gab, und Sie fragen sich, ob Sie so etwas überhaupt zustande bringen. Lora und ich waren auch nicht gerade Experten auf diesem Gebiet, aber wir sprangen einfach ins kalte Wasser und probierten es aus. Mit der Zeit waren uns unsere Gespräche, „Unterrichtsstunden" und Unternehmungen immer vertrauter und wir fühlten uns wohl dabei. Ich habe festgestellt, dass es Kindern gar nicht darauf ankommt, dass Sie alles ganz professionell durchziehen; ihnen ist es viel wichtiger, zu spüren, dass Sie sich Zeit für sie nehmen.

Ein Vater, der nicht so recht glaubte, ein Familientreffen leiten zu können, versuchte es trotzdem und schrieb nach drei Monaten regelmäßiger Treffen Folgendes:

> „In der Familie, in der ich aufwuchs, wurde nicht viel geredet. Wir machten uns immer nur gegenseitig herunter oder stritten uns. Ich war der Jüngste, und mir kommt es heute so vor, als hätten alle aus meiner Familie mir immer nur gesagt, dass ich einfach nie etwas richtig machte. Ich muss ihnen das wohl geglaubt haben, denn in der Schule bemühte ich mich nicht weiter. Irgendwann traute ich mir gar nichts mehr zu, wofür man ein bisschen Grips brauchte. Diese Familienabende wollte ich einfach nicht einführen, weil ich dabei nicht auch wieder versagen wollte.
>
> Aber als dann in einer Woche meine Frau unser Gespräch leitete und in der nächsten Woche meine Tochter, beschloss ich, es auch einmal zu versuchen. Ich musste meinen ganzen Mut zusammennehmen, aber nachdem ich einmal angefangen hatte, kam es mir so vor, als wäre in mir etwas gelöst worden, das in mir seit meiner Kindheit schmerzhaft verknotet gewesen war.
>
> Die Worte sprudelten geradezu aus meinem Herzen. Ich sagte den anderen Mitgliedern meiner Familie, warum ich so froh war, dass ich der Familienvater sein durfte, und warum ich davon überzeugt war, dass sie aus ihrem Leben etwas Gutes machen würden. Und dann tat ich etwas, was ich nie zuvor getan hatte: Ich sagte ihnen allen, einem nach dem anderen, wie lieb ich sie hatte. Zum ersten Mal in meinem Leben kam ich mir vor wie ein richtiger Vater – ein Vater, wie ich ihn mir selber gewünscht hätte.

Seit diesem Abend fühle ich mich meiner Frau und meinen Kindern sehr viel näher als vorher. Es ist nicht leicht in Worte zu fassen, aber eine ganze Reihe neuer Türen haben sich für mich geöffnet und ich sehe mein Zuhause mit ganz anderen Augen."

Ausdrückliche Zuneigung

Der zweite Baustein, um den Familienzusammenhalt zu stärken, besteht darin, dass wir jedem Kind unsere Zuneigung schenken. Jedes einzelne Ihrer Kinder soll wissen, dass Sie es sehr lieb haben. Je mehr Ihre Kinder das spüren, desto weniger müssen sie gegeneinander kämpfen, um Ihre Liebe und Aufmerksamkeit zu erringen. Man muss nicht um etwas kämpfen, das man schon besitzt.

Es gibt zwei einfache Möglichkeiten, wie Sie Ihre Kinder Ihre Liebe spüren lassen und dabei den Familienboden anreichern können, auf dem engere Geschwisterbeziehungen wachsen können.

Bewusste Berührungen

Weil ich in Westkanada aufwuchs, spielte ich – wie jeder anständige Kanadier – immer Eishockey als Kind. American Football lernte ich erst kennen, als ich in meiner Teenagerzeit nach Südkalifornien zog und einer meiner Freunde mich überredete, in meinem letzten Schuljahr in die Schulmannschaft einzusteigen. Der Trainer stellte mich zum Glück so auf, dass ich nicht besonders viel Schaden anrichten konnte.

Während meiner Laufbahn im American Football kam ich nur bei einem Spiel ganz kurz zum Einsatz – beim ersten Durchgang zum Spielbeginn, der etwa fünfzehn Sekunden dauerte. Irgendwie schaffte ich es während meines Debüts tatsächlich, auf dem nassen Gras auszurutschen und hinzufallen, bevor ich überhaupt einen der gegnerischen Spieler erreichte. Trotz der ziemlich peinlichen Vorstellung, die ich an diesem Tag ablieferte, ist mir unser Trainer im Gedächtnis geblieben. Eines Tages begegnete ich diesem Mann auf dem Weg zum Umkleideraum.

Er drückte mir die Schulter. „Hey, Cartmell, wie geht's denn so?", fragte er lächelnd und blickte mir dabei direkt in die Augen.

Hängen geblieben ist mir daran nicht so sehr, dass er mich freundlich begrüßte, sondern dass er mich berührte. Mein Herz machte einen großen Sprung. Der Trainer hatte mir die Schulter gedrückt! Mir war klar, dass er dazu nicht verpflichtet war. Es war seine freie Entscheidung. Instinktiv wusste ich auch, dass dieser Trainer nicht jeden einfach so berührte. Er machte das nur bei den Spielern, die er mochte – das war zumindest meine Erklärung.

Plötzlich fühlte ich mich wie ein wirklicher, wichtiger Spieler des Teams. Meine Selbstachtung wuchs ins Unermessliche. Ich gehörte dazu. Nicht nur, dass der Trainer mich begrüßte, er kannte sogar meinen Namen und ließ sich dazu herab, mir die Schulter zu drücken. Vielleicht dachte er ja, dass ich doch was taugte. Vielleicht war ich gar kein so schlechter Spieler, wie ich dachte.

Wie finden Sie es, wenn ein Freund oder Ihr Partner Sie an der Schulter, am Arm oder der Hand berührt? Fühlen Sie sich dann dieser Person stärker verbunden und näher? Kürzlich ging ich zu Lora hinüber, die gerade am PC saß. Ich stellte mich hinter sie und massierte ihr sanft die Schultern. Sofort entspannte sich ihr Oberkörper; sie schloss die Augen, lehnte den Kopf zurück und murmelte: „Ooch, am besten hörst du damit niiiie auf!“

Das ist die Macht der Berührung.

Eine freundliche, warmherzige Berührung von einem Freund bedeutet: „Ich mag dich.“ Wenn sie von Mutter oder Vater kommt, bedeutet sie sogar noch mehr: „Ich habe dich lieb. Du bist mir wichtig. Unser gutes Verhältnis miteinander bedeutet mir viel. Ich bin froh, dass du mein Kind bist.“ Sie dringt bis zum Kern der Eltern-Kind-Beziehung vor und baut sie von innen nach außen auf.

Wie oft berühren Sie Ihre Kinder?

Versuchen Sie, *jedes* Ihrer Kinder zwischen drei und fünfmal täglich zu berühren. Die Unerschrockenen unter Ihnen, denen eine größere Kinderschar anvertraut ist, müssen die Anzahl möglicherweise leicht reduzieren. Sie werden feststellen, dass es unendlich viele Gelegenheiten gibt, Ihre Kinder zu berühren. Ob Sie ihnen in der Küche oder im Flur begegnen, hinter ihren Stuhl treten, ihnen bei den Hausaufgaben helfen oder im Auto neben ihnen sitzen – immer können Sie sie kurz in den Arm nehmen oder ihnen kurz die Schulter, den Arm oder Ellbogen, die Hand oder das Knie drücken. Darüber hinaus können Sie Gelegenheiten nutzen, auch ausgiebiger mit Ihren Kindern zu kuscheln – zum Beispiel wenn Sie sie ins Bett bringen oder mit ihnen gemeinsam auf dem Sofa sitzen. Manche Kinder finden es großartig, wenn man ihnen durch die Haare wuschelt oder ihnen den Rücken krault. Mit ein bisschen Übung haben Sie den Bogen schnell heraus. Finden Sie heraus, welche Art von Körperkontakt jedem Ihrer Kinder Ihre Zuneigung am besten vermittelt.

Wenn ich fahre und unsere Jungen auf der Rückbank sitzen, strecke ich manchmal meine Hand nach hinten und lege sie mit der Handfläche nach oben auf den Mittelsitz zwischen ihnen. Jeder von ihnen legt sofort seine Hand in meine, so dass alle unsere Hände miteinander verbunden sind. Das dauert nur zehn Sekunden, bindet uns aber als Vater und Söhne unwahrscheinlich zusammen. Und es verbindet die beiden als Brüder, denn ihre Hände berühren sich auch.

Einmal spielten unsere Jungs zusammen am PC. Ich ging zu ihnen hinüber, gab jedem von ihnen einen Kuss auf die Wange und drückte ihnen beiden die Schulter.

„Ich habe euch beide unglaublich lieb“, sagte ich, „und ich freu mich, dass ihr so schön zusammen spielt.“

„Danke, Papa“, antworteten sie beide, ohne ihren Blick vom Bildschirm abzuwenden.

Ich hatte keine außergewöhnliche Reaktion erwartet. Ich wusste, dass ich ihnen das vermittelt hatte, was mir wichtig war. Ich hatte sie *beide* lieb und wollte, dass sie das beide wussten. Und das taten sie auch.

Worte der Zuneigung

Manchmal muss ich an den Witz von der unglücklichen Ehefrau denken, die nach fünfzehn Ehejahren ihren Mann ansah und schrie: „Nie sagst du mir, dass du mich liebst!“ Der Ehemann sah nüchtern zu ihr auf und bemerkte: „Das habe ich dir gesagt, als wir geheiratet haben. Wenn sich daran etwas ändert, gebe ich dir Bescheid.“

Über diesen Witz lachen wir, weil uns allen klar ist, dass es so nicht funktioniert. Die Frau hatte guten Grund, auf ihren Mann wütend zu sein. Wie glücklich dürfen sich alle schätzen, die solche Worte regelmäßig hören. Ich bin immer erstaunt und ziemlich bedrückt, wie viele Mütter und Väter – meist mit Tränen in den Augen

Tipp: Bringen Sie an vier oder fünf verschiedenen Stellen im Haus (am Kühlschrank, auf der Stereo-Anlage oder dem Monitor Ihres Computers) kleine Aufkleber an. Jedes Mal, wenn Ihnen einer dieser Aufkleber ins Auge fällt, nehmen Sie jedes Ihrer Kinder in Reichweite kurz in den Arm oder erinnern es daran, dass es geliebt wird. Es funktioniert!

– erzählen, dass sie von ihren Eltern selten oder nie gehört haben, dass sie geliebt wurden. Es ist von daher nicht überraschend, wenn es diesen Eltern anfangs etwas schwer fällt, ihren eigenen Kindern ihre Liebe ausdrücklicher zu vermitteln.

Genauso, wie Sie sich den regelmäßigen Körperkontakt mit Ihren Kindern angewöhnen, sollten Sie es sich zur Gewohnheit machen, Ihren Kindern regelmäßig zu sagen, dass Sie sie lieb haben. Ich versuche das meinen Jungs alle drei bis vier Tage zu vermitteln, das Zu-Bett-Bringen nicht mitgerechnet. Es gelingt mir nicht immer, aber ich arbeite daran. Wenn mein Leben morgen beendet wäre, sollen meine Jungen wissen, wie sehr ich sie geliebt habe. Ich denke, das lässt sich ganz gut erreichen, wenn man es regelmäßig wiederholt.

Wir unterschätzen oft die Macht unserer Worte. Vor gar nicht allzu langer Zeit, als ich gerade mit meinen Söhnen Basketball gespielt hatte, sah Jacob von der Kiste auf, in der er gerade den Ball verstaute, und sagte: „Ich bin wirklich gern mit meinem Papa zusammen."

Diese spontane Liebeserklärung meines Sohnes berührte mich nicht nur, ich war auch ganz verblüfft über die Worte, die er benutzte. Zwei Wochen zuvor hatte ich damit begonnen, bei jedem meiner Söhne genau die gleiche Formulie-

ZUSAMMENFASSUNG:
WIE MAN DEN FAMILIENZUSAMMENHALT STÄRKT

ein Familientreffen wöchentlich
1. Spaß
2. Gespräch
   - Familienandacht
   - Aktuelles
   - Charakterbildung
   - Sozialkompetenz

ausdrückliche Zuneigung
1. bewusste Berührungen
2. Worte der Zuneigung

rung zu verwenden. Wenn wir miteinander etwas unternommen hatten, hatte ich sie am Schluss in den Arm genommen und gesagt: „Ich bin wirklich gern mit meinem Sohn zusammen." Jacob, der diese Worte inzwischen öfters gehört hatte, hatte sie übernommen und umgewandelt, um seine eigenen Gefühle zu formulieren.

ZUM NACHDENKEN

1. Wie würden Sie den Beziehungsboden in Ihrer Familie beschreiben? Wie ist er so geworden?
2. Stellen Sie eine Liste mit fünf Freizeitaktivitäten zusammen, an denen Ihre Kinder im Rahmen eines Familientreffens Freude haben werden.
3. Stellen Sie eine Liste mit fünf Fragen für die Familienrunde zusammen, die zu Ihren Kindern passen.
4. Wie können regelmäßige Familientreffen die Beziehung der Geschwister untereinander stärken?
5. Lesen Sie Galater 5,22-23, Epheser 4,25-27 und Kolosser 3,12-15 und schauen Sie sich anschließend die Liste auf Seite 37 noch einmal an. Stellen Sie eine Liste mit fünf Charaktereigenschaften oder sozialen Fähigkeiten auf, die Sie gerne in einem Familiengespräch mit Ihren Kindern behandeln möchten. Warum haben Sie ausgerechnet diese Eigenschaften und Fähigkeiten ausgewählt?
6. Welche Probleme tauchen möglicherweise auf, wenn Sie mit wöchentlichen Familientreffen beginnen? Wie wollen Sie ihnen begegnen?
7. Haben Ihre Eltern Ihnen durch Berührungen und Worte vermittelt, dass Sie geliebt wurden? Wie leicht fällt es Ihnen selbst, mit Worten und Gesten Liebe zu vermitteln?
8. Wie wirkt es sich auf die Beziehung Ihrer Kinder untereinander aus, wenn Sie Ihre Zuneigung immer wieder gezielt durch Worte und Berührungen zum Ausdruck bringen?

EINLADUNG ZUM GEBET

Bitten Sie Gott um seine Führung, wenn Sie mit regelmäßigen Familientreffen beginnen. Bitten Sie auch um Gottes Hilfe, wenn Sie sich Worte und Gesten der Zuneigung für jedes Ihrer Kinder angewöhnen. Wenn Sie verheiratet sind, vergessen Sie nicht, sich gegenseitig zu unterstützen und einander Mut zu machen bei dem Versuch, den Familienboden anzureichern. Wenn Sie allein erziehend sind, danken Sie Gott jetzt schon dafür, dass er Ihnen einen guten Familienboden vorzubereiten hilft.

ÜBUNG MACHT DEN MEISTER

1. Herr und Frau Jansen haben mit ihren Kindern noch nie ein Familientreffen durchgeführt. Wie können sie ihren Kindern die Idee eines solchen Treffens nahe bringen?
2. Ihre vierzehnjährige Tochter Rena ist nicht an mutmachende Worte und bewusste Berührungen gewöhnt. Wie können Sie ihr helfen, dass sie sich mit Ihrer neuen Art, Zuneigung auszudrücken, wohl fühlt?

(Beispielantworten finden Sie auf Seite 246.)

Leiten Sie Ihre Familientreffen mit der Anleitung zum Familiengespräch Nr. 1 ein: Unser erstes Familientreffen! (Seite 186ff)

Zweiter Schritt
Wenden Sie sich den Kindern einzeln zu

Alex ist vierzehn. Er ist intelligent, und man nimmt ihn als schüchtern und zurückhaltend wahr. Er ist gerne allein und hat für gewöhnlich nicht mehr als ein oder zwei enge Freunde gleichzeitig. Wenn seine ungestüme Schwester ihm gar zu sehr auf die Nerven geht, wählt Alex meistens den Weg des geringsten Widerstands und versucht sich von ihr fern zu halten.

Alex' zwölfjährige Schwester Katie dagegen ist aus ganz anderem Holz geschnitzt. Ihre Laune kann von einem Moment auf den anderen umschlagen. Sie ist nie so recht mit dem Lesen zu Rande gekommen und kann unglaublich stur sein, wenn sie sich einmal etwas in den Kopf gesetzt hat. Dass ihr Bruder älter und größer ist als sie, hat sie noch nie besonders beeindruckt – im Gegenteil, sie besitzt eine fast unheimliche Fähigkeit, Alex dahin zu bringen, wo sie ihn haben will.

Oder sehen wir uns Tiffany an. Sie ist elf und eins von diesen Traum-Kindern, von denen man meist nur in Büchern liest (und vielleicht ist Ihnen mal eins auf dem Kindergeburtstag eines Ihrer Sprösslinge begegnet). Sie geht schrecklich gerne zur Schule, hat einen Haufen Freunde und ist sehr sportlich. Sie ist ein angenehmes und liebenswürdiges Mädchen, das man gerne um sich hat.

Tiffanys sieben Jahre alter Bruder Kevin dagegen ist ein Wirbelwind auf Beinen. Er ist im Herzen ein guter Junge, aber seine rastlose Aktivität treibt seine Familie an den Rand des Wahnsinns. Das führt dazu, dass die Familie ständig unter Strom steht und man Kevin meist im Zentrum jedes Problems ausmachen kann.

Was haben all diese Kinder gemeinsam?

Erstens sind sie alle sehr verschieden.

Zweitens sind sie Geschwister.

Obwohl sie dieselben Eltern und ungefähr fünfzig Prozent gemeinsame Gene haben, können Geschwister so unterschiedlich sein wie Tag und Nacht. Ein Kind ist eine regelrechte Sportskanone, ein anderes bewegt sich nur schwerfällig. Eins ist hochintelligent, ein anderes kommt schon mit dem Lesen nicht zurecht. Eins ist voller Selbstvertrauen, ein anderes ringt ständig um Aufmerksamkeit und Beifall. Eins steht im Mittelpunkt eines großen Freundeskreises, ein anderes bringt die Schulkameraden ständig gegen sich auf und merkt es nicht einmal.

Auf Kinder mit unterschiedlichen Temperamenten eingehen

Mit Temperament ist die – genetisch bedingte – Art und Weise gemeint, mit der ein Mensch seine Umwelt wahrnimmt und gestaltet. Unterschiede im Temperament von Geschwistern haben einen starken Einfluss auf die Qualität der Beziehungen, die sie untereinander haben. Untersuchungen haben zum Beispiel ergeben, dass Kinder mit schwierigen Temperamenten (also übersensible, sehr lebhafte, impulsive oder denkfaule Kinder oder solche, die schnell aufgeben) über viele Konflikte mit ihren Geschwistern berichten, während Kinder mit gemäßigteren Temperamenten mit Alltagsproblemen leichter zurechtkommen.

Nehmen Sie sich einen Moment Zeit und beschreiben Sie jedes Ihrer Kinder mit drei Wörtern. Die folgende Liste mit Charaktereigenschaften können Sie dabei zu Hilfe nehmen.

CHARAKTEREIGENSCHAFTEN

nachgiebig	direkt	aufbrausend
offen	friedliebend	dickköpfig
willensstark	impulsiv	ungestüm
unkompliziert	zaghaft	widerspenstig
empfindlich	waghalsig	anstrengend
laut	durchdacht	ängstlich
unbekümmert	mürrisch	lebhaft
mäkelig	ausgeglichen	launisch
streitsüchtig	sensibel	gutmütig

Die Wörter, die Sie hier benutzt haben, beschreiben das Temperament Ihres Kindes. Am ehesten finden Sie es heraus, wenn Sie Ihre Kinder einfach eine Weile genauer beobachten. Wie gehen sie das Leben an? Wie gehen sie mit alltäglichen Enttäuschungen um? Wie gestalten sie Beziehungen zu anderen Kindern? Wie sind sie im Allgemeinen gelaunt? Ganz oft fallen einem diese angeborenen Unterschiede schon im Kleinkindalter auf – oder früher. Ein Kind reagiert ungehalten auf die kleinste Unannehmlichkeit, ein anderes würde noch mitten in einem Wirbelsturm fröhlich vor sich hin singen. Ein Kind haut und tritt andere Kinder, ohne weiter darüber nachzudenken, ein anderes bringt kaum ein einfaches „Hallo" heraus.

Wie Sie sich vorstellen können, wirken sich die unterschiedlichen Temperamente der Geschwister auch auf die Art und Weise aus, wie sie in Konfliktsituationen reagieren. Wendy, die Willensstarke, sieht überhaupt nicht ein, warum sie mit anderen teilen oder sich mit ihren Geschwistern bei irgendetwas abwechseln sollte; wenn es ein Problem gibt, verteidigt sie lautstark ihr Revier. Andy, der Aggressive, greift auf üble Schimpfwörter zurück oder wird gleich handgreiflich, um zu seinem Ziel zu gelangen. Ulli, die Unkomplizierte, schlägt gleich praktikable Lösungen vor, um den Konflikt aus der Welt zu schaffen. Und Vincent, der Vorsichtige, versucht Konflikte von vornherein zu vermeiden, indem er nachgibt oder die Eltern um Hilfe bittet.

Wenn Sie die Temperamente Ihrer Kinder verstehen, sind Sie schon einen großen Schritt weitergekommen. Sie können ihnen dann viel besser helfen, Konfliktsituationen zu meistern. Wendy, die Willensstarke, muss lernen, ruhig zu bleiben und über Lösungen nachzudenken, die allen gerecht werden. Andy, der Aggressive, muss üben, verletzende Worte durch höfliche zu ersetzen und andere nicht zu tyrannisieren. Ulrike, die Unkomplizierte, und Vincent, der Vorsichtige, dagegen müssen lernen, sich zu behaupten, wenn ihre Geschwister ihre entgegenkommende Art ausnutzen.

Eine Bestandsaufnahme machen

Nachdem Sie die unterschiedlichen Temperamente Ihrer Kinder benannt haben, besteht der nächste Schritt darin, ihre Stärken und Schwächen herauszuarbeiten. Ein Beispiel dafür, wie das aussehen könnte, finden Sie auf der nächsten Seite.

Während der Fragen zum Nachdenken machen Sie für jedes Ihrer Kinder eine solche Bestandsaufnahme. Dabei werden Sie feststellen, dass Sie sich jedem Ihrer Kinder ein kleines bisschen anders zuwenden müssen:

- Ein Kind braucht eine Extradosis Körperkontakt und Zärtlichkeit.
- Ein Kind braucht mehr Hilfe bei den Hausaufgaben.
- Ein Kind braucht Unterstützung, wenn es neue Freunde kennen lernt.
- Ein Kind braucht Anleitung, wie man Gefühle von Wut und Ärger angemessen ausdrückt.

Verschiedene Kinder haben unterschiedliche Bedürfnisse, und es liegt an Ihnen, jedem Kind zu geben, was es braucht. Aber wie erfüllt man die unterschiedlichen Bedürfnisse mehrerer Kinder, ohne dass sich eins ausgeschlossen oder zurückgesetzt fühlt? Studien über das Verhalten von Geschwistern haben durchgängig belegt, dass Kinder emotional durcheinander geraten oder ein unangemessenes Verhalten an den Tag legen, wenn eines ihrer Geschwister von den Eltern bevorzugt wird. Andererseits ist es gerade wegen ihrer unterschiedlichen Temperamente und Bedürfnisse unmöglich, jedes Kind ganz genau gleich zu behandeln.

BESTANDSAUFNAHME FÜR JEDES KIND

Name: Achim

Stärken: tüchtig, viel Sinn für Humor, ehrlich, hat Gott lieb, gutes Verhältnis zu seinen Freunden

Noch ausbaufähig: unliebsame Tätigkeiten zu Ende bringen, Späße nicht zu weit treiben, sich beherrschen, friedlich mit seinem Bruder spielen

Schwierige Situationen: mit den Geschwistern ohne Aufsicht spielen; im Auto mit seinem Bruder herumalbern; jedes Mal, wenn er wütend wird

Wie man ihm helfen kann:

1. Schon frühzeitig einschreiten, wenn Achim Anzeichen von Frustration zeigt.
2. Die Ohren offen halten, wenn Achim sich unbeaufsichtigt glaubt und anfängt, seine Geschwister zu tyrannisieren.
3. Im Familiengespräch die folgenden Themen aufgreifen:
   - auf andere Rücksicht nehmen,
   - fair sein und
   - Selbstbeherrschung.
4. Achim bei ungeliebten Tätigkeiten extra ermutigen.
5. Darauf achten, wenn Achim friedlich mit seinem Bruder spielt oder seinem Ärger nicht lautstark Luft macht; ihn loben, dass er das großartig hinbekommt.

Die „ungleiche“ Zuwendung von Seiten der Eltern belastet nur dann die Geschwisterbeziehungen, wenn die Kinder sie als unfair *wahrnehmen.* Kinder begreifen mit zunehmendem Alter und zunehmender Erfahrung, dass ihre Geschwister andere Bedürfnisse haben als sie. Sie beginnen zu verstehen, dass Eltern gelegentlich besonders viel Zeit mit einem einzelnen Kind verbringen müssen, weil das Alter des Kindes oder eine besondere Situation es erfordern. Es bedeutet auch, dass Kinder aus solchen Familien leichter einsehen, warum einzelne ihrer Geschwister hier und da besondere Zuwendung brauchen.

Danny ist acht Jahre alt und hat einen Bruder: Marc ist fünf und Autist. Einmal fragte ich Danny, ob seine Eltern deswegen besonders viel Zeit mit Marc verbrächten.

„Klar, die müssen sich schon ziemlich viel um ihn kümmern“, meinte Danny.

„Wie ist das denn für dich?“

„Macht mir nichts“, gab Danny ohne Zögern zurück.

„Es macht dir gar nichts aus?“, hakte ich noch einmal nach.

„Nein“, bestätigte er. „Marc braucht das doch.“

Und dann erzählte er mir, wie gerne er Marc bei den Schulaufgaben half. Seine Augen glänzten vor Stolz, als er mir von seiner Rolle als Tutor seines kleinen Bruders berichtete. Obwohl Danny und Marc, wie alle Brüder, gelegentlich Streit miteinander hatten, standen sie sich doch trotz Marcs Einschränkungen bemerkenswert nahe.

Weil ich mit Dannys Eltern schon ausgiebig gesprochen hatte, wusste ich mehr, als Danny dachte. Ich hatte schon gehört, dass seine Eltern sich ganz bewusst nicht nur für Marc, sondern gerade auch für Danny immer wieder Zeit nahmen. Das zahlte sich im Leben Dannys überdeutlich aus: Obwohl er einen Bruder hatte, der besondere Aufmerksamkeit benötigte, fühlte Danny sich doch geliebt und ausreichend beachtet. Dafür hatten seine Eltern schon gesorgt.

Eine Beziehung zu jedem Kind aufbauen

Alle Kinder haben das Bedürfnis danach, sich mit ihren Eltern verbunden zu fühlen. Bevor Sie auf das Leben Ihrer Kinder den Einfluss nehmen können, den Gott Ihnen als Eltern zugedacht hat, müssen Sie zuerst mit jedem Kind eine stabile Beziehung eingehen.

Je stärker die Beziehung zu jedem einzelnen Ihrer Kinder ist, desto einfacher ist es für die Geschwister, untereinander gute Beziehungen zu entwickeln. Die gesunde Verbindung zwischen Eltern und

Kindern schafft ihnen eine solide Grundlage, von der aus sie auch Beziehungen zu anderen Menschen wagen können. Wenn Ihre Kinder sich mit Ihnen eng verbunden fühlen, können sie ihre Geschwister als Freunde und Gefährten sehen – und nicht als Konkurrenten im Kampf um elterliche Zuneigung.

Der folgende Fragenkatalog kann Ihnen dabei als Gradmesser dienen, wie verbunden Sie Ihrem Kind sind.

- Woran hat mein Kind Freude?
- Wen bewundert mein Kind?
- Wovor hat mein Kind am meisten Angst?
- Welche Tätigkeiten geben meinem Kind neue Energie?
- Welche Tätigkeiten ermüden mein Kind am meisten?
- Wo würde mein Kind hinfahren wollen, wenn es den Familienurlaub planen dürfte?
- Was würde mein Kind mit mir zusammen unternehmen wollen, wenn es sich etwas wünschen dürfte?
- Welche Musik mag mein Kind?
- Womit verbringt mein Kind – abgesehen von Schule und Schlafen – am meisten Zeit?
- Was möchte mein Kind einmal werden, wenn es groß ist?

Wie viele dieser Fragen können Sie für jedes Ihrer Kinder beantworten? Das Ergebnis weist auf den Grad Ihrer Verbundenheit mit diesem Kind hin. Je weniger sich ein Kind mit Ihnen verbunden fühlt, desto mehr ist es möglicherweise darauf angewiesen, mit seinen Geschwistern in einen Konkurrenzkampf um Ihre Aufmerksamkeit zu treten. Wenn Sie festgestellt haben, dass Sie für eines Ihrer Kinder nicht einmal eine dieser Fragen beantworten konnten, wird es wirklich Zeit, sich diesem Kind einzeln zuzuwenden!

Lesen Sie die Anregungen „Wie man sein Kind besser kennen lernen kann“ (auf der nächsten Seite) und wählen Sie eine oder zwei von ihnen aus. Schaffen Sie sich zeitliche Freiräume, um mit jedem Kind eine Beziehung aufzubauen und zu pflegen. Je nach Temperament kommt man manchen Kindern schneller nahe als anderen. Aber jedes einzelne Ihrer Kinder ist die Investition von Zeit und Mühe wert – also bleiben Sie dran!

WIE MAN SEIN KIND BESSER KENNEN LERNEN KANN

1. Zu zweit einen Spaziergang machen.
2. Alle zwei Wochen zusammen frühstücken.
3. Regelmäßig ein Brett- oder Kartenspiel für zwei Personen spielen.
4. Nacheinander mit jedem Kind einen ganz besonderen Abend verbringen (z. B. Essen gehen und einen Kinofilm anschauen).
5. Mit jedem Kind ein einfaches Fragespiel spielen: „Was ist dein/e liebste/s ...?" (Man fragt sich gegenseitig nach Lieblingsdingen/-tätigkeiten.)
6. Jeden Abend vor dem Einschlafen miteinander reden und beten.
7. Jedes Kind fragen, wie es die Zeit, die es mit Ihnen allein verbringt, nutzen möchte.

Als Familie zusammenwachsen

Natürlich sollen Sie nicht nur zu jedem Kind einzeln eine gute Beziehung aufbauen, sondern auch als Familie zusammenwachsen. Der Vergleich, den Paulus zwischen der Gemeinde und dem menschlichen Organismus zieht (1. Kor 12), lässt sich auch auf die Art und Weise übertragen, wie wir als Familie miteinander umgehen sollen. Wie unser Körper, so funktioniert auch unsere Familie am besten, wenn alle „Körperteile" das tun, wozu Gott sie vorgesehen hat. Wenn wir mit jedem Kind besonders verbunden sind, helfen wir ihm, seine Stärken und Besonderheiten weiter auszubauen.

Natürlich ist unser Körper mehr als eine Ansammlung verschiedener Körperteile; er ist ein komplexes System, in dem verschiedene Einzelteile zusammenwirken und sich ergänzen. Genauso besteht auch unsere Familie aus Einzelpersonen, die so eng miteinander verbunden sind, wie es nur möglich ist. Und wenn Ihre Familie richtig funktioniert, fügen sich diese „Einzelteile" zu einem Ganzen zusammen.

Vor gar nicht allzu langer Zeit brach unser Jüngster, Luke, in Tränen aus, als das Gespräch auf seinen bevorstehenden Schulausflug kam. Niemand von uns würde dabei sein!

„Ich kriege bestimmt Heimweh“, sagte er ganz leise mit gesenktem Kopf, und er zitterte ein bisschen.

„Du klingst ja ganz schön nervös, Luke“, sagte ich.

„Ich werd euch alle schrecklich vermissen“, war Lukes Antwort.

„Schätzchen“, sagte Laura sanft und knuddelte ihn ein bisschen, „Frau Julie ist doch auch da und bleibt die ganze Zeit bei euch. Du kannst dich immer an sie halten.“

„Weiß ich ja“, sagte Luke und begann zu weinen, „aber ich werd euch wirklich vermissen.“

Jacob, der die ganze Zeit geduldig dabeigesessen hatte, hielt es nicht mehr aus. „Luke, ich war schon auf ganz vielen Schulausflügen und ich war früher auch immer ganz aufgeregt, aber jetzt hab ich dabei irre Spaß“, platzte er heraus.

„Luke, soll dir Jacob erzählen, wie er es geschafft hat, bei seinen Ausflügen ruhig zu bleiben und sie sogar richtig toll zu finden?“

„Na gut“, schniefte Luke.

Wir setzten uns also zusammen und halfen Luke gemeinsam, seine Ängstlichkeit allmählich zu überwinden. Wir freuten uns alle mit ihm und betonten, wie stolz wir auf ihn waren, weil er so mutig war und sich auf etwas Neues einließ. Etwas später fragte ich Jacob, wie er es empfunden hatte, dass wir all unsere Aufmerksamkeit auf Luke verwandten.

„War doch in Ordnung“, meinte er, „ich weiß ja, dass das für Luke nicht einfach war.“

„Es macht dir also nichts aus, dass wir so viel Zeit mit ihm und seinem Problem verbracht haben?“, hakte ich nach.

„Nö, ihr seid ja für mich auch oft da.“

Jacob fühlte sich nicht bedroht, weil er sich mit uns die ganze Zeit verbunden fühlte. Dass wir Luke besonders nahe kamen, führte nicht automatisch dazu, dass wir uns von Jacob entfernten.

ZUM SCHMUNZELN

Wie Sie KEINE Nähe zu Ihrem Kind herstellen

1. Sie schlafen mit in seinem Zimmer.
2. Sie hängen ein Mega-Poster von sich über sein Bett.
3. Sie schenken ihm ein Handy und rufen stündlich an.
4. Sie bepflanzen Ihr Tulpenbeet so, dass man aus der Luft „I love (*den Namen Ihres Kindes einsetzen*)" lesen kann.
5. Sie leihen sich für den nächsten Kindergeburtstag ein Karaokegerät und singen „You are my sunshine", und alle Freunde Ihres Kindes hören zu.

Nehmen Sie sich die Bestandsaufnahme für jedes Kind immer wieder einmal vor und tragen Sie nach, in welchen Punkten es Ihre Hilfe im Moment besonders nötig hat. Pflegen Sie mit Hilfe von Familien- und Einzeltreffen die Beziehung zu Ihrem Kind und bleiben Sie auf dem Laufenden, was es gerade beschäftigt. Die Bedürfnisse und Interessen Ihres Kindes ändern sich mit der Zeit, und Sie sollten den Anschluss nicht verlieren. Sie werden dabei feststellen, dass Ihre Kinder sich auch stärker untereinander verbunden fühlen, wenn sie mit Ihnen eng verbunden sind.

ZUM NACHDENKEN

1. Welche hauptsächlichen Unterschiede sehen Sie in den Temperamenten Ihrer Kinder?
2. Machen Sie für jedes Ihrer Kinder eine Bestandsaufnahme. (Benutzen Sie dabei für jedes Kind ein eigenes Blatt Papier. Alternativ können Sie auch die Vorlage auf Seite 55 entsprechend oft kopieren und ausfüllen.)
3. Was ist das Wichtigste, das Ihnen aus dem Erstellen dieser Bestandsaufnahmen bewusst geworden ist?
4. Wie nah steht Ihnen jedes Kind bzw. wie fremd erscheint es Ihnen?

5. Worin sehen Sie die größte Herausforderung, wenn Sie die Beziehung zu jedem einzelnen Kind pflegen wollen?
6. Lesen Sie 1. Korinther 12,14-26! Wie lässt sich der Vergleich, den Paulus hier zwischen dem menschlichen Organismus und der Gemeinde zieht, auf Ihre Familie übertragen?
7. Nennen Sie für jedes Ihrer Kinder etwas, das Sie regelmäßig tun können, um die Beziehung frisch zu halten. Stellen Sie einen Plan dafür auf, der Sie nicht überfordert, und nehmen Sie sich fest vor, ihn einzuhalten.

BESTANDSAUFNAHME FÜR JEDES KIND

NAME: ____________________

STÄRKEN:

____

____

NOCH AUSBAUFÄHIG:

____

____

SCHWIERIGE SITUATIONEN:

____

____

WIE MAN IHM/IHR HELFEN KANN:

1. ____
2. ____
3. ____
4. ____

EINLADUNG ZUM GEBET

Schließen Sie die Zeit mit einem Gebet ab, indem Sie Gott für die verschiedenen Charaktereigenschaften jedes Ihrer Kinder danken. Bitten Sie ihn darum, jede dieser Eigenarten nach seinen Vorstellungen zu formen. Verpflichten Sie sich dazu, sich all Ihren Kindern einzeln zuzuwenden, und reichern Sie dadurch den Familienboden so an, dass gesundes Wachstum möglich wird.

ÜBUNG MACHT DEN MEISTER

Versuchen Sie sich selbst einmal darin, die individuellen Besonderheiten zweier ganz verschiedener Kinder herauszuarbeiten. Lesen Sie die Grundinformationen über Alex und Katie durch und benennen Sie je eine mögliche Stärke und Schwäche, eine schwierige Situation und ein Gebiet, in dem die Eltern helfend einschreiten könnten. Es gibt viele mögliche Antworten; schauen Sie einfach einmal, wie weit Sie kommen.

1. Alex ist vierzehn Jahre alt. Er spricht ganz leise und ist schüchtern, dabei sehr intelligent. Er ist gern allein und hat wenig enge Freunde.

Stärke: ______________________________
Schwäche: ______________________________
Schwierige Situation: ______________________________
Wie man ihm helfen kann: ______________________________

2. Katie ist zehn. Sie ist launisch, kämpft mit dem Schreiben, hat einen Dickkopf und gibt schnell auf, wenn sie auf Hindernisse stößt.

Stärke: ______________________________
Schwäche: ______________________________
Schwierige Situation: ______________________________
Wie man ihr helfen kann: ______________________________
(Beispielantworten finden Sie auf Seite 246/247.)

Benutzen Sie für Ihr Familientreffen diesmal die Anleitung zum Familiengespräch Nr. 2: Ohne dich geht es nicht. (Seite 189)

Dritter Schritt
Wirken Sie dem Konkurrenzdenken entgegen

„Wenn du doch wenigstens halb so ordentlich wärst wie dein Bruder!“, bemerkte Frau Davies.

Herr Hill warf einen kurzen Blick in Leos Zimmer und schüttelte angewidert den Kopf: „Du bist das faulste Kind, das ich je gesehen habe.“

„Sven mag mich am liebsten. Er hat mir gesagt, dass er dich nicht leiden kann“, sagte Emily zu ihrer Schwester und grinste triumphierend.

Dass wir Kinder miteinander vergleichen, sie allzu schnell in Schubladen stecken oder gegeneinander ausspielen, hat fatale Folgen für die Beziehungen der Geschwister untereinander. Es wirkt sich auf unseren Familienboden wie Unkraut aus, das sich, anfangs unbemerkt, auf unserer schön geharkten und gedüngten Erde ausbreitet und ihr die Nährsalze entzieht. Und immer wenn Sie denken, dass Sie gerade das letzte Hälmchen ausgerupft haben, wächst an seiner Stelle ein anderes nach. Manchmal scheint es ein hoffnungsloses Unterfangen zu sein, sie alle ausreißen zu wollen.

Manche Familien werden von diesem schnell wachsenden Unkraut regelrecht überwuchert, so dass man die zarten Blumen, die in seinem Schatten wachsen, kaum noch sehen kann. Wenn man es sich einfach ungehemmt weiter ausbreiten lässt, erstickt es irgendwann die Geschwisterbeziehungen Ihrer Kinder und zerfrisst das Band, das Ihre Familie zusammenhält.

Ständige Vergleiche, Schubladendenken und Konkurrenzkämpfe müssen nicht zum Alltag einer Familie gehören. Wie Sie feststellen werden, sind sie nichts weiter als schlechte Gewohnheiten, und schlechte Gewohnheiten lassen sich durch gute ersetzen. Spielen wir einmal Rasen-Kontrolleur und schauen wir uns an, wie wir diese unwillkommenen Gewächse aus Ihrem Familienboden ausrupfen und dauerhaft fernhalten können, so dass Ihre wertvollen Setzlinge geschützt werden.

Vergleichen

Wenn Sie Ihre Kinder möglichst schnell dazu bringen wollen, einander aus tiefstem Grund zu hassen, müssen Sie einfach nur Ihre tägliche Rede mit einer großzügigen Dosis Vergleiche würzen. Alles Weitere passiert von selbst: Es entsteht eine Denkweise, in der jeder gegen jeden steht. Das Kind, das als Vorbild herangezogen wurde, erscheint als Mamas (oder Papas) Liebling und steht ständig unter Druck, die damit verbundenen Erwartungen zu erfüllen. Das Kind, das als schlechtes Beispiel hingestellt wurde, sieht sich als Versager und übernimmt die Rolle des schwarzen Schafs in der Familie. Geholfen ist damit niemandem.

In meinen Seminaren bitte ich die Teilnehmer oft, den folgenden Satz zu vervollständigen: „Warum bist du bloß nicht so wie ...?" Diese Lücke wird von allen richtig ausgefüllt, aus allen Ecken ertönt vernehmlich „... dein Bruder" oder „... deine Schwester". Wir alle wissen, wie es ist, auf die eine oder andere verletzende Weise mit anderen verglichen zu werden.

Eltern, die auf Vergleiche zurückgreifen, tun das manchmal absichtlich, oft aber auch unbewusst. Absichtliche Vergleiche haben meist das Ziel, ein Kind zu besseren Leistungen, schnellerem Arbeiten etc. zu motivieren – wobei der Schuss für gewöhnlich nach hinten losgeht.

Mama:	„Matthias, sitzt du immer noch an deinen Matheaufgaben? Eva ist schon seit einer Viertelstunde fertig!"
Papa:	„Hey – nennst du das hier aufräumen? Hast du gesehen, wie Elena ihr Zimmer aufgeräumt hat? Du solltest dir das vielleicht mal ansehen!"

Können Sie das Gefühl von Unzulänglichkeit oder Groll nachempfinden, das in Kindern hochsteigt, wenn sie sich so etwas anhören müssen? Motiviert werden sie von diesen Vergleichen nicht, eher entwickeln sie Wut und Bitterkeit entweder dem gegenüber, von dem der Vergleich stammt (also Ihnen), oder dem gegenüber, der sie so schlecht dastehen lässt (dem Bruder / der Schwester).

Stellen Sie sich einfach der besseren Anschaulichkeit halber einmal vor, Sie arbeiteten in einem Büro, in dem Sie sich ähnlich gestrickte Kommentare anhören müssten:

Abteilungsleiter: „Haben Sie diese Kalkulation noch nicht fertig? Anne hat ihre schon gestern abgegeben, und dabei arbeitet sie noch gar nicht so lange hier wie Sie!"

Hätten Sie da nicht auch Lust auszurufen: „Pah! Anne kann mir mal den Buckel runterrutschen!" Wie würden Sie mit einem solchen Abteilungsleiter auf Dauer zurechtkommen?

Andere Vergleiche werden unbewusst geäußert, und manchmal bemerken Sie sie nicht einmal. Vielleicht gratulieren Sie Angela zu ihrer Eins mit Sternchen, und hinten in der Wohnzimmerecke sitzt David (der meistens Dreien schreibt) und wird in seinem Sessel immer kleiner, weil er sich wie ein Versager fühlt. Sie haben Ihr Lob nicht als Vergleich gemeint, aber es kommt trotzdem so an.

Wie können Sie diese üblen Vergleiche, die sich auf das Selbstbewusstsein Ihrer Kinder und auf ihre Beziehungen untereinander verheerend auswirken, vermeiden?

1. Konzentrieren Sie sich auf das einzelne Kind

Fragen Sie sich doch einfach einmal, was Sie zu Ihrem Kind sagen würden, wenn es Ihr einziges wäre? Wenn es keine Geschwister gäbe, mit denen Sie es vergleichen könnten, müssten Sie sich auf sein Problem oder sein Verhalten konzentrieren. Obwohl Sie mehrere Kinder haben, bleibt Ihr Ziel das Gleiche: Sie wollen, dass Johannes *sein* Bestes gibt, nicht Susis oder Mikes Bestes. Konzentrieren Sie sich also auf zwei Dinge:

1. die aktuelle Situation
2. das konkrete Verhalten

Beispiel:

Florian: „Mama, ich bin fertig mit Zimmer-Aufräumen!"

Mama: „Ich glaube nicht, dass wir schon fertig sind. Ich möchte, dass du die Spielsachen in dieser Ecke da noch aufsammelst und deinen Schreibtisch aufräumst. Wenn du damit fertig bist, gib mir Bescheid." (Das ist besser als: „Schau mal, wie ordentlich das Zimmer deiner Schwester ist. Warum bist du bloß nicht so ordentlich wie sie?")

Papa: „Okay, Jungs, bringt eure Teller in die Küche."

Samuel: „Klar."

Tim: „Warum müssen wir das denn immer machen?"

Papa: „In unserer Familie helfen wir alle mit, und ich möchte, dass ihr helft, indem ihr eure Teller abräumt." (Das ist besser als: „Komisch, dein Bruder beschwert sich gar nicht darüber, dass er helfen muss.")

Beide Kinder: „Gehen wir zu McDonald's?"

Mama: „Heute mal nicht, Kinder."

Tamara: „Och, schade."

Tom: „Das ist doof! Wir machen nie was Schönes!"

Mama: „Du bist wohl traurig, dass wir heute nicht zu McDonald's gehen?" (Das ist besser als: „Warum musst du immer meckern? Tamara nimmt das viel lockerer!")

Tom: „Wir gehen nie dahin, wo ich hinwill!"

Mama: „Tom, ich weiß, dass es ganz schön blöd sein kann, wenn man irgendetwas machen möchte und es geht nicht. Aber ich möchte, dass du das, was du denkst, höflich ausdrückst."

2. Konzentrieren Sie sich auf Stärken und Erfolge jedes Kindes

Eines Abends, als er in meinem Büro saß, bekannte mir Paul, dass es ihm schwer fiel, seinen Kindern etwas Nettes zu sagen. Je mehr er erzählte, desto mehr wurde mir klar, dass er als Kind von seinen Eltern nie besonders viel Freundlichkeit erfahren hatte. Ohne dass er es merkte, sorgte Paul jetzt bei seinen Kindern für dieselbe frostige Stimmung. Sie können davon ausgehen, dass sich jedes Mal, wenn Paul eines seiner Kinder lobte, die Geschwister vor Eifersucht verzehrten.

„Warum hat Papa ihm ein Kompliment gemacht und mir nicht?“
„Papa hat ihn wohl am liebsten.“
„Mich beachtet Papa nie.“

Der Grundsatz von Angebot und Nachfrage hilft uns zu verstehen, warum das so ist. Wenn es in einer gefragten Gegend nicht viele gute Grundstücke oder Wohnungen gibt, gehen die Preise in die Höhe, denn dann ist die Nachfrage größer als das Angebot. Wenn es dagegen mehr Grundstücke bzw. Wohnungen gibt als Interessenten, sinken die Preise. Das Angebot übersteigt die Nachfrage.

Sie verfügen über eine Ware, nach der die Nachfrage äußerst hoch ist: Ihre Zuwendung. Das liegt daran, dass Ihre Aufmerksamkeit Ihren Kindern Entscheidendes signalisiert:

Ich werde geliebt.
Ich bin wichtig.
Ich werde beachtet.
Auf mich kommt es an.

Freundliche, warmherzige elterliche Zuwendung wirkt sich auf die Beziehungen der Geschwister untereinander extrem günstig aus. Untersuchungen haben ergeben, dass mit herzlichen Eltern-Kind-Beziehungen auch positive Geschwisterbeziehungen einhergehen. Sind die Eltern-Kind-Beziehungen dagegen unpersönlich oder konfliktbeladen, so gibt es für gewöhnlich auch mehr Streit unter den Geschwistern.

Wenn Lob und Anerkennung von Seiten der Eltern zu den eher seltenen Freuden gehören, wie das in Pauls Familie war, wird ein Kind schnell eifersüchtig, sobald ein Bruder oder eine Schwester in den Genuss eines solchen kostbaren Kompliments kommt. Wenn Sie andererseits dafür sorgen, dass alle Kinder regelmäßig Lob und Anerkennung empfangen, lernen sie sehr schnell, dass es genügend elterliche Aufmerksamkeit für alle gibt. Und wenn das Angebot an positiver Zuwendung groß genug ist, um die Nachfrage zu stillen, lernt Johannes, dass ein Kompliment für Susi oder Mike nicht automatisch ein Kompliment weniger für ihn bedeutet. Es sind genug Komplimente für alle da!

Hier sind einige Beispiele, wie Sie die Stärken und Erfolge Ihrer Kinder so kommentieren können, dass Sie ihnen Ihre Wertschätzung vermitteln und gleichzeitig die Grundlage für eine gute Geschwisterbeziehung legen können.

Mama:	„Jan, du hast ja die Spiele weggeräumt! Das war wirklich toll. Danke!“
Mama:	(etwas später am Tag) „Peter, du hast heute so toll Klavier geübt. Du machst das wirklich gut!“
Papa:	(beim Abendessen) „Wir sind stolz darauf, dass ihr beide euch in der Schule so anstrengt. Das wollten wir euch unbedingt sagen. Ihr gebt immer euer Bestes, auch wenn es mal nicht so gut läuft. Mama und ich finden, dass ihr das ganz großartig macht. Glückwunsch!“
Mama:	(auf der Rückfahrt vom Fußballtraining) „Svenja, du warst heute im Training richtig gut! Es war total spannend, dir beim Spielen zuzugucken. Du wirst bestimmt mal eine gute Fußballerin! (Sie bemerkt die anderen Kinder auf der Rückbank.) Und Ronny, du triffst beim Basketball immer besser, und Lilli – ich fass es nicht, wie gut du schon lesen kannst! Wie bin ich bloß an so begabte Kinder wie euch geraten?! Muss heute mein Glückstag sein!“

Schubladendenken

Als Eltern kennen wir unsere Kinder besser als irgendjemand sonst, und manchmal denken wir sogar, dass wir am besten abschätzen können, was einmal aus ihnen wird. Schon beim kleinsten Funken

Talent, den unser Sohn beim Klavierspielen an den Tag legt, gehen wir davon aus, dass wir es mit einem zukünftigen Starpianisten zu tun haben. Oder wir nehmen Leseschwierigkeiten wahr und befürchten gleich, dass unser Kind nie aufs Gymnasium gehen kann.

So etwas ist grundfalsch! Wir meinen, wir könnten die Zukunft unserer Kinder vorhersehen und stützen uns dabei oft nur auf ein paar kleine Ausschnitte ihres Kleinkindverhaltens. Man könnte sich genauso gut die ersten fünf Minuten eines Spielfilms ansehen, dann abschalten und spekulieren, was alles an Verwicklungen und Wendungen folgen wird. Sie können möglicherweise ein paar Grundlinien erraten, aber auf einige Überraschungen, die Ihnen nie in den Sinn gekommen wären, sollten Sie sich doch einstellen.

Beweise dafür gibt es zur Genüge. Bedeutende Menschen der Wissenschafts- und Kulturgeschichte, die mit dem Lernen so ihre Schwierigkeiten hatten – wie z. B. Albert Einstein, Mozart, Thomas Edison oder Walt Disney – brachten später Erstaunliches zustande. Teenager, die aus dem Basketballteam ihrer Schule fliegen, werden als Profisportler weltberühmt (schon mal von Michael Jordan gehört?).

In 1. Samuel 16,7 warf Samuel nur einen Blick auf Eliab und zog den Schluss, dass er hier den nächsten König Israels vor sich hätte. Aber Gott stellte klar: „Ein Mensch sieht, was vor Augen ist; der Herr aber sieht das Herz an."

Während Eliab als Königskandidat abgelehnt wurde, weil der Zustand seines Herzens nicht den Anforderungen entsprach, wurde sein kleiner Bruder David (der zu dem Treffen nicht einmal eingeladen worden war) ausgewählt, weil sein Herz auf Gott ausgerichtet war. Die äußere Erscheinung führte in beiden Fällen zu einer Fehleinschätzung; es kam auf Charakter und Herzensbildung an.

Die Warnung an Eltern ist unmissverständlich: Jedes Kind hat ein unausgeschöpftes Potenzial, von dessen Existenz Sie möglicherweise noch gar nichts ahnen. Vielleicht deutet eher alles auf das Gegenteil hin. Aber lassen Sie sich von Äußerlichkeiten nicht täuschen. Isai würde nicht im Traum damit gerechnet haben, dass sein Schafe hütender, Schleuder schwingender Jüngster der größte König werden würde, den es in Israel je gab. Und genauso hat Gott mit Ihrem

Kind Pläne, die bis in die Ewigkeit hineinreichen – und wer kann jetzt schon sagen, wie diese Pläne aussehen?

Was Sie sagen, kann das Potenzial, das Gott in Ihr Kind hineingelegt hat, zur Entfaltung bringen oder aber lahm legen. Wenn Sie Ihr Kind bequem in eine Schublade stecken – sei es als Unruhestifter, Faulpelz oder Mamas Liebling – und diese Bezeichnungen ständig wiederholen, glaubt es irgendwann selber daran und definiert sich darüber. Sie legen damit fest, was es ist, was es kann und was nicht, und was vermutlich einmal aus ihm werden wird (oder auch nicht).

Es gibt unendlich viele solcher Schubladen. Sie können dazu jede Begabung oder jede Charaktereigenschaft herauspicken und einfach mit Ihrem Kind gleichsetzen. Die dazugehörige Formel lautet:

Begabung/Charaktereigenschaft = mein Kind

Hier einige Beispiele:

„Marlene ist unsere kleine Einser-Schülerin."
„Gabriel ist unser Weltklasse-Sportler."
„Tina ist die Pfiffigste von uns."
„Wir nennen ihn nur Hampelmann, weil er nie stillsitzt."
„Thomas wird mal unser Prediger."
„Steffi ist unser Kind mit dem Sinn für Verantwortung."

Tonia benutzte ständig negative Bezeichnungen wie „der ungezogene Junge", „der Faulpelz" oder „der Rotzlöffel", wenn sie über ihren Sohn Philipp sprach. Ich kann mich noch gut erinnern, wie ich am Anfang jedes Mal zusammenzuckte, wenn diese verletzenden Ausdrücke aus ihrem Mund quollen. Sie saß mit Philipp in meinem Büro und schimpfte über sein Verhalten. Philipp wehrte sich wütend gegen diese so bissig vorgebrachten Anschuldigungen. Ich stellte mir in Gedanken vor, wie oft Philipp dies und Ähnliches von seiner Mutter gehört hatte. Für was für einen Jungen musste er sich wohl halten, und wie wirkte sich diese geballte Ladung böser Worte auf sein Selbstbewusstsein aus? Ich bestand sofort darauf, dass die beiden höflicher miteinander umgingen, und später nahm ich Tonia zur Seite und erklärte ihr, wie zerstörerisch sich ihre Worte auf ihren Sohn auswirkten.

Einmal ganz abgesehen davon, dass diese Art des Abstempelns verheerende Folgen für das einzelne Kind hat, kann es sich auch auf die Beziehungen der Geschwister negativ auswirken. Wenn Anton der „Familiengelehrte“ ist, schließt seine Schwester Sarah daraus möglicherweise, dass sie selbst nicht besonders helle ist. Wenn Jenny „die Musikalische in unserer Familie“ ist, kommt Rebecca vielleicht auf den Gedanken, dass sie selbst nicht besonders begabt ist. Wenn Tim von seiner Familie als „der Unordentliche“ bezeichnet wird, wird er bitter, weil seine Brüder auch schon einmal Chaos stiften – und dafür nicht getadelt werden.

Die Bezeichnungen, die wir unseren Kindern geben, führen zu falschen Schlüssen und zu Missgunst unter den Geschwistern. Tatsache ist doch, dass sowohl Anton als auch Sarah helle Köpfe sein können. Und Jenny ist vielleicht begabt, aber auch Rebecca kann ein Instrument spielen lernen, wenn sie fleißig übt. Und in Tims Zimmer sieht es zugegebenermaßen oft aus, als hätte eine Bombe eingeschlagen, aber auch die anderen Familienmitglieder sind nicht immer so ganz ordentlich.

Sie können vermeiden, Ihre Kinder in Schubladen zu stecken, indem Sie Ihre Worte auf Folgendes ausrichten:

1. das *Verhalten* Ihres Kindes,
2. die *Bemühungen* Ihres Kindes,
3. das *Potenzial* Ihres Kindes.

Wenn Sie sich auf diese Gebiete beschränken, entwickeln Ihre Kinder eine realistischere Einschätzung darüber, wer und was sie wirklich sind. Sie halten damit alle Möglichkeiten offen, dass Gott sie zu dem machen kann, was er schon mit ihnen vorhatte, bevor sie ihren ersten Atemzug machten. Hier sind einige Beispiele, wie man das Verhalten, die Bemühungen oder das Potenzial eines Kindes thematisiert, ohne gleich Schubladen aufzumachen.

Papa: „Olli, ich mag es nicht, wenn du meckerst, wenn wir dich um etwas bitten." (Das ist besser als: „Olli, du bist der Meckerkönig! Du meckerst immer nur herum!")

Nicki: „Ich kann bestimmt nie so gut Klarinette spielen wie Susi, Mama. Die ist musikalisch – ich überhaupt nicht."
Mama: „Das Üben fällt dir wohl gerade schwer?"
Nicki: „Ja. Ich rackere mich ganz schön ab."
(es geht um das *Verhalten*)
Mama: „Dann geht es dir wie all den großen Klarinettisten – die mussten sich auch oft ganz schön anstrengen. Weißt du, wie gut du Klarinette spielst, hat nichts mit Susi zu tun. Das hängt von dir ab und davon, wie viel du übst. Ihr könnt beide sehr gut spielen, wenn ihr wollt." (Das ist besser als: „Ja, das stimmt. Susi ist die Musikalische in unserer Familie. Du bist ja eher unsere kleine Sportlerin, was?")
(es geht um die *Bemühungen*)

Mama: „Lars, ich war sehr enttäuscht, dass du heute spielen gegangen bist, bevor du alles erledigt hattest, was ich dir aufgetragen hatte. Ich *weiß*, dass ich mich meistens auf dich verlassen kann. Ich hoffe, dass du es das nächste Mal besser machst – ich weiß ja, dass das geht. Ja?" (Das ist besser als: „Lars, auf dich kann man sich weniger verlassen als auf alle anderen Jungen, die ich kenne!")
(es geht um das *Potenzial)*

Konkurrenzkampf

Judith kennt sich mit Konkurrenz unter Geschwistern nur allzu gut aus. Sie hat achtjährige Zwillinge, einen Jungen und ein Mädchen, die in die gleiche Klasse gehen. Die beiden kommen in der Schule gut zurecht, aber sie versuchen sich ständig gegenseitig mit guten Noten zu übertrumpfen. Jedes Diktat und jede Mathearbeit ist ein Wettbewerb, bei dem einer gewinnt und einer verliert.

Jörg:	„Ha! Ich hab keinen Fehler in meinem Diktat! Und du?“
Emma:	„Geht dich gar nichts an!“
Jörg:	„Ja klar, weil du nicht alles richtig hast, ätsch!“
Emma:	„Ist mir doch egal. Ich hatte volle Punkte in Sachkunde und du nicht!“
Jörg:	„Na, da kannst du ja wenigstens eine Sache gut.“
Emma:	„Du bist ja heute wieder zum Umwerfen komisch.“

Jörg und Emma kämpften darum, wer die besten Noten schrieb. Es gibt viele andere Gebiete, in denen Geschwister miteinander in Konkurrenz treten können.

Wer ist der Schlauste?
Wer ist die Sportlichste?
Wer hat die meisten Freunde?
Wer hat die meisten Punkte im Videospiel?
Wen mag der Hund am liebsten?

Kinder können um fast alles konkurrieren. Die meisten Geschwisterkämpfe drehen sich im Grunde darum, die eine zentrale Aussage zu untermauern:

ICH BIN ETWAS GANZ BESONDERES!

Etwas Besonderes sein zu wollen, ist übrigens nicht nur für Kinder charakteristisch. Wir alle wollen das Gefühl haben, dass wir wichtig und bedeutend sind und geliebt werden. Unsere Kinder holen sich die Bestätigung nur auf die falsche Art und Weise. Sie versuchen ihren eigenen Wert zu festigen, indem sie den der Geschwister schmälern. Im Versuch, selbst größer zu erscheinen, machen sie die anderen klein. Eigentlich geht es ihnen darum, den Geschwistern zu vermitteln:

ICH BIN WICHTIGER ALS DU!

Wie können Sie Ihren Kindern helfen, sich in Ihrer Familie wichtig und bedeutend zu fühlen, ohne dass es auf Kosten eines anderen geht?

1. Vermitteln Sie Ihrem Kind seinen wahren Wert

Der Wert Ihrer Kinder liegt nicht in den Noten, die sie schreiben, oder in den Toren, die sie beim Fußball schießen, sondern im Kern dessen, was sie sind. Sie sind Gottes „Handarbeit“ und wurden noch im Bauch ihrer Mutter vom Schöpfer des Himmels und der Erde selbst gestaltet (vgl. Ps 139). Wir werden in der Bibel immer wieder daran erinnert, dass wir uns nicht den Denkmustern der Welt um uns herum unterwerfen, sondern Leben und Sinn aus Gottes Perspektive sehen sollen (Röm 12,2). Für Gott sind wir nicht wertvoll, weil wir es durch unsere Liebenswürdigkeit oder unsere Taten verdient hätten, sondern weil er uns geschaffen hat und mit uns in Beziehung treten möchte (Gen 1,26-27; Eph 1,3-8).

Betonen Sie Ihren Kindern gegenüber immer wieder, dass in Ihrer Familie *alle* wertvoll sind – für Gott und füreinander. Lesen Sie in Ihren Familienandachten Stellen wie Psalm 139, Johannes 3,16 oder Epheser 1,3-8 zusammen und setzen Sie die Namen der Familienmitglieder ein. Sie können damit deutlich machen, wie unermesslich groß Gottes Liebe zu uns ist und wie wertvoll wir für ihn sind, ohne dass wir das eigentlich verdient hätten.

Solche Gespräche untermauern den wahren Wert, den Ihre Kinder für Gott und für die Familie haben. Sie helfen den Kindern mit, ihre Bedeutung nicht daraus abzuleiten, was sie leisten oder erreichen können. Statt dessen erkennen sie ihren wahren Wert gerade dann am besten, wenn sie sich mit den Augen ihres Heilands sehen. Reden Sie über dieses Thema, so oft es nötig ist, und bekräftigen Sie immer wieder, wie wichtig und wertvoll jedes Ihrer Kinder ist.

2. Lenken Sie ungesundes Konkurrenzdenken um

Wenn Sie mitbekommen, dass Ihre Kinder sich selbst groß zu machen versuchen, indem sie auf ihre Geschwister herabschauen, sollten Sie das sofort freundlich, aber nachdrücklich unterbinden. Zeigen Sie Ihren Kindern, wie sie sich wichtig fühlen und gleichzeitig ihren Geschwistern mit Achtung begegnen können.

ZUM SCHMUNZELN

Wie man Konkurrenzdenken nicht wirklich ausschaltet:

1. Vergleichen Sie Ihr Kind mit einem primitiveren Lebewesen. („Du hast dein Zimmer besser aufgeräumt, als eine Amöbe das je hinbekommen hätte.")
2. Vergleichen Sie Ihr Kind mit unbelebten Gegenständen. („Der Schreibtisch dort rennt auch nicht schneller als du.")
3. Sagen Sie Ihrem Kind, dass Sie das mit dem „hellen Kopf der Familie" nicht wirklich so gemeint haben.
4. Erinnern Sie Ihren Ehepartner daran, dass Sie schon *vor* ihm aufgehört haben, die Kinder miteinander zu vergleichen.
5. Veranstalten Sie einen Wettbewerb: Das erste Kind, das aufhört, sich mit den anderen zu vergleichen, bekommt 20 Euro.

Beispiele:

Kira: „Ich habe beim Test volle Punktzahl! Hab gehört, du hast grad noch so eine Vier geschafft!"

Tony: „Und, geht dich das vielleicht was an?"

Mama: „Hey ihr zwei. Ihr habt euch beide Mühe gegeben, und das ist wichtig. Aber noch wichtiger ist, dass ihr euch gegenseitig Mut macht!"

Tom:	„Ätsch, ich hab dir schon wieder den Ball abgeluchst. Du schlägst mich nie im Basketball!"
Jens:	„Ach, halt die Klappe!"
Papa:	*(nimmt Tom freundlich beiseite)* „Hör mal, Tom, Gewinnen macht Spaß, aber viel wichtiger ist, dass man nett zu den Leuten ist, mit denen man spielt. Finde doch mal heraus, wie du dich über deinen Erfolg freuen kannst, ohne deinen Bruder dabei herunterzumachen."

Julia:	„Kuck mal, Fluffy ist zu mir gekommen! Mich mag sie am liebsten!"
Mama:	„Toll! Das sieht man aber, dass sie dich mag. Meinst du, sie mag Leo auch?"
Julia:	„Och ... vielleicht."
Mama:	„Weißt du, wir finden Fluffy alle ganz toll und können sie alle streicheln. Rate mal, mit wem Fluffy sich gern anfreundet."
Julia:	„Mit wem denn?"
Mama:	„Mit jedem, der sie gut behandelt. Und ich möchte gern, dass du und Leo beide gute Freunde von Fluffy seid."
Julia:	„In Ordnung."

SO WIRKT MAN DEM KONKURRENZDENKEN ENTGEGEN

Anstatt Vergleiche anzustellen,
1. konzentrieren Sie sich auf das einzelne Kind,
- die aktuelle Situation,
- das konkrete Verhalten (also was Ihr Kind macht oder sagt),
- das Sie nicht in Ordnung finden,

Anstatt Ihr Kind in eine Schublade zu stecken,
2. erwähnen Sie die Stärken und Erfolge jedes Kindes: konzentrieren Sie sich auf
- das Verhalten Ihres Kindes,
- die Bemühungen Ihres Kindes,
- das Potenzial Ihres Kindes.

3. Wenn Ihre Kinder ungesund miteinander konkurrieren,
- vermitteln Sie Ihrem Kind seinen wahren Wert,
- lenken Sie ungesundes Konkurrenzdenken um.

Vergleiche, Schubladendenken, Konkurrenzkämpfe – drei Eindringlinge, die Gräben zwischen den Geschwistern reißen und gute Beziehungen unmöglich machen. Sie können Ihre Kinder vor diesen zerstörerischen Einflüssen schützen, indem Sie selbst aufbauende, stützende Worte gebrauchen und immer dann korrigierend einschreiten, wenn die Geschwister in schlechte Gewohnheiten zurückfallen. Salomo hat das schon klar formuliert: „Wer unvorsichtig herausfährt mit Worten, sticht wie ein Schwert; aber die Zunge der Weisen bringt Heilung“ (Spr 12,18). Halten Sie Ihren Familienboden von Unkraut frei und bringen Sie mit Ihren Worten Weisheit und Heilung in das Leben Ihrer Kinder.

ZUM NACHDENKEN

1. Haben Ihre Eltern Sie mit Ihren Geschwistern verglichen? Wenn ja – welcher Art waren diese Vergleiche? Wie ging es Ihnen dabei?
2. Wie vergleichen Sie Ihre Kinder miteinander? Wie wird sich das Ihrer Meinung nach auf die Kinder auswirken?
3. Lesen Sie Sprüche 16,24. Wie oft streichen Sie die Erfolge und Stärken Ihrer Kinder heraus? Haben Sie den Eindruck, dass Sie Lob und Anerkennung gleichmäßig verteilen?
4. Erinnern Sie sich, dass Ihre Eltern Sie (oder Ihre Geschwister) wegen bestimmter Charakterzüge oder Verhaltensweisen in bestimmte Schubladen gesteckt haben?
5. Wie haben Sie Ihre Kinder bisher in Schubladen gesteckt? Wie können Sie sich mehr auf das Verhalten, die Bemühungen oder das Potenzial Ihrer Kinder konzentrieren?
6. Haben Sie sich als Kind viel mit Ihren Geschwistern verglichen? Auf welchen Gebieten konkurrieren Ihre Kinder miteinander?
7. Schauen Sie sich die Beispiele auf Seite 69/70, wie man unge-

sundem Konkurrenzdenken eine andere Richtung gibt, noch einmal an. Wie können Sie ein solches Verhalten bei Ihren Kindern umleiten?

EINLADUNG ZUM GEBET

Bitten Sie Gott am Ende dieser Einheit, dass er Ihnen hilft, das Vergleichen und Schubladendenken zu lassen, das Sie sich möglicherweise schon seit Ihrer Kindheit angewöhnt haben. Danken Sie Gott dafür, dass er uns jeden Tag mehr in sein Bild verwandeln kann. Und drücken Sie Ihren Dank darüber aus, dass er Ihnen helfen will, ungesunde Verhaltensmuster durch gesunde zu ersetzen. Auf diese Weise können Sie Ihren Kindern ein gesundes Selbstbild vermitteln und ihnen helfen, das Potenzial zu entfalten, das Gott in sie hineingelegt hat.

ÜBUNG MACHT DEN MEISTER

Vergleichen

Denken Sie sich geeignete Kommentare aus, um die folgenden destruktiven Vergleiche zu ersetzen:

1. „Jimmy, du frisst ja wie ein Ferkel! Warum kannst du nicht ordentlich essen wie dein Bruder?"
2. „Katie, hast du je gehört, dass deine Schwester solche Widerworte gibt wie du? Warum schneidest du dir von ihr nicht eine Scheibe ab?"

Schubladendenken

Finden Sie Alternativen zu den folgenden Aussagen, so dass sie sich auf das Verhalten, die Bemühungen oder das Potenzial Ihres Kindes beziehen:

1. „Susanne ist unsere kleine Einser-Schülerin."
2. „Tommy, du benimmst dich immer wie ein alter Besserwisser!"

Konkurrenzkampf

Wie kann man die folgenden Aussagen in eine andere Richtung lenken?

1. „Ich habe bessere Noten als du!“
2. „Jippie! Schon wieder gewonnen! Jetzt hab ich dich fünfmal hintereinander geschlagen!“

(Beispielantworten finden Sie auf Seite 247.)

Setzen Sie für Ihr Familientreffen diesmal die Anleitung zum Familiengespräch Nr. 3 ein: Gott hat Großes mit dir vor. (Seite 192ff)

Vierter Schritt
Bestehen Sie auf gegenseitigem Respekt

Vor nicht allzu langer Zeit gab mir eine Freundin den folgenden Abdruck eines Briefes:

Liebe A.,
mein Mann und ich hatten Eltern, die ihre Kinder ständig gegeneinander ausspielten, und entsprechend distanziert war dann auch unser Verhältnis als Geschwister. Ich nahm mir fest vor, dass ständiges Konkurrenzdenken zwischen meine zwei Kinder nie einen Keil treiben sollte. Sobald ihre Kabbeleien allzu gemein wurden, griff ich ein und vermittelte ihnen, wie man Streit beilegen kann, ohne sich gegenseitig kaputt zu machen.
Das ging ganz gut, bis sie ins Teenageralter kamen. Eines Tages hatten sie von morgens bis abends gezankt und sich ständig gegenseitig fertig gemacht, und ich hatte die Nase voll. Ich wurde wütend und ließ einmal richtig Dampf ab. „Ihr freundet euch besser so langsam miteinander an", wies ich sie zurecht, „denn wir hoffen doch, dass ihr einmal lange lebt. Irgendwann werde ich nicht mehr da sein, und euer Vater auch nicht, und alle eure Lehrer und viele eurer Freunde werden nicht mehr leben. Vielleicht seid nur noch ihr zwei übrig, um euch an eure Kindheit zu erinnern. Niemand sonst wird sich an die Weihnachtstage erinnern, wie wir sie verbracht haben, an euer Baumhaus, an den Tag, an dem ihr Fahrrad fahren gelernt habt, oder an die Male, als ihr mit der Laterne von Haus zu Haus gezogen seid. Keiner wird sich mehr an eure Lieblingslehrerin in der dritten Klasse erinnern oder an die Kätzchen, die im Heizungskeller geboren wurden. Ihr habt dann nur noch euch, und ihr kommt besser jetzt schon miteinander aus, weil ihr in sechzig Jahren die Einzigen sein werdet, die sich noch an all diese Dinge erinnern – und diese Erinnerungen werden euch sehr viel wert sein."
Sie wurden beide ganz still, und ich überlegte, ob sie vielleicht noch zu klein waren, um das zu verstehen. Aber es muss wohl gewirkt

haben, denn nach diesem Tag haben sie nie wieder so gehässig aufeinander herumgehackt. Ich wünschte, meine Eltern hätten mir vor vierzig Jahren auch beigebracht, dass Streitigkeiten unter Geschwistern ganz normal sind, dass sie aber etwas ganz Kostbares verlieren, wenn sie nicht nett zueinander sind.

Was beunruhigte diese Mutter so sehr am Verhalten ihrer Kinder? Sie zankten. Sie zogen sich gegenseitig auf. Sie taten einander weh. Kurz gesagt, sie offenbarten einen Mangel an gegenseitigem Respekt.

Wir wünschen uns Kinder, die freundlich zueinander sind. Wir wollen, dass sie gut miteinander auskommen oder, mehr noch, dass sie Freunde werden und über gesellschaftliche Verpflichtungen und Familienurlaube hinaus auch dann noch miteinander in Kontakt bleiben, wenn sie einmal ausgezogen sind.

Leider liegt genau das nicht in Ihrer Hand.

Wenn Sie dafür Beweise brauchen, schauen Sie sich doch nur einmal in Ihrem Bekanntenkreis um, wie viele Menschen ohne eine besonders freundschaftliche Beziehung zu ihren Geschwistern aufgewachsen sind. Wenn ich in meinen Seminaren frage, wie viele der Teilnehmer zu ihren Geschwistern ein distanziertes Verhältnis haben, macht mich die Zahl der erhobenen Hände immer traurig.

An diesem Punkt suche ich mir meistens zwei Frauen aus der Zuhörerschaft und frage sie nach ihren Namen. Nennen wir sie einmal Anne und Lilli. Ich vergewissere mich extra, dass sie sich nicht kennen.

„Anne“, frage ich dann, „kann ich Sie und Lilli dazu bringen, dass Sie beste Freundinnen werden?“

„Nein“, sagt Anne sofort.

„Naja, und wenn ich einen kleinen Anreiz biete – eine Tafel Schokolade vielleicht, oder ein neues Paar Schuhe?“, hake ich nach. Die Zuhörer, die schon absehen, dass ich hier nicht weiterkommen werde, kichern an dieser Stelle meistens.

„Nein, Sie können uns nicht zu Freundinnen machen“, beharrt Anne.

Wenn wir weiter hin und her überlegen, wird schnell klar, dass ich die beiden nicht zwingen kann, beste Freundinnen zu werden.

Und wir alle wissen, warum das so ist. Freundschaft ist etwas, das erworben, nicht erzwungen wird. Wir vergeben diesen Ehrenplatz in unserem Leben an die, die ihn verdienen – ob sie nun mit uns verwandt sind oder nicht. Wenn ein Bruder oder eine Schwester ihn verdient, entwickelt sich eine enge Beziehung. Wenn ein Bruder oder eine Schwester ihn nicht verdient, entwickelt sich auch keine enge Beziehung.

Was können Sie also tun? Müssen Sie tatenlos zusehen, wie die Beziehungen Ihrer Kinder sich langsam, aber stetig verschlechtern?

Ganz bestimmt nicht.

Fragen Sie sich einmal selbst: In welchem Umfeld ist die Entwicklung einer engen Geschwisterbeziehung am wahrscheinlichsten? In einer feindseligen, aggressiven Atmosphäre, in der eins der Kinder sich (auf Kosten der Geschwister) einfach alles erlauben kann oder in der böse Schimpfnamen, Sticheleien und Knüffe an der Tagesordnung sind?

Vermutlich nicht.

Ein Umfeld, in dem enge Geschwisterbeziehungen wachsen können, zeichnet sich vor allem durch gegenseitigen Respekt aus.

Kinder wollen lieber mit Geschwistern befreundet sein, die ihnen mit Respekt begegnen, als mit solchen, die sie regelmäßig beleidigen, verprügeln und hänseln. In der Tat lassen sich die meisten Verhaltensweisen, die zu Konflikten unter Geschwistern führen, direkt auf einen Mangel an Respekt zurückführen: Scherze auf Kosten des anderen; hässliche Schimpfnamen; die Sachen des anderen benutzen, ohne um Erlaubnis zu fragen; aufeinander herumhacken; weitermachen, wenn der andere darum bittet, aufzuhören; den anderen ignorieren; handgreiflich werden ...

All diese Dinge haben eines gemeinsam: sie sind respektlos. Wenn Sie einen Bekannten hätten, der Sie immer wieder so behandelte, würden Sie ihn vermutlich nicht zum Essen einladen. Und genauso trägt ein Familienumfeld, in dem solche Verhaltensweisen zum Alltag gehören, nicht zum Wachsen und Gedeihen von Geschwisterbeziehungen bei.

Die Respektregel für Familien

Sie können von Ihren Kindern verlangen, dass sie einander mit Respekt begegnen. Wenn ich im Rahmen meiner Tätigkeit mit Eltern zu tun habe, bin ich immer wieder erstaunt zu hören, was für einen Mangel an Achtung ihre Kinder im Umgang miteinander an den Tag legen. Noch schlimmer ist, dass dieses Benehmen oft nicht angesprochen und manchmal noch nicht einmal bemerkt wird. Im Alltagstrubel sind die Eltern viel zu sehr mit anderen Dingen beschäftigt.

Eine gute Möglichkeit, dem Thema Respekt Gewicht zu verleihen, ist die Aufstellung einer Respektregel für Familien. Sie lautet folgendermaßen:

> DIE RESPEKTREGEL FÜR FAMILIEN
> Jedes Familienmitglied behandelt alle anderen
> Familienmitglieder mit Respekt.
> Immer und überall.

Diese Regel ist deswegen so wichtig, weil sie die Grundlage für einen gesunden Umgang miteinander legt. Sie legt sehr deutlich fest, dass Respektlosigkeit zu *keiner* Zeit und an *keinem* Ort angemessen ist.

Diese Regel stützt sich auf die biblische Wahrheit, dass jedes Mitglied unserer Familie von Gott gewollt und für ihn wichtig ist. Dass Jesus für jeden von uns gestorben ist, ist der größte Beweis dafür, wie viel Wert Gott uns allen zumisst. Gott will, dass wir freundlich zueinander sind und uns nicht mit Worten oder Taten verletzen. Wir werden ermahnt, uns in Mitgefühl, Freundlichkeit, Demut, Sanftmut und Geduld zu kleiden (Kol 3,12). In dieser Aufzählung ist für Respektlosigkeit kein Platz.

Als Persönlichkeiten, die von Gott geschaffen sind, sind alle Mitglieder Ihrer Familie wertvoll und wichtig. Eine Familie sollte doch ein Ort sein, an dem man miteinander Spaß hat, die Gemeinschaft genießt und Freude und Leid miteinander teilt! Diese Art von Familienzusammenhalt kann sich aber nur in einem Umfeld entwickeln, in dem gegenseitiger Respekt hochgehalten wird.

Von jedem Mitglied Ihrer Familie kann man erwarten, dass es (mit der Zeit) lernt, wie man sich in frustrierenden Situationen verhält und Gedanken oder Gefühle höflich ausdrückt. Das bedeutet nicht, dass das immer klappt; die Respektregel für Familien ist das Ideal, das Ziel, auf das Sie hinarbeiten, denn niemand hat sich jederzeit vollkommen im Griff.

Der Familienknigge

Gegenseitigen Respekt lernt man natürlich nicht automatisch, weil plötzlich eine neue Regel aufgestellt worden ist. Sie müssen Ihren Kindern helfen zu begreifen, was *genau* unter höflichem Verhalten zu verstehen ist und was nicht.

Einmal hatte ich mit Eric zu tun, einem Zehnjährigen, der ziemlich helle und lebhaft und insgesamt ein netter Kerl war. Erics fünf Jahre alter Bruder Ali und seine neun Jahre alte Schwester Melli waren allerdings von seinen häufigen Wutausbrüchen nicht gerade angetan. Obwohl die drei Kinder zeitweise gut miteinander auskamen, wollten die Eltern allen drei Kindern mehr Höflichkeit im Umgang miteinander beibringen.

Nachdem ich mit Eric und seiner Familie in einer Sitzung die Respektregel für Familien durchgesprochen hatte, fragte ich alle, was für eine Familie sie sich eigentlich wünschten. Es war schließlich ihre Familie, und nur an ihnen lag es, sie entsprechend ihrer Wünsche zu gestalten.

„Also, was haltet ihr denn so von der Respektregel für Familien?“, fragte ich.

„Coole Idee“, bekundete Melli begeistert.

„Ja, finde ich auch“, stimmte Eric zu, und Ali nickte.

„Uns gefällt sie auch“, bestätigten die Eltern.

„Gut. Also, was haltet ihr davon, wenn wir eine Liste machen, wie ihr euch eure Familie wünscht?“, schlug ich vor. „Es ist ja schließlich eure Familie. Jeder sagt reihum, was er meint, und ich schreib alles auf.“ Die folgende Liste kam dabei zustande.

SO EINE FAMILIE WOLLEN WIR

- Verantwortung füreinander
- fröhlich sein
- viel zusammen unternehmen
- Spaß haben
- Höflichkeit
- Alle kommen miteinander aus

Als Nächstes gingen wir der Frage nach, wie man die Familie so gestalten konnte, dass sie der Wunschliste näher kam. Wir kamen überein, dass die Respektregel für Familien eine gute Hilfe sei, weil eine Familie, in der alle freundlich miteinander umgehen, diesem Ziel besser nahe kommt als eine Familie, in der alle respektlos zueinander sind.

„Na, was haltet ihr von der Idee", schlug ich vor, „wir machen eine Liste mit allen respektlosen Umgangsformen, die eure Familie daran hindern, so zu werden, wie ihr sie euch wünscht. Dann wisst ihr alle, was ihr besser sein lasst."

„Gute Idee", stimmte der Vater zu.

Diesmal sagten alle reihum, was sie unter unhöflichem Verhalten verstanden. Nach mehreren Runden hatten wir die folgende Liste:

RESPEKTLOSES VERHALTEN

- fluchen
- schreien
- Schimpfnamen
- gemeine Kommentare
- kreischen
- hauen und schubsen
- so tun, als wäre der andere nicht da
- einfach weggehen, wenn jemand redet

Als Nächstes machten wir eine Liste mit höflichen Verhaltensweisen, von denen sich alle Hamiltons in ihrer Familie mehr wünschten. Mit dieser Liste hatten wir richtig viel Spaß und alle trugen gern ihre Vorstellungen bei. Als wir fertig waren, sah unsere Liste so aus:

RESPEKTVOLLES VERHALTEN

- ruhig bleiben
- denjenigen ansehen, der gerade spricht
- demjenigen zuhören, der gerade spricht
- respektvoll reden (Worte, Lautstärke)
- anderen abgeben
- Hilfe anbieten
- höflich sein
- eine Lösung vorschlagen, anstatt nur zu schreien
- anderen den Vortritt lassen

Als wir diese Definitionen erarbeitet hatten, stand fest, worauf das alles hinauslief: Wir wollten dem Ziel (Liste 1) näher kommen, indem wir respektloses Verhalten (Liste 2) einschränkten und respektvolles Verhalten (Liste 3) an seine Stelle setzten. Anschließend sprachen wir über typische Situationen, in denen immer wieder ein Mangel an Respekt zu bemerken war, und übten gemeinsam, wie man sich statt dessen höflich verhalten konnte.

FAMILIENREGELN

Was wir tun	**Was wir nicht tun**
Wir folgen Gottes Geboten.	schreien
Wir hören auf unsere Eltern.	Schimpfnamen benutzen
Wir reden höflich miteinander.	hauen und schubsen
Wir achten das Eigentum der anderen.	
Wir helfen einander.	
Wir nehmen einander in Schutz.	

Es gibt ganz viele verschiedene Möglichkeiten, Respekt so zu definieren, dass Ihre Familie sich angesprochen fühlt. Eine Familie hat die folgenden zehn Regeln aufgestellt:

1. Wir hängen hier alle gemeinsam drin. An die Teamregeln müssen sich alle halten – auch Mama und Papa.
2. Niemand schreit einen anderen an.
3. Schimpfnamen oder lieblose, verletzende Bemerkungen sind absolut verboten.
4. Jeder übernimmt die Verantwortung für seine eigenen Worte und Taten.
5. Was man unter dem Siegel der Verschwiegenheit erfahren hat, wird nicht weitererzählt.
6. Man entschuldigt sich, wenn man jemandem wehgetan hat – auch wenn es ein Versehen war.
7. Jeder hat ein Recht auf Privatsphäre. Die anderen haben darauf Rücksicht zu nehmen.
8. Das Privateigentum der anderen ist zu achten.
9. Jeder erklärt sich einverstanden, im Haushalt mitzuhelfen.
10. Jeder verpflichtet sich, an regelmäßigen Familientreffen teilzunehmen.

Wenn Sie sich diese Aufzählung einmal genauer ansehen, stellen Sie fest, dass sechs der zehn Regeln direkt mit dem Thema Respekt zusammenhängen und auch die anderen vier indirekt mit höflichem Verhalten zu tun haben.

Manche Familien haben sich selbst eine Art Familienverfassung gegeben oder eine Liste mit Verhaltensweisen zusammengestellt, die sie tun oder eben lassen wollen. Die „Familienregeln" auf der vorherigen Seite sollen als Beispiel dienen, wie so etwas aussehen kann.

Wie auch immer Ihre Definition von Respekt aussieht – es ist für Sie nur noch halb so schwer, Konflikte der Geschwister in den Griff zu bekommen. Sie müssen nicht länger herausfinden, wer was zuerst gemacht hat – darauf kommt es nämlich gar nicht mehr an! Es zählt jetzt nur noch, wer respektvoll geblieben ist und wer nicht. Das Kind, das noch in der Konfliktsituation freundlich bleibt, genießt die Früchte eines solchen Verhaltens. Das Kind, das im Konflikt höflich zu sein vergisst, lernt schnell, dass sich respektloses Verhalten nicht auszahlt.

Mit gutem Beispiel vorangehen

Lee Iacocca übernahm 1978 die Leitung der Chrysler-Gesellschaft und schaffte es durch seine weise Führung, das Unternehmen nicht nur vor dem Bankrott zu bewahren, sondern zu einem der führenden Automobilhersteller zu machen. Iacocca, der mit den Grundsätzen kluger Leiterschaft vertraut war, soll sein Prinzip ganz einfach auf den Punkt gebracht haben: „Man muss einfach mit gutem Beispiel vorangehen." Wie sehr er selbst seinem Unternehmen verpflichtet war, zeigte er in schwierigen Zeiten, als er sein Gehalt auf einen symbolischen Dollar kürzte. Als Chef handelte er konsequent so, wie er es sich von seinen Mitarbeitern wünschte. Iacocca wusste, dass der Wandel einer Organisation nur an einer Stelle beginnen kann.

Ganz oben.

Wenn Sie Ihren Kindern die Bedeutung eines respektvollen Umgangs miteinander nahe bringen wollen, werden diese instinktiv Ihrem Beispiel folgen. Was sie lernen, liegt also an Ihnen.

Zur Erinnerung
Wenn Ihre Kinder sehen, wie Sie trotz aller Herausforderungen, die auf Sie als Eltern zukommen, höflich und zuvorkommend bleiben, ist das die beste Lektion zum Thema Respekt, die sie je bekommen können.

Papa: *(brüllt)* „Hey, ihr zwei! Ich hab doch gesagt, ihr sollt aufhören!"
Peter: „Er hat angefangen! Er hat mich angespuckt!"
Papa: „Was?! Daniel, komm sofort hier her! *(packt Daniel am Arm und schleift ihn weg)* Soll ich dich auch mal anspucken? Mal sehen, wie du das findest!"

Kathrin: „Du hast nicht mal gefragt, ob du hier reinkommen darfst, also raus jetzt."
Emily: „Ach Mensch, ich will doch bloß deinen Goldfisch angucken."
Kathrin: *(schreit)* „Raus hab ich gesagt!"
Mama: *(brüllt)* „Was ist denn los mit euch? Ihr benehmt euch wie Zweijährige! Vielleicht sollte ich euch in Windeln stecken und ein Mittagsschläfchen halten lassen! Oder

> noch besser, ich nehm euch auf Kassette auf und dann hört ihr euch mal selber an, wie blöd und kindisch ihr euch benehmt. Wenn ihr nicht wie vernünftige Menschen miteinander reden könnt, haltet doch einfach den Mund!"

Merken Sie, wie wenig Respekt die Reaktionen der Eltern hier durchblicken lassen? Vergessen Sie nicht, dass die Respektregel für Familien für die Eltern genauso gilt wie für die Kinder. Ihren Kindern ist das jederzeit bewusst. Es geht nicht an, dass Sie selbst sich gehen lassen und gleichzeitig von Ihren Kindern erwarten, dass sie jederzeit höflich bleiben. Kinder sind sensibel für die Verlogenheit eines solchen Verhaltens.

Wenn Ihre Kinder dagegen spüren, dass Sie auch dann noch freundlich bleiben, wenn Sie über irgendwelche Missetaten Ihrer Sprösslinge frustriert sind, lernen sie aus erster Hand, wie gegenseitiger Respekt in der Praxis aussieht. Sie merken, wozu Respekt im Umgang miteinander führt und lernen, wie viel besser es sich lebt, wenn man Gottes Wort gehorcht. Wenn Sie sich an die Respektregel für Familien halten, bereiten Sie einen Familienboden vor, auf dem jeder sich sicher fühlen kann und auf dem gute Beziehungen der Geschwister gedeihen können.

Respektvolles Verhalten einüben

Mit dem folgenden 6-Stufen-Programm (siehe Seite 84) können Sie Ihren Kindern ganz praktisch respektvolles Verhalten im Umgang miteinander beibringen. Wenn Sie die Anleitung zum Familiengespräch nutzen, die für dieses Kapitel vorgesehen ist, können Sie diese Stufen gleich einüben. Sie sind ganz einfach und bauen aufeinander auf.

Setzen Sie dieses Programm so oft in Ihren Familientreffen ein, wie es Ihnen nötig scheint. Es gibt eine Fülle von Vorschlägen zu Gesprächen und Rollenspielen zum Thema Respekt. Arbeiten Sie die einzelnen Stufen zusammen durch und greifen Sie Situationen aus Ihrem Familienleben auf, in denen es in der Vergangenheit zu Respektlosigkeiten gekommen ist. Sie vermitteln Ihren Kindern, dass

SECHS SCHRITTE ZU RESPEKTVOLLEM VERHALTEN

1. Sprechen Sie darüber, wie wichtig es ist, einander mit Achtung zu begegnen.
2. Führen Sie die Respektregel für Familien ein.
3. Listen Sie respektloses Verhalten (von dem Sie sich weniger wünschen) und respektvolles Verhalten (von dem Sie sich mehr wünschen) auf.
4. Führen Sie Situationen an, in denen Ihre Kinder sich respektlos verhalten.
5. Spielen Sie diese Situationen als Rollenspiele durch und lassen Sie die Kinder respektvollere Antworten formulieren.
6. Machen Sie an diesen Beispielen deutlich, wie das respektvollere Verhalten das Endergebnis positiv beeinflusst hat.

sie für Gott und die Familie wertvoll sind. Und was wertvoll ist, behandelt man natürlich mit besonders viel Achtung. Mit all diesen Diskussionen und Rollenspielen entwickeln Ihre Kinder immer besser die Fähigkeit, in Konfliktsituationen höflich zu reagieren, und mit der Zeit werden Sie merken, dass diese Fähigkeiten auch im wirklichen Leben zur Anwendung kommen. Wenn Sie in Ihrer Familie der Achtung voreinander einen großen Platz einräumen, ernten Ihre Kinder schon jetzt, aber auch in der Zukunft die Früchte davon.

ZUM NACHDENKEN

1. Wenn Sie selbst Geschwister haben: Wie würden Sie Ihre momentane Beziehung zu ihnen beschreiben? Inwieweit haben Respekt oder Respektlosigkeit eine Rolle gespielt?
2. Würden Sie das Verhältnis Ihrer Kinder untereinander als vorwiegend respektvoll oder respektlos beschreiben?
3. Was halten Sie von der Respektregel für Familien?
4. Stellen Sie eine Liste mit Wörtern zusammen, von denen Sie wünschten, dass sie auf Ihre Familie mehr zuträfen.

5. Lesen Sie Kolosser 3,12-14. Machen Sie sich bewusst, dass *Respektlosigkeit* in der Liste von Vers 12 nicht vorgesehen ist. Lassen Sie es in der Beziehung zum Partner oder zu den Kindern manchmal an Respekt vermissen?
6. Welche respektlosen Verhaltensweisen würden Sie gerne dauerhaft aus Ihrem Familienalltag verbannt wissen?
7. Stellen Sie jeder dieser respektlosen Verhaltensweisen eine respektvolle gegenüber, die ihren Platz einnehmen könnte.
8. Gehen Sie die „Sechs Schritte zu respektvollem Verhalten" in Gedanken durch. Wie werden Ihre Kinder wohl darauf reagieren?

EINLADUNG ZUM GEBET

Schließen Sie diese Zeit mit Gebet, indem Sie Gott um seine Führung bitten, wenn Sie Ihren Kindern diese wichtige Lektion vermitteln. Und, was genauso wichtig ist, bitten Sie Gott, dass er Ihnen hilft, die Familie nach seinen Vorstellungen zu führen und Ihren Kindern ein gutes Vorbild zu sein, wie man respektvoll miteinander umgeht.

ÜBUNG MACHT DEN MEISTER

Formulieren Sie in Anlehnung an die Beispiele auf Seite 82/83 respektvollere Antworten für die Eltern:

Papa:	„Hey, ihr zwei! Ich hab doch gesagt, ihr sollt aufhören!"
Peter:	„Er hat angefangen! Er hat mich angespuckt!"
Papa:	______________________________

Kathrin:	„Du hast nicht mal gefragt, ob du hier reinkommen darfst, also raus jetzt."
Emily:	„Ach Mensch, ich will doch bloß deinen Goldfisch angucken."
Kathrin:	„Raus hab ich gesagt!"
Mama:	______________________________

(Beispielantworten finden Sie auf Seite 248.)

Benutzen Sie für Ihr Familientreffen diesmal die Anleitung zum Familiengespräch Nr. 4: Die Respektregel für Familien. (Seite 197ff)

Phase zwei
Die Saat setzen

Fünfter Schritt
Verbessern Sie die Kommunikation

Im Buch der Sprüche heißt es: „Eine linde Antwort stillt den Zorn; aber ein hartes Wort erregt Grimm“ (Kap 15,1). Diesen Grundsatz hatte Jan vergessen, als er eines Tages nach der Schule seine Schwester zur Rede stellte.

Jan: „Hey! Wer hat das letzte Donut gegessen?“
Tabea: „Ich.“
Jan: „Das war meins! Papa hat gesagt, ich dürfte es haben!“
Tabea: „Hab ich nicht gehört. Reg dich ab, ist doch bloß ein Donut!“
Jan: *(haut mit der Faust auf den Tisch)* „Das war mein Donut! Du hättest es nicht essen dürfen. Es war meine Lieblingssorte! Ich hab mich den ganzen Tag drauf gefreut!“
Tabea: „Wenn das alles ist, worauf du dich so freust im Leben, tust du mir echt Leid.“
Jan: „Halt den Mund! Du bist schuld! Du dickes Schwein! *(macht Grunzgeräusche)* Wahrscheinlich hast du's mit einem Bissen weggefressen!“

Jan greift seine Schwester an und beschimpft sie. Tabea reagiert mit Sarkasmus und Gleichgültigkeit; wie es ihrem Bruder geht, ist ihr egal. Innerhalb weniger Sekunden ist aus einem Gespräch ein handfester Streit geworden, weil beide Kinder nicht wissen, wie sie besser miteinander reden können.

Wenn Kommunikation misslingt

Kommunikation bedeutet, dass Informationen von einem Menschen zu einem anderen übermittelt werden. Unsere Worte sind das Transportmittel dazu. Welche Worte wir wählen und wie wir sie aussprechen, kann mit dafür sorgen, dass unsere Information unbeschadet beim Empfänger ankommt. Unsere Worte können andererseits die Information verzerren oder beschädigen, so dass unser Gesprächspartner ärgerlich oder gekränkt reagiert.

Entscheidend ist dabei nicht nur, was das Kind wie sagt, sondern auch, wie die Geschwister darauf reagieren. Ein Streit zwischen Geschwistern rührt allzu oft daher, dass beide Kinder sich wünschen, dass man ihnen zuhört – aber beide selbst nicht zuhören möchten. Im Grunde genommen raufen sie sich beide um die Aufmerksamkeit des anderen: „Jetzt sei mal still und hör mir zu!“ – „Nein: sei *du* mal still und hör *mir* zu!“

Silas und Henrik beispielsweise stritten ständig miteinander. Als wir eines Nachmittags in meinem Büro saßen und über ihre Probleme miteinander redeten, fragte ich sie einfach einmal, warum sie nicht miteinander klarkamen.

„Er sagt mir immer, dass ich den Mund halten soll!“, beschwerte sich Silas.

„Na sicher, weil er immer rumschreit und mich anbrüllt!“, schoss Henrik zurück.

Beide wussten instinktiv, dass ihre Kommunikation einen großen Teil des Problems ausmachte, aber keiner von ihnen hatte eine Ahnung, wie man das Ruder herumreißen könnte.

Wenn Kinder ständig auf so negative Weise miteinander kommunizieren, hinterlässt das in ihrer Beziehung zueinander früher oder später Spuren. Wo schlechte Kommunikationsmuster vorherrschen, reicht ein völlig unbedeutender Anlass aus, um den Beteiligten alle Sicherungen durchbrennen zu lassen. Verletzende Worte, sarkastische Seitenhiebe und gemeine Sticheleien hinterlassen ihre Spuren; Ärger und Bitterkeit schwelen oft noch lange weiter.

Gute Kommunikationsmuster dagegen erreichen das Gegenteil: Mit ihrer Hilfe lässt sich ein auf den ersten Blick unlösbares Problem in handliche Stücke zerlegen, die man leicht in den Griff bekommt.

Vier Grundlagen guter Kommunikation

Wie schwierig gute Kommunikation sein kann, zeigt ein Cartoon: Susi starrt fassungslos auf den kleinen Bruder hinunter. „Timmi, du ... du ... du ...“, stammelt sie in hilfloser Wut. In diesem Moment kommt die Mutter dazu und erinnert die Tochter: „Susi, vergiss nicht, was ich dir beigebracht habe: Wenn du zu jemandem nichts Nettes sagen kannst, sagst du besser überhaupt nichts." – „Okay", sagt Susi, aber besonders glücklich sieht sie nicht aus. Sie überlegt eine Weile, und dann schaut sie wieder auf den Bruder und meint: „Deine Nase sieht heute nicht ganz so verrotzt aus wie sonst."

Nachdem Sie sich schon einmal die Mühe gemacht haben, den Familienboden vorzubereiten, ist es wichtig, dass Sie jetzt die richtige Saat pflanzen. Und eines dieser Samenkörner ist, dass Sie Ihren Kindern helfen, sich gute Kommunikationsmuster anzugewöhnen. Salomo hat geschrieben: „Freundliche Reden sind Honigseim, trösten die Seele und erquicken die Gebeine" (Spr 16,24). Es gibt vier Grundregeln, die es Ihren Kindern ermöglichen, auf eine gute und respektvolle Weise miteinander zu kommunizieren. Auf jede dieser Grundregeln wird in einer Anleitung zum Familiengespräch extra eingegangen. Lassen Sie sich nicht entmutigen: Jede dieser Regeln zu lernen erfordert viel Zeit und Mühe – aber jede Sekunde, die wir investieren, um sie zu lernen, ist gut angelegte Zeit.

1. Sag freundlich, was dich ärgert

Wenn Kinder wütend sind, gebrauchen sie oft Schimpfwörter und fiese Bemerkungen. Um das zu verhindern, müssen Sie ihnen beibringen, wie schon die erste Äußerung, die sie im Zorn von sich geben, von Respekt geprägt ist. Eine gute Möglichkeit ist, dass das Kind sagt, über welches Verhalten des Bruders oder der Schwester es sich geärgert hat und warum. Auf diese Weise steht gleich ein bestimmtes *Verhalten* im Mittelpunkt, und Beschimpfungen gegen die *Person* werden vermieden. Hier sind zwei einfache Sätze, wie man seinen Ärger auf konstruktive Weise ausdrücken kann:

> „Wenn du ________________ *(hier setzt man das Verhalten ein, das einem missfällt)*, fühle ich mich ________________ *(hier setzt man ein, wie es einem dann geht)*." Oder: „Wenn du ________________ *(hier setzt man das Verhalten ein, das einem missfällt)*, dann ________________ *(hier setzt man ein, was man dann für ein Problem hat)*."

Im wirklichen Leben hört sich das übrigens gar nicht so konstruiert an, wie Sie das jetzt beim Lesen vielleicht empfinden. Wenn Daniel zum Beispiel ärgerlich ist, weil sein Bruder Joseph diesmal ein Video für den Abend aussuchen darf, kann er zu seiner Mutter sagen: „Als Joseph heute das Video ausgesucht hat, war ich irgendwie ein bisschen traurig." Das ist viel besser als: „Joseph kriegt immer, was er will. Bloß weil er immer so rumheult!"

Und wenn Laura laut in Arthurs Zimmer stürmt, ohne anzuklopfen, kann Arthur sagen: „Hey – wenn du in mein Zimmer kommst, ohne zu klopfen, kann ich meine Hausaufgaben nicht in Ruhe machen." Das ist sehr viel konstruktiver als: „Siehst du nicht, dass ich arbeite? Raus hier!"

Wenn Sie Ihrem Kind beibringen, das Verhalten, über das es sich bei seinen Geschwistern so geärgert hat, klar zu benennen und gleich dazu zu sagen, warum es damit ein Problem hat, haben Sie eine überzeugende Alternative zu Beleidigungen und verletzenden Worten. Den Grundstein zu einer gelingenden Kommunikation unter den Geschwistern haben Sie damit schon gelegt.

2. Hör dem anderen zu

Jemand sagte einmal: „Kommunikation beginnt nicht damit, dass man verstanden wird, sondern dass man andere versteht." Und Streithähne lassen sich wirklich am schnellsten ausbremsen, wenn man einen von ihnen überzeugen kann, dem anderen doch zumindest erst einmal zuzuhören. Um weiterzukommen, müssen beide die Gelegenheit haben, das loszuwerden, was sie sagen wollen. Wenn wir realistisch sein wollen, müssen wir allerdings zugeben, dass die meisten Kinder das nicht gerade mögen – vor allem nicht, wenn sie sich schon mitten im schönsten Streit befinden. Und eigentlich ist dieser Punkt für Erwachsene wie für Kinder oft genug der schwerste.

Konstruktive Kommunikation funktioniert so ähnlich wie ein Tennisspiel, bei dem die Spieler sich den Ball immer wieder freundschaftlich über ein Netz zuspielen. So wärmen sich Tennisspieler vor ihren Spielen auf. Es geht dabei gar nicht um Konkurrenz und darum, wer den anderen schneller ausschalten kann, sondern genau ums Gegenteil: Man spielt den Ball extra so, dass der andere an ihn herankommt. Das ist ein gutes Bild für die Art von Kommunikation, die Sie Ihren Kindern beibringen sollten: Jeder sagt, was er denkt oder fühlt, und gibt dann dem anderen Gelegenheit, darauf zu reagieren. Worte „fliegen" dann möglichst freundschaftlich zwischen den beiden Gesprächspartnern hin und her, und die Geschwister wechseln sich im Reden und Zuhören ab.

3. Schlag eine Lösung vor

Nachdem Ihre Kinder das Problem benannt und sich angehört haben, wie sie beide die Situation sehen, wird es Zeit, nach einer Lösung zu suchen. Einer der Gründe, warum mancher Streit sich so lange hinzieht, liegt darin, dass beide Kinder sich zu lange mit dem Problem aufhalten. Sie stecken sozusagen im Problem fest wie ein Auto im Schlamm. Und weil die Reifen durchdrehen und all die Energie nirgends so recht hinkann, dauert es nicht lange, bis beiden der Dreck um die Ohren fliegt.

Dieses Problem lösen Sie, indem Sie dem Gespräch eine neue Richtung geben. Im sechsten Schritt geht es darum, wie Sie Ihren Kindern beibringen, für alle möglichen Probleme eine Lösung zu finden. Und wenn Ihre Kinder erst einmal ihre Energie darauf verwenden, nach einer Lösung zu suchen, die alle zufrieden stellt, ist das schon die halbe Miete. Die eigentliche Lösung ist dann nur eine Frage der Zeit.

Vor gar nicht allzu langer Zeit sahen meine beiden Jungen fern; jeder saß in einer Ecke des Sofas und ihre Füße trafen sich in der Mitte. Es kam, wie es natürlich kommen musste: Irgendwann verwickelten sich ihre Füße auf mysteriöse Art und Weise miteinander und die beiden begannen einander zu treten. Ich merkte, was los war, legte mein Buch aus der Hand, ging hinüber und schaltete den Fernseher aus.

„Jungs", sagte ich, nachdem ich mir dadurch ihre volle Aufmerksamkeit gesichert hatte, „wenn ihr beide fernsehen wollt, hätte ich da noch eine Bedingung. Denkt euch etwas aus, wie ihr beide auf dem Sofa sitzen und euch dabei nicht gegenseitig mit den Füßen treten könnt."

Dann drehte ich mich um und ging wieder zu meinem Sessel. Aus den Augenwinkeln beobachtete ich sie. Sie wussten, dass Widerstand zwecklos war, und so verschwendeten sie erst gar keine Energie darauf, lautstark zu protestieren. Innerhalb von neunzig Sekunden hatten sie das Problem gelöst.

„In Ordnung, Papa", rief Jacob aufgeregt. „Wir sind fertig! Kuck mal, Luke kann die Füße nach vorne legen und ich nach hinten. Da berühren sie sich nicht mal. Siehst du?"

Es hatte kein Gebrüll gegeben und keine Schimpfwörter. Die beiden hatten nur zusammen nach einer Lösung gesucht. Ich gratulierte ihnen beiden, dass sie das Problem gelöst hatten, und gab ihnen einen freundschaftlichen Klaps auf die Schulter. Ach ja, und ich schaltete den Fernseher wieder ein.

4. Vermeide die Gefahrenzone

Genau wie eine zusammenbrechende Brücke Ihnen mit ziemlicher Sicherheit den Sonntagsausflug verdirbt, lassen manche Kommunikationsmuster ein ansonsten konstruktives Gespräch Ihrer Kinder innerhalb von Sekundenbruchteilen in sich zusammenfallen. Achtung voreinander ist der Schlüssel zu gelingender Kommunikation, und wie wir schon im vierten Schritt gesehen haben, ist das auch der Grundkonsens, an dem sich Ihre Kinder orientieren sollten und an dem ihr Verhalten gemessen werden kann.

ZUM SCHMUNZELN

Vier untrügliche Zeichen, dass die kommunikativen Fähigkeiten Ihrer Kinder noch verbesserungsbedürftig sind:

1. Für Sie ist ein Tag gelungen, wenn Sie in weniger als zehn kommunikative Gefahrenzonen tappen.
2. Sie können die Stimmen Ihrer Kinder gar nicht auseinander halten – außer wenn sie brüllen.
3. Ihre Kinder verstehen unter „den anderen auch zu Wort kommen lassen" den Moment, den sie selbst zum Atemholen brauchen.
4. Sie finden heraus, dass Ihre Kinder sich schon per Zeichensprache Schimpfworte an den Kopf werfen.

Bleiben Sie trotzdem gelassen. Von keinem Kind kann man erwarten, dass es Verletztheit oder Wut immer mit gegenseitigem Respekt ausdrückt, und es wird immer wieder vorkommen, dass eines Ihrer Kinder explodiert und in seinem Ärger Dinge sagt, die es nicht wirklich meint. Vor allem Eltern von Teenagern können ein Lied davon singen. In diesen Fällen helfen Sie Ihrem Kind am besten, wenn Sie seinen starken Gefühlen auf den Grund gehen, damit es sie angemessener ausdrücken kann. Solche Ausbrüche sollten allerdings immer die Ausnahme darstellen, nie die Regel. Wenn Ihnen auffällt, dass Ihre Kinder von Ärger oder Traurigkeit ständig regelrecht mitgerissen werden, sollten Sie sich unbedingt an einen Psychologen wenden, um weitere Hilfestellung zu bekommen.

Sie sollten es sich zum Ziel setzen, dass jedes Familienmitglied lernt, negative Gefühle auf eine konstruktive Art auszudrücken. Manchen Kindern gelingt das schneller als anderen, aber zumindest die Richtung sollte bei allen stimmen. Gehen Sie die im Folgenden aufgeführten „Gefahrenzonen" mit Ihren Kindern durch und machen Sie ihnen deutlich, dass all diese Dinge in Ihrer Familie tabu sind:

1. Schreien,
2. Schimpfwörter,
3. Spott,
4. einander niedermachen,
5. Hänseleien,
6. verletzende Bemerkungen,
7. respektloser Umgangston.

Es ist wichtig, dass Ihre Kinder lernen, ihre Gefühle – selbst starke Gefühle – so respektvoll zu formulieren, dass sie andere damit nicht angreifen und das Familienklima damit nicht vergiften. Sowohl „ich hasse dich und ich wünschte, du wärst tot" als „ich bin stinksauer, weil du meinen Freunden von dem Muttermal an meinem Po erzählt hast" drücken sehr starke Emotionen aus. Aber nur die zweite Aussage ist von der Art Selbstbeherrschung geprägt, die Gefühle auch auf eine Weise formulieren kann, dass andere nicht verletzt werden. Mit der Zeit – und mit viel Übung – werden Ihre Kinder lernen, auch die schwierigsten Gefühle respektvoll auszudrücken.

Praktische Tipps

Nachdem Sie von diesen vier Grundregeln für gute Kommunikation gelesen haben, liegen Ihnen möglicherweise selbst einige bissige Kommentare auf der Zunge: „Oh ja, natürlich. Ich kann mir richtig vorstellen, wie meine Kinder so miteinander reden. Haha!" – „Ich bring meine Kinder nie dazu, so einen Krempel zu lernen."

Und Sie haben Recht. Diese Fertigkeiten sind sehr schwierig zu lernen, und den meisten Menschen fallen sie nicht gerade zu. Ganz im Gegenteil – die meisten Kinder lernen nie, wie sie auf eine gesunde Weise mit anderen kommunizieren können, und sie nehmen diese Unfähigkeit mit in ihr Erwachsenenalter – und in ihre Ehen. Was ich Ihnen hier beschrieben habe, steht in direktem Gegensatz zu dem Impuls Ihrer Kinder, im Zorn jedes Maß zu verlieren und einander übel zu beschimpfen. Wie können Sie also dafür sorgen, dass Ihre Kinder diese Grundregeln verinnerlichen?

Indem Sie sie ihnen beibringen.

Und wenn Sie Ihre Aufgabe ernst nehmen und Ihren Kindern diese Grundregeln konsequent vermitteln, stehen Ihre Aussichten sehr gut. Die meisten Kinder sind durchaus in der Lage, gute Kommunikationsmuster zu lernen und schlechte mit der Zeit abzulegen, wenn man ihnen konkrete Anweisungen gibt und es an Ermutigung nicht fehlen lässt. Und Gelegenheiten, das alles einzuüben, finden sich im Familienalltag ja zur Genüge. Dabei gibt es grundsätzlich zwei Ansätze. Der eine besteht darin, dass Sie die vier Regeln in Ihren Familienzeiten thematisieren; Sie können dazu die Anleitungen zum Familiengespräch nutzen, die Sie am Ende dieses Buches finden. Sie werden jede dieser Fähigkeiten mehrmals üben müssen, bis sie Ihrem Kind einigermaßen vertraut sind, also nehmen Sie sich die vier Grundregeln bei Bedarf immer wieder einmal vor. Je mehr Sie sie als Familie üben, desto eher ist Ihr Kind in der Lage, sie auch in Alltagskonflikten anzuwenden. Und damit sind wir auch schon beim zweiten Ansatz: Vor-Ort-Training.

Vor-Ort-Training

Auch wenn Ihre Kinder schon eine ganze Weile lang üben, ihre Gefühle respektvoll auszudrücken, brauchen sie immer wieder einmal kleine Erinnerungshilfen von Ihnen, wenn es hart auf hart kommt. „Vor Ort" üben Sie mit Ihren Kindern immer dann, wenn Sie merken, dass ein Konflikt im Anmarsch oder schon in vollem Gange ist; Sie können Ihnen dann helfen, das Gelernte ganz praktisch anzuwenden.

1. Möglichkeit: Sie schreiten ein, bevor eine Situation zum Problem wird

Sie haben eine gute Möglichkeit, die oben genannten Grundregeln zum Einsatz zu bringen, wenn Sie beobachten, wie zwischen Ihren Kindern ein Streit ausbricht. Erinnern Sie Ihre Kinder an das, was sie gelernt haben, bevor sie die Situation nicht mehr unter Kontrolle haben. Die folgenden Beispielsätze können Ihnen dabei bestimmt eine Hilfe sein:

Vater/Mutter: „Kai und Jana, ich möchte gerne, dass ihr die Regeln beachtet, die wir miteinander gelernt haben."

Vater/Mutter: „Wer hört jetzt zuerst zu, was der andere wirklich sagt?"

Vater/Mutter: „Jana, wenn du dich über irgendetwas geärgert hast, das Kai gemacht hat, sag ihm das genau: Was hat er gemacht – und warum hast du dich geärgert?"

Ihre Bemerkungen können dem Gedächtnis Ihrer Kinder wieder auf die Sprünge helfen, so dass sie sich auf die Regeln und all die Übungen dazu besinnen. Je mehr Sie mit Ihren Kindern geredet und geübt haben, desto leichter wird es Ihren Kindern fallen, sich auch im konfliktreichen Alltag tatsächlich respektvoll zu verhalten.

2. Möglichkeit: Sie schreiten ein, wenn der Streit schon im vollen Gang ist

Die andere Variante des Vor-Ort-Trainings besteht darin, die Kinder zu unterbrechen, wenn sie mitten im schönsten Streit stecken und alles längst vergessen haben, was Sie ihnen je über gute Kommunikation beigebracht haben. Wenn der Streit noch nicht so weit ausgeufert ist, dass Sie die Kampfhähne mit Gewalt auseinander reißen und in ihre Zimmer schicken müssen, können Sie Ihren Kindern dabei helfen, dem Streit doch noch eine konstruktive Wendung zu geben.

1. Sag freundlich, was dich ärgert

Vater/Mutter: „Moment mal. Jana, wenn du wütend auf Kai bist, sag ihm bitte, worüber genau du dich geärgert hast. Und sag es mit Respekt."

2. Hör dem anderen zu

Vater/Mutter: „Hört mal, Kinder. Das artet ja hier ein bisschen aus. Ich glaube, es sollte immer nur einer reden und ein anderer zuhören. Kai, ich möchte, dass du jetzt erst einmal Jana zuhörst, okay?"

3. Schlag eine Lösung vor

Vater/Mutter: „So kommt ihr irgendwie nicht weiter. Wie wär's, wenn ihr euch jetzt zusammen eine Lösung überlegt, mit der ihr beide leben könnt. Kai, was wäre denn eine Lösung für dich?"

4. Vermeide die Gefahrenzone

Vater/Mutter: „Hey, Jana, das war jetzt sehr respektlos. Ihr müsst beide lernen, nicht so gemein zueinander zu sein. Vergesst nicht, dass ihr beide auf euer Zimmer müsst, wenn ihr nicht respektvoll miteinander umgeht. Überleg dir bitte, wie du das, was du eben gesagt hast, freundlicher ausdrücken kannst. Und wenn du nicht weiterkommst, frag mich."

Sowohl um die Rollenspiele im Familiengespräch als auch um das Vor-Ort-Training kommen Sie nicht herum, wenn Sie Ihren Kindern beibringen möchten, höflich und effektiv miteinander zu kommunizieren. Diese Fähigkeiten zu erlernen ist schwer und kostet Zeit, und deswegen ist es von größter Bedeutung, dass Ihre Kinder außerdem an Ihnen beobachten, wie Sie in Konfliktsituationen reagieren.

Machen Sie es besser

Kinder lernen respektvolles Verhalten einerseits durch Ihre Anleitung und die Übung in der Familie, andererseits aber auch durch Beobachtung. Es liegt an Ihnen, dass Ihre Kinder ein Beispiel vor Augen haben, wie man es richtig macht. Veränderung geht immer von oben nach unten, und in diesem Fall beginnt sie bei Ihnen.

Von der Geburt eines Kindes bis zu seinem achtzehnten Geburtstag vergehen etwa 6570 Tage, in denen Sie den größtmöglichen Einfluss auf es nehmen. Ihre Kinder beobachten jeden Tag mehrmals, wie Sie mit anderen Menschen kommunizieren – in den etwa achtzehn Jahren Ihres Zusammenlebens insgesamt also viele zehntausend Mal! Wenn Sie bei den meisten dieser Begebenheiten, in denen Sie mit ihnen oder Ihrem Ehepartner kommunizieren, Beispiele für negative Kommunikation abgeben, müssen Sie sich nicht wundern, wenn Ihre Kinder es schwer finden, respektvoll miteinander umzugehen. Sie folgen dem Beispiel, das sie hundert- und vielleicht tausendfach beobachtet haben.

Vicki ist eine Mutter, die mich kürzlich wieder daran erinnert hat, was für einen enormen Einfluss wir auf unsere Kinder haben. Sie saß frustriert in meinem Büro und schilderte mir, wie sie es selber meist nicht schaffte, ihre Gefühle unter Kontrolle zu halten, und wie oft das damit endete, dass sie ihre Kinder anbrüllte. Sie begann mir von ihrem Elternhaus zu erzählen, in dem hitzige Diskussionen und böse Bemerkungen an der Tagesordnung gewesen waren. Beide Eltern schrien sich ständig an, wenn sie sich übereinander geärgert hatten, und sie stauchten auch die Kinder beim kleinsten Anlass unbarmherzig zusammen. Je mehr sie beschrieb, welche Atmosphäre in ihrem Elternhaus geherrscht hatte, desto deutlicher wurde uns beiden bewusst, dass sie die negativen Muster aus ihrer Kindheit auf ihre eigene Familie übertragen hatte. Und nun begannen sich ihre Kinder schon genauso zu verhalten. Ich konnte Vicki zum Glück daran erinnern, dass es an ihr lag, den Kreislauf zu durchbrechen, der ihre Familie über Generationen geprägt hatte. Sie konnte ihren Kindern zeigen, wie sie auf eine gesunde, respektvolle Weise miteinander umgehen konnten.

Wenn Sie also von Ihren Kindern erwarten, dass sie die vier Grundregeln der Kommunikation beachten, seien Sie selbst bereit, mit gutem Beispiel voranzugehen. Es beeinflusst das Leben Ihrer Kinder entscheidend. Niemanden beobachten Ihre Kinder so genau und so ausdauernd wie Sie.

ZUSAMMENFASSUNG

Vier Grundregeln guter Kommunikation:

- Sag freundlich, was dich ärgert
- Hör dem anderen zu
- Schlag eine Lösung vor
- Vermeide die Gefahrenzone

Praktische Tipps:

- Vor-Ort-Training
- Sie schreiten ein, bevor eine Situation zum Problem wird
- Sie schreiten ein, wenn der Streit schon im vollen Gange ist

ZUM NACHDENKEN

1. Wie würden Sie Ihren eigenen Kommunikationsstil beschreiben?
2. An welchen der vier Grundregeln der Kommunikation müssen Ihre Kinder noch am meisten arbeiten?
3. In welche Gefahrenzonen tappen Ihre Kinder noch am häufigsten? Und Sie?
4. Wie schnell, denken Sie, können Ihre Kinder diese Regeln verinnerlichen, *ohne* dass Sie es mit Ihnen extra üben? Inwieweit könnten ihnen Rollenspiele helfen, die Grundlagen der Kommunikation schneller zu lernen?
5. Welche immer wiederkehrende Situation bietet eine gute Möglichkeit, das Gelernte ganz praktisch anzuwenden?
6. Lesen Sie 1. Korinther 11,1. Wie kann Ihr Beispiel dazu beitragen, dass Ihre Kinder auf eine Weise miteinander umgehen, die Gott Ehre macht?

EINLADUNG ZUM GEBET

Bitten Sie Gott, dass Sie so mit Ihren Kindern kommunizieren können, dass sie daran sehen, wie gegenseitiger Respekt grundsätzlich funktioniert. Bitten Sie Gott, Ihnen gerade in Ihrer Rolle als „Familienoberhäupter" zu helfen, damit Sie ihm durch Ihr Verhalten Ehre geben und in Ihrer Familie ein gutes Fundament legen können.

ÜBUNG MACHT DEN MEISTER

1. Überlegen Sie, wie Sie mit Hilfe der Grundregeln der Kommunikation die folgenden Aussagen umwandeln können:

„Du gehst mir immer so auf die Nerven! Ich wünschte, ich hätte keinen Bruder."

„Du rotznasiges Ekelpaket!"

2. Samuel und Lea spielen abwechselnd am Computer. Plötzlich hören Sie aus dem Zimmer laute Schreie. Was könnten Sie tun, um die Situation zu entschärfen und die Grundregeln der Kommunikation gleich praktisch einzuüben?

(Beispielantworten finden Sie auf S. 248.)

Benutzen Sie für Ihr Familientreffen diesmal die Anleitung zum Familiengespräch Nr. 5: Sag freundlich, was dich ärgert! (Seite 201ff)

Sechster Schritt
Lassen Sie die Kinder die Probleme selbst lösen

Michael ist ein flachsblonder Neunjähriger, mit dem ich länger zu tun hatte. Er hatte die nicht besonders hilfreiche Angewohnheit, seinen sieben Jahre alten Bruder zu verprügeln, wenn er wütend auf ihn war.

„Michael", fragte ich ihn einmal, „wenn du sauer auf Daniel bist – fällt dir noch etwas Besseres ein, was du machen könntest, als ihn zu hauen?"

Michael dachte eine Weile nach. „Keine Ahnung", meinte er dann.

„Lass dir ruhig Zeit", machte ich ihm Mut. „Dir fällt bestimmt etwas ein."

Also dachte Michael weitere zehn Sekunden lang angestrengt nach: „Ich könnte ihn anschreien", meinte er dann.

Ich hatte auch mit der dreizehn Jahre alten Ellen zu tun, die sich ständig über Anna beschwerte, ihre neunjährige Schwester. Jedes Mal, wenn sie zu mir zum Gespräch kam, beschwerte sie sich ausgiebig, dass ein Zusammenleben mit Anna einfach nicht möglich war.

„Wenn Anna etwas macht, das dich ärgert", fragte ich sie in einer unserer ersten Sitzungen, „was machst du da am besten?"

„Ich könnte ihr sagen, dass sie aufhören soll", überlegte Ellen.

„Gute Idee", meinte ich hoch erfreut, weil sie immerhin einen konstruktiven Vorschlag gemacht hatte. „Vielleicht hast du sogar Glück und Anna hört auf dich." Ich wollte wissen, ob sie auch schon einen Schritt weiter gehen würde, und fragte weiter: „Und wenn sie doch weitermacht und du dich weiter ärgerst – was machst du dann?"

„Keine Ahnung", meinte Ellen. „Ich haue ihr wahrscheinlich einfach eine runter!"

„Ganz sicher?"

„Ja."

„Das ist dein letztes Wort?"

„Das ist mein letztes Wort", sagte sie feierlich.

Michael und Ellen haben beide noch nicht gelernt, wie sie schnell eine Lösung finden können, wenn sie mit ihren Geschwistern aneinander geraten. Zu ihrer Entlastung sei gesagt, dass das ja auch nicht einfach ist. Aber sie werden auf lange Sicht nicht darum herumkommen, zu lernen, wie man nach konstruktiven Lösungen für Geschwisterkonflikte suchen kann.

Worum geht es beim Streit?

In manchen Familien streiten Kinder mehr, als Sie sich vorstellen können. Eine Studie fand heraus, dass Kinder im Vorschulalter, die kleinere Geschwister haben, im Schnitt sieben Mal pro Stunde mit diesen Geschwistern aneinander geraten, wobei ein Viertel dieser kleineren Konflikte in Handgreiflichkeiten oder laute Wortgefechte münden.

Ich habe es mir zur Gewohnheit gemacht, die Kinder, die zu mir zur Beratung kommen, einfach einmal zu fragen, worüber sie sich so streiten. Bei drei der häufigsten Antworten geht es darum, dass sie nicht richtig miteinander teilen und sich abwechseln können, oder dass sie einander „einfach auf die Nerven gehen". Geschwisterstreit entzündet sich an allen möglichen Alltagsfragen. Wer darf zuerst an den Computer? Wer darf im Auto vorne sitzen? Wer hat mein Spielzeug genommen, ohne mich zu fragen? Wir haben weiter oben schon gesehen, dass viele Konflikte einfach daher rühren, dass Kinder die grundlegenden Regeln des Zusammenlebens noch nicht in ausreichendem Maß beherrschen – und zu diesen gehört ja gerade auch, dass man höflich zueinander ist und gemeinsam auf Problemlösungen hinarbeitet. Aber werden Streitereien insgesamt seltener, wenn die Kinder lernen, mit Problemen konstruktiv umzugehen?

Die Antwort ist ein klares Ja. Streitigkeiten sind nicht nur kürzer und weniger heftig, sondern sie lassen sich in vielen Fällen ganz vermeiden. In Familien, die zusammen Problemlösungsstrategien entwickeln, verbessert sich das Verhältnis der Geschwister, selbst wenn eines oder mehrere der Kinder ausgesprochen schwierig sind. (Allein diese Aussicht sollte das Geld wert sein, das Sie für dieses Buch ausgegeben haben ...) Kinder, die Probleme lösen, Kompromisse aushandeln und konstruktiv kommunizieren können, greifen sehr viel weniger auf destruktive Verhaltensweisen (also Schreien, Schimpfnamen, Schlagen und Treten, Schmollen) zurück und verstehen sich mit ihren Geschwistern insgesamt besser als Kinder, die Derartiges nie gelernt haben.

Ich habe die Erfahrung gemacht, dass man die Schritte zur Problemlösung schon Siebenjährigen gut beibringen kann. Jüngere Kinder oder solche, die hier nicht so recht mitkommen, können aber immerhin die Übungen zur Kommunikation und die Überlebensregeln für Geschwister lernen, wie ich sie im fünften und siebten Schritt dargestellt habe. Gehen Sie mit ihnen erst dann zu den Problemlösungsstrategien über, wenn Sie sicher sind, dass sie diese auch verstehen und bei Gelegenheit selbst anwenden können.

Ich habe schon im fünften Schritt darauf hingewiesen, dass einer der Vorteile dieses Problemlösungs-Ansatzes darin besteht, dass die Kinder von ihrem Streit und Ärger wegsehen und sich auf etwas Konstruktiveres konzentrieren können. Außerdem lernen sie ganz praktisch, wie sie zusammen an etwas arbeiten können, das Gott Ehre macht und die Beziehungen innerhalb der Familie verbessert. Und nicht zuletzt lassen sich, wie oben schon angeklungen ist, Streitigkeiten insgesamt deutlich verringern, wenn Ihre Kinder lernen, wie sie Konflikte angehen können. Schauen wir uns also einmal genauer an, wie Sie diese wichtige Saat in Ihre Familienerde einpflanzen können.

Grundregeln aufstellen

Einer der Gründe, warum Problemlösungsstrategien überhaupt dazu beitragen, dass sich Geschwister weniger streiten, liegt in den konstruktiven Regeln, die dabei berücksichtigt werden. Je mehr Übung Ihre Kinder mit diesen Regeln haben, desto mehr wird es ihnen früher oder später gelingen, ihre Konflikte zwar respektvoll und effektiv, aber dennoch auf ihre eigene Art und Weise zu lösen. Bis es so weit ist, müssen sie die Grundregeln allerdings erst einmal verinnerlichen.

Robert und seine Familie hatten diese Grundregeln außer Acht gelassen, als sie zum ersten Mal gemeinsam ein Problem zu lösen versuchten. Als Folge davon übertrat Robert sie alle innerhalb kürzester Zeit, und dass seine Eltern ihrerseits gegen alle möglichen Regeln verstießen, machte die Sache auch nicht besser.

„So eine doofe Idee“, schimpfte Robert, als sein Bruder einen Vorschlag machte, was man tun könnte.

„Hey, hör sofort auf zu meckern“, rief der Vater, der schon jetzt wütend war, dass sein Sohn wieder einmal alles von Anfang an vermasselte.

„Ich will das aber nicht, das ist doch alles Quatsch“, nörgelte Robert unbeirrt weiter. „Er sagt was, und du sagst was, und dann klappt auf einmal alles ganz toll und alles ist Friede, Freude, Eierkuchen – so ein Schwachsinn!“

„Ich hab's ja gleich gewusst“, seufzte die Mutter enttäuscht. „Es war ja klar, dass Robert alles kaputtmacht.“

„Natürlich, Mama. Ich mach wieder alles kaputt“, schrie Robert verbittert und warf seinem Bruder wütende Blicke zu. „Aber das Unschuldslämmchen dahinten macht natürlich nie was falsch. Stimmt's oder hab ich Recht?“

Wenn Sie Ihren Kindern beibringen, wie sie gemeinsam Probleme lösen können, werden Sie sehr schnell merken, dass alte schlechte Gewohnheiten und Verhaltensweisen Ihrer Kinder gleich an die Oberfläche treten. Und Ihre eigenen vielleicht gleich mit. Genau das passierte in Roberts Familie. Robert kritisierte den gut gemeinten Vorschlag seines Bruders und begann gleich das ganze Familientreffen zu sabotieren. Der Vater schaffte es nicht, Roberts Wut in konstruktivere Bahnen zu lenken, und seine Frau bestätigte ihn noch in seiner Rolle als Schwarzes Schaf der Familie. Kein Wunder, dass Robert ausrastete!

Diese alten Gewohnheiten sind Teil des Problems – sie sind einer der Hauptgründe, warum Probleme oft so schwer zu lösen sind. Der Schlüssel zu erfolgreichen Lösungen liegt darin, dass man Dinge von einer anderen Seite her angeht; Sie sollten also als Erstes Ihren Kindern dabei helfen, neue Gewohnheiten zu entwickeln. Hier sind die fünf Grundregeln, die zum Erfolg führen können.

1. Nörgeln, Schimpfnamen und Besserwisserei sind tabu

Wenn die Geschwister überhaupt zu einer gemeinsamen Lösung kommen sollen, müssen sie sich gegenseitig respektieren. Alle Kinder dürfen sagen, was sie denken und empfinden – solange sie es höflich tun und die anderen nicht niedermachen. Bestehen Sie darauf, dass diese Regel jederzeit eingehalten wird – in der Vermeidung solcher Gefahrenzonen liegt übrigens auch die Hauptschwierigkeit, Kinder überhaupt zu einer Lösung des Problems zu führen.

2. Jeder hat ein Recht auf seine Meinung

Man kann Probleme auch lösen, ohne mit dem anderen hundertprozentig übereinzustimmen! Wichtig ist nur, dass man das stehen lassen kann, was andere denken und fühlen. Es sind zwei völlig verschiedene Dinge, ob man unterschiedlicher Meinung über irgendetwas ist – oder ob man diese unterschiedliche Meinung auf eine Weise kommuniziert, die andere verletzt. Jedes Familienmitglied hat das Recht auf eine eigene Meinung – und das bedeutet, dass jedes Familienmitglied auch aufgerufen ist, die Meinung der anderen zu respektieren.

3. Alle werden angehört – und zwar der Reihe nach

Es ist ganz wichtig, dass jeder mit seinen Ansichten und Gedanken angehört wird, wenn ein Problem von allen gelöst werden soll. Achten Sie darauf, dass nicht eins Ihrer Kinder die Diskussion an sich reißt, während ein anderes gar nicht erst zu Wort kommt. Und auch Sie sollten der Versuchung widerstehen, Ihren Kindern lange Vorträge zu halten. Dass jeder etwas sagen soll, heißt ja eben auch, dass alle anderen in dieser Zeit zuhören.

4. Lange Reden sind unerwünscht

Am besten arbeiten Sie sich zügig durch die Schritte, die ich weiter unten als Problemlösungsstrategie angegeben habe. Sie wollen schließlich, dass alle den Prozess als hilfreich empfinden. Halten Sie Ihre Kinder dazu an, ihre Gesprächsbeiträge möglichst kurz zu halten und gleich zur Sache zu kommen. Wenn eins der Kinder allzu weit ausholt oder ganz andere Themen anschneidet, leiten Sie es sanft zur eigentlichen Diskussion zurück.

5. Dreimal „ups“ – und raus bist du!

Um die Diskussion in geregelten Bahnen zu halten, können Sie folgendermaßen vorgehen: Jeder kann einmal Schiedsrichter sein und hat dann darauf zu achten, dass alle Regeln eingehalten werden – wo das nicht geschieht, sagt er einfach laut „Ups". Wenn jemand drei „Upse" angesammelt hat, wird er für fünf Minuten von der Diskussion ausgeschlossen – egal, ob Elternteil oder Kind!

Vielleicht fragen Sie sich jetzt: „Und was mache ich, wenn eins meiner Kinder sich *gerne* zurückziehen will?" Meiner Erfahrung nach passiert das höchst selten, wenn die Schritte zur Lösung konsequent durchgezogen werden. Wenn jeder seine Meinung sagen darf und alle gemeinsam an einer Lösung arbeiten, schreitet der Prozess zügig voran und alle haben ihren Spaß daran. Die meisten Kinder und Jugendlichen wollen sich das nicht entgehen lassen. Ihnen ist natürlich klar, dass hier Entscheidungen getroffen werden, die sie selbst betreffen – ob sie nun mit daran gearbeitet haben oder nicht. Es wäre nicht besonders intelligent, die anderen an einer Lösung arbeiten zu lassen und auf den Einfluss, den man selbst nehmen könnte, zu verzichten!

Als Robert in der Diskussion mit seinem Bruder und seinen Eltern gegen eine Regel verstieß, hätte sein Vater einfach sagen können: „Robert, das war gerade ein Ups." Vielleicht hätte Robert dann gesagt: „Na und?", und sein Vater hätte ihm geduldig sagen können: „Noch zwei Upse und du bist für fünf Minuten raus aus der Diskussion. Also zurück zum Thema: Wo waren wir stehen geblieben?" Wenn Robert es darauf anlegt, kann er an dieser Stelle natürlich weitere zwei Upse „einkassieren" und nach draußen geschickt werden. Dann suchen die anderen ohne ihn nach einer Lösung, und wenn eine Entscheidung gefällt wird, hat Robert keinen Anteil daran. Und auch wenn ihm die Lösung nicht gefällt, wird er mit der Entscheidung leben müssen. Die Wahrscheinlichkeit, dass er sich beim nächsten Mal zusammenreißt, ist ziemlich hoch.

Bevor Sie überhaupt damit beginnen, nach einer Lösung zu suchen, sollten Sie die Regeln wiederholen. Mein Vorschlag ist, dass Sie sie für alle ausdrucken und verteilen, bevor die Diskussion überhaupt beginnt. Erklären Sie die Regeln noch einmal sorgfältig, bis alle sie verstanden haben. Ernennen Sie einen Schiedsrichter für diese Diskussion und gehen Sie dann die einzelnen Schritte durch, die im Folgenden dargestellt werden.

DIE GRUNDREGELN

1. Nörgeln, Schimpfnamen und Besserwisserei sind tabu
2. Jeder hat ein Recht auf seine Meinung
3. Alle werden angehört – und zwar der Reihe nach
4. Langes Reden ist unerwünscht
5. Dreimal „Ups" – und raus bist du!

STEPS – Schritte hin zur Lösung

In einem Vortrag vor Unternehmern hörte ich einmal den Satz: „Nichts hebt das Selbstbewusstsein von Angestellten so sehr, wie wenn sie in Entscheidungsprozesse eingebunden werden." Und genau dasselbe tun Sie, wenn Sie Ihre Kinder bei der Klärung ihrer Konflikte und Streitigkeiten mit einbeziehen. Sie geben ihnen das Vorrecht, bei wichtigen Entscheidungen, die die ganze Familie betreffen, mitzuwirken. Die folgenden fünf Schritte (deshalb STEPS, engl.: Schritte) können bei allen möglichen Problemen und Konfliktpunkten zum Einsatz kommen:

1. **S** tellt fest, wo das Problem liegt
2. **T** ragt Lösungsvorschläge zusammen
3. **E** rmittelt die beste Lösung
4. **P** lant detailliert
5. **S** chaut zurück: Wie hat's geklappt?

1. Stellt fest, wo das Problem liegt

„Wenn man ein Problem klar formulieren kann, ist das schon die halbe Miete. Das Ziel dieses ersten Schritts besteht darin, dass jeder das Problem aus seiner Sicht schildern kann. Dabei haben Sie die Möglichkeit, die kommunikativen Fähigkeiten, die Sie alle noch aus dem fünften Kapitel kennen, zur Anwendung zu bringen. Der Satz „Wenn du ____________________ *(hier setzt man das Verhalten ein, das einem missfällt)*, dann ____________________ *(hier setzt man ein, was man dann für ein Problem hat)*" ist hervorragend geeignet, um den Rahmen für die Diskussion abzustecken.

Es ist übrigens wenig hilfreich, einen anderen – oder auch bestimmte Charakterzüge des anderen – als das Problem anzugeben. Wenn Susi sagt: „Das Problem ist, dass Jakob ein bekloppter Heini ist", hilft das der Diskussion nicht wirklich weiter. Sie erntet hierfür ein Ups, und dann kann sie versuchen, ihren Ärger angemessener zu formulieren. Sie könnte zum Beispiel sagen: „Wenn Jakob mir beim Abendessen Fratzen schneidet, mag ich das nicht und es macht mich richtig wütend." Danach kann reihum jeder – höflich natürlich – sagen, wie er oder sie die Sache sieht.

Beispiel:

Vater:	„Okay. Jetzt haben wir die Regeln alle verstanden; da können wir ja dazu übergehen, unser erstes Problem zu lösen. Ich wäre dafür, dass wir über eure Kabbeleien reden, wenn ihr zusammen vor dem Fernseher sitzt."
Mutter:	„Das ist eine gute Idee. Okay, zuerst müssen wir das Problem benennen. Kyra, warum fängst du nicht einfach an. Und weil das unsere erste Problemdiskussion ist, benutzt du am besten diesen Satz, den wir versprochen haben: Wenn du ________________ *(hier setzt du das Verhalten ein, das dir missfällt)*, dann ________________ *(hier setzt du ein, was du dann für ein Problem hast)*."
Kyra:	„Okay. Meik, wenn du umschaltest, während ich mir gerade einen Film anschaue, finde ich das sehr unhöflich und ich wünsche mir, dass du damit aufhörst."
Meik:	„Naja, wenn du dir nicht immer solchen Schwachsinn anschauen würdest ..."
Vater:	„Dafür gibt's ein Ups, Meik!"
Meik:	„Aua!"
Kyra:	„Oh, ich glaube, ich finde das richtig gut!"
Mutter:	„Okay, Meik, jetzt bist du dran. Du kannst auch sagen, wo deiner Meinung nach das Problem liegt. Aber bitte höflich."

2. Tragt Lösungsvorschläge zusammen

An dieser Stelle brauchen Sie jetzt ein Blatt Papier und einen Stift. Es geht darum, dass Sie Ihren Kindern dabei helfen, nach originellen Lösungen zu suchen. Weil hier nur ein Brainstorming angesagt ist, sind so ziemlich alle Vorschläge erlaubt (keine Sorge, Sie gehen sie alle nachher im Einzelnen durch und prüfen sie auf ihre Anwendbarkeit). Wenn Sie sich vornehmen, fünf bis zehn Ideen zu sammeln, lernen Ihre Kinder dabei gleichzeitig, über ihren ersten Impuls hinaus zu denken und wirklich neue Lösungen anzudenken. Sie werden überrascht sein, was Ihren Kindern alles einfällt!

Sie können diese Phase damit einleiten, dass Sie sagen: „Wir stellen jetzt eine Liste mit möglichen Lösungen für unser Problem zusammen. Wir gehen der Reihe nach: Jeder macht genau einen Vorschlag, bis die Reihe wieder an ihn kommt, okay?“ Achten Sie also darauf, dass jeder etwas sagt, und gehen Sie so oft reihum, bis jeder die Möglichkeit gehabt hat, mehrere Vorschläge zu machen. Lösungsvorschläge können in ganz verschiedene Richtungen gehen: Wie lässt sich das Problem in Zukunft vermeiden? Welche Regeln gelten von nun an für ähnliche Situationen? Wie kann man mit einer bestimmten Aufgabe mehr Freude haben? Womit kann gutes Verhalten belohnt und schlechtes bestraft werden? Und so weiter.

Beispiel:

Mutter:	„Wir sagen alle der Reihe nach, wie wir das Problem lösen wollen. Ich schreibe mit. Wer fängt an?“
Meik:	„Ich. Mein Vorschlag ist, dass Kyra gar nicht mehr fernsieht.“
Mutter:	„Okay, hab ich aufgeschrieben.“
Kyra:	„Sehr witzig. Wie wär's, wenn Meik nicht mehr fernsieht?“
Mutter:	„Hab ich auch.“
Vater:	„Wie wär's, wenn ihr beide eine Woche Fernsehverbot bekommt, sobald ihr deswegen streitet?“
Mutter:	„Hmmm, das gefällt mir! Ich hab auch was: Wie wär's, wenn wir das ein bisschen mehr einschränken, wann ihr überhaupt fernsehen dürft. Wir könnten ja zum

	Beispiel festlegen, dass ihr erst fernsehen dürft, wenn ihr alle Hausaufgaben gemacht habt.“
Meik:	„Oder wir könnten uns mit der Fernbedienung abwechseln. Einen Tag kriegt Kyra sie, und den nächsten ich.“
Mutter:	„Na, das ist ja eine interessante Idee!“

3. Ermittelt die beste Lösung

Wenn Ihre Liste mit Vorschlägen steht, können Sie sich an die Auswertung machen. Die Lösung, für die Sie sich letzten Endes entscheiden, muss für alle Beteiligten annehmbar sein. Gut ablesen lässt sich das an der Geschichte von dem Jungen, der das Teilen mit seinem Bruder schrecklich schwierig fand. Es war Winter, und seine Mutter schalt ihn: „Du kannst nicht immer alles für dich behalten. Ich hab dir schon tausendmal gesagt, dass du deinen kleinen Bruder auch an deine Spielsachen lassen sollst. Ihr könnt euch abwechseln: Jeder hat das Spielzeug die halbe Zeit.“ – „Mach ich doch!“, verteidigte sich der Kleine. „Ich nehm den Schlitten auf der Fahrt nach unten und er auf der Fahrt nach oben.“

Gehen Sie wieder die Familienrunde durch: Zu jeder Lösung sagt jeder, ob er sie für sinnvoll hält (dann gibt es ein Plus) oder nicht (dann gibt es ein Minus). Sie können Ihre Kinder übrigens jederzeit um eine Erklärung bitten, warum sie ein Plus oder ein Minus setzen wollen. Am Ende haben Sie eine kleine Tabelle erstellt, die Ihnen bei der endgültigen Entscheidung sehr helfen wird.

Beispiel:

Vater:	„Jetzt haben wir schon eine Menge Vorschläge, wir könnten sie ja einfach mal auswerten. Also, als Erstes haben wir hier: ‚Kein Fernsehen mehr für Kyra.‘“
Meik:	„Find ich cool. Ein dickes Plus.“
Mutter:	„Und du, Kyra.“
Kyra:	„Ein dickes Minus.“
Vater:	„Ich geb dafür auch ein Minus.“
Mutter:	„Und ich auch. Okay ... der nächste Vorschlag ist: ‚Kein Fernsehen mehr für Meik.‘ Meik, was meinst du?“
Meik:	„Minus!“

Kyra: „Hmmm, wenn ich mir's so überlege ... ein Plus!"

Vater: „Von mir ein Minus."

Mutter: „Und von mir auch. Weiter geht's. Als Nächstes steht hier: ‚Eine Woche Fernsehverbot nach jedem Streit über das Programm.'"

Meik: „Ach du liebe Zeit! Nein, ein Minus dafür!"

Kyra: „Von mir auch ein Minus."

Vater: „Warum gibst du dafür denn ein Minus?"

Kyra: „Ich find das ein bisschen hart ... eine ganze Woche!?"

Vater: „Ich verstehe, was du meinst, aber ich finde die Idee trotzdem gut. Ich geb ihr ein Plus. Vielleicht können wir das ja auch später abändern."

Mutter: „Klingt gut. Von mir gibt's auch ein Plus."

4. Plant genau

Wenn Sie alle Vorschläge bewertet haben und über diese Bewertungen ausgiebig diskutiert haben, ist es an der Zeit, die Auswahl an guten Lösungen etwas einzugrenzen.

Machen Sie ein Sternchen bei den Vorschlägen, bei denen die meisten Plusse stehen, und lesen Sie diese Vorschläge noch einmal laut vor. Das ist Ihre „kleine Liste". Sie können auch in dieser Phase des Problemlösungsprozesses jederzeit Vorschläge abändern, miteinander verbinden oder neue Ideen einbringen. Vermutlich werden Sie sogar feststellen, dass Ihnen die besten Ideen erst kommen, nachdem Sie schon eine Weile diskutiert haben.

Wenn Sie die besten Ideen vorgelesen haben, müssen Sie sich nur noch einigen, welcher dieser Vorschläge – oder welche Kombination von Vorschlägen – das Problem am besten löst. Dabei gilt immer, dass die letzte Entscheidung noch von den Eltern abgesegnet werden muss. Sprechen Sie über die Details und darüber, wie genau Sie alle die Lösung auch wirklich durchsetzen wollen, für die Sie sich jetzt entscheiden. Sie erstellen also zusammen einen Plan, und dann schreiben Sie alles genau auf, damit Sie sich bei weiteren Streitfällen darauf berufen können.

VORSCHLÄGE ZUR PROBLEMLÖSUNG

Problem: Streit ums Fernsehprogramm

Ideen	Auswertung Meik	Kyra	Papa	Mama
1. Kein Fernsehen mehr für Kyra.	+	–	–	–
2. Kein Fernsehen mehr für Meik.	–	+	–	–
3. Eine Woche Fernsehverbot nach jedem Streit über das Programm.	–	–	+	+
4. Kein Fernsehen, bevor nicht alle Hausaufgaben gemacht sind.	–	+	–	–
5. Meik und Kyra wechseln sich *jeden Tag* mit der Fernbedienung ab.	+	+	+	–
6. Meik und Kyra wechseln sich *jede Stunde* mit der Fernbedienung ab.	–	+	+	+
7. Bei jedem Streit wird der Fernseher sofort ausgeschaltet.	+	–	+	+
8. Für jeden Tag ohne Streit beim Fernsehen gibt es einen Punkt. Bei zehn Punkten gibt es eine Belohnung.	+	+	+	+
9. Der Fernseher bleibt nach jedem Streit zwei Tage lang aus.	–	–	+	+
10. Wenn sich der Streit nicht lösen lässt, werden die Eltern hinzugezogen.	+	+	+	+

Beispiel:

Mutter: „Also ... die Ideen mit drei oder vier Plussen sind ...“ *(liest die kleine Liste vor)*

Vater: „Das sind ja eine ganze Menge spannende Ideen. Ich finde, wir haben das gut hingekriegt. Okay, was meint ihr beide – was löst das Problem am ehesten?“

Kyra: „Wahrscheinlich wenn wir uns jede Stunde mit der

Fernbedienung abwechseln. Und wir wenden uns an euch, wenn wir uns nicht einigen können, und wir kriegen Punkte für gutes Benehmen!"

Mutter: „Okay, aber was sollen wir machen, wenn es doch einen Streit gibt?"

Vater: „Ich bin dafür, dass der Fernseher sofort ausgeschaltet wird – und dann auch ausbleibt bis zum nächsten Tag. Oder, besser noch: bis zum übernächsten."

Mutter: „Was haltet ihr denn davon? Irgendwas müssen wir ja machen."

Kyra: „Aber wenn nun einer versucht, respektvoll zu sein? Es wäre ja nicht fair, wenn der dann auch nicht mehr fernsehen darf!"

Mutter: „Stimmt auch wieder. Da müssen wir uns wohl was ausdenken."

Vater: „Mama oder ich könnten herauszufinden versuchen, was eigentlich abgegangen ist, und wenn wir dann den Eindruck haben, dass einer von euch sich nicht falsch verhalten hat, kriegt der auch kein Fernsehverbot. Das gibt's nur für den, der unsere Respektregeln übertreten hat – ob es nun einer ist oder ihr alle beide."

Meik: „Damit kann ich gut leben."

Kyra: „Stimmt. Das klingt ziemlich fair."

5. Schaut zurück: Wie hat's geklappt?

Wenn Sie zu einem Entschluss gekommen sind, geht Ihr Plan in die Testphase. Legen Sie gemeinsam fest, wie lange Sie die neue Variante ausprobieren wollen und setzen Sie für das Ende dieser Zeit ein weiteres Treffen an, um zu besprechen, wie es gelaufen ist. Sie sollten bis zu dieser Auswertung allerdings nicht mehr als eine Woche verstreichen lassen.

Sie könnten sich bei Ihrem nächsten Familientreffen die Zeit für ein Resümee nehmen. Vielleicht stellen Sie dabei fest, dass Ihr Plan gut geklappt hat. Wenn das so ist, arbeiten Sie heraus, was jeder zum Gelingen dieser Lösung beigetragen hat, und loben Sie Ihre Kinder.

Wenn die Testphase dagegen ungeahnte Mängel Ihres Plans zu Tage gebracht hat, überlegen Sie gemeinsam, an welcher Stelle genau es „gehakt" hat, und gehen Sie dann zu Schritt 2 („tragt Lösungsvorschläge zusammen") zurück, um über weitere Lösungen nachzudenken. Vielleicht haben Sie an einer Stelle ein Detail übersehen, oder etwas Unvorhergesehenes ist geschehen und hat Ihren ganzen schönen Plan zunichte gemacht. Gehen Sie dann auch die anderen Schritte noch einmal durch und ändern Sie Ihre ursprüngliche Lösung entsprechend ab. Wenn Ihnen gar keine guten Ideen mehr kommen, verschieben Sie die Diskussion. Vereinbaren Sie, dass alle Familienmitglieder weiter überlegen oder sich einfach in ihrem Freundes- und Bekanntenkreis umhören, wie man das Problem sonst noch lösen könnte.

Beispiel:

Vater:	„Jetzt haben wir unseren Fernseh-Plan eine Woche lang ausprobiert. Was meint ihr denn so – funktioniert unser System?"
Mutter:	„Also, mir kommt es jedenfalls so vor, als hätte es viel weniger Streit um den Fernseher gegeben."
Meik:	„Ich fand das nicht in Ordnung, dass ich am Freitag nicht fernsehen durfte!"
Mutter:	„Naja, du warst ja auch respektlos, wenn ich mich recht erinnere."
Meik:	„Stimmt schon, aber was Kyra alles gesagt habt, habt ihr ja nicht gehört."
Kyra:	„Ich war nicht respektlos; schließlich hast du die Fernbedienung weggetreten und nicht ich."
Mutter:	„Meik, wenn du nicht fernsehen darfst, ist das nicht für etwas, was Kyra gemacht hat, sondern für die Art, wie du damit umgegangen bist. Verstehst du?"
Meik:	„Schon, aber was ist mit ihr?"
Vater:	„Hört mal, Kinder, Mama und ich versuchen hier, so gerecht wie möglich zu sein. Also reißt ihr euch am besten zusammen und respektiert euch gegenseitig; dann kann euch schließlich nichts passieren. Wenn einer von euch uns irgendetwas vorzuspielen versucht,

	kriegen wir das früher oder später mit. Und dann werdet ihr schon merken, dass ihr damit nicht weit kommt!"
Mutter:	„Überlegen wir doch besser, wie unser Plan weiter gelingt. Hat jemand von euch eine Idee, wie man ihn noch verbessern kann?"
Meik:	„Nö, der klappt doch ganz gut. Wie viele Punkte hab ich eigentlich?"
Vater:	„Fünf, wenn mich nicht alles täuscht. Und Kyra hat sechs."
Mutter:	„Na, da ist die Belohnung ja schon in ziemlich greifbare Nähe gerückt. Das habt ihr beide gut gemacht."

Beispiel-Lösungen für drei der häufigsten Streitpunkte

Um Ihnen am Anfang ein paar Hilfestellungen zu geben, sind hier Beispiellösungen für drei der häufigsten Streitpunkte unter Geschwistern angegeben. Sie können diese Ideen aufgreifen und verändern beziehungsweise ergänzen, wie sie zu Ihrer Familie am besten passen. Die Ideen hier sind ganz unterschiedlich: in manchen geht es darum, mit Hilfe von zeitlichen Beschränkungen oder sonstigen Richtlinien ein bestimmtes Problem von vornherein zu vermeiden, in anderen um Belohnungen und Strafen, in wieder anderen um die Durchsetzung von Höflichkeit und Verantwortungsgefühl.

Abwechseln bei Computer- und Videospielen

Wenn Ihre Kinder immer streiten, wer nun wann und wie lange an den Computer oder die Videokonsole darf, könnten Sie die folgenden Ideen ausprobieren:

1. An Computer- und Videospiele darf man nur mit Erlaubnis der Eltern.
2. Jeder darf maximal 30 Minuten spielen, wenn ein anderer wartet.
3. Wenn die Eltern es anordnen, wird ein Kurzzeitwecker eingesetzt.
4. Spiele, die auch von zwei oder mehr Leuten gespielt werden

können, sind besser als Ein-Mann-Spiele, die die anderen ausschließen.
5. Wenn es Unstimmigkeiten gibt, sind die Eltern um Rat zu fragen.
6. Wer den anderen gegenüber unhöflich ist, darf für den Rest des Tages nicht mehr an den Computer.
7. Wenn die Eltern merken, dass die Kinder friedlich miteinander spielen und freundlich zueinander sind, gibt es zusätzliche Spielzeit.

Schimpfnamen und Spott

Wenn Ihre Kinder sich ständig beschimpfen, könnten Sie folgende Regeln einführen:

1. Alle Schimpfnamen und Hänseleien sind tabu.
2. Wenn du wütend bist, benutze die „Wenn-Sätze", anstatt deine Geschwister zu beschimpfen.
3. Wenn deine Geschwister dich ärgern und beschimpfen, bitte sie höflich, damit aufzuhören.
4. Hör nicht weiter drauf und geh einfach weg.
5. Wenn sie weitermachen, bitte die Eltern um Hilfe.
6. Wenn sie auf lange Sicht immer weitersticheln, rede mit den Eltern darüber.
7. Jeder bekommt für jeden Tag, an dem er die anderen nicht mit Schimpfnamen gerufen oder sonst wie geärgert hat, einen Punkt. Wer fünfzehn Punkte angesammelt hat, bekommt eine Belohnung.
8. Jeder, der andere beleidigt oder beschimpft, muss sofort für fünf Minuten aus dem Zimmer und außerdem eine halbe Stunde früher ins Bett.

Sachen ohne Erlaubnis ausleihen

Manchmal haben Ihre Kinder vermutlich Streit, weil eins von ihnen vom anderen etwas „ausgeliehen" hat. So könnten Sie damit umgehen:

1. Jeder hat einen Platz in seinem Zimmer, an dem er Sachen aufbewahren kann, die für die anderen tabu sind. Es ist verboten, von diesem Platz etwas wegzunehmen.
2. Wenn du nicht willst, dass deine Geschwister etwas Bestimmtes benutzen, ohne um Erlaubnis zu fragen, sag es ihnen und den Eltern. Wenn das Anliegen vernünftig ist, werden die Eltern dich dabei unterstützen.
3. Alle anderen Dinge dürfen deine Geschwister benutzen, wenn du nicht da bist und nicht gefragt werden kannst.
4. Geh sorgfältig mit den Sachen der anderen um.
5. Wenn du etwas kaputtmachst, kann es sein, dass du es bezahlen musst. Darüber entscheiden die Eltern.
6. Wenn du ohne Erlaubnis etwas benutzt, das ein anderer ausdrücklich verboten hat, gibt es sofort eine Strafe. Auch darüber entscheiden die Eltern.

ZUM NACHDENKEN

1. Wie systematisch gehen Sie die Lösung Ihrer eigenen Probleme an?
2. Auf welche Grundregel(n) werden Sie bei Ihren Kindern am meisten achten müssen?
3. Welche Probleme zwischen den Kindern oder innerhalb der Familie können Sie als Erstes mit Hilfe der hier vorgestellten STEPS in Angriff nehmen?
4. Welches dieser Probleme kommt Ihnen im Moment am einfachsten vor, so dass es sich zum Üben anbietet?
5. Lesen Sie Epheser 6,4 und Sprüche 22,6. Inwiefern können Sie diese Verse mit Hilfe der STEPS in Ihrer Familie umsetzen?
6. Was werden Ihre Kinder lernen, wenn sie gemeinsam nach Lösungen für ihre Probleme suchen?

EINLADUNG ZUM GEBET

Bitten Sie Gott an dieser Stelle, dass er Ihnen viel Geduld mit Ihren Kindern schenkt, wenn Sie ihnen beizubringen versuchen, ihre Probleme gemeinsam anzugehen. Beten Sie, dass Gott das hier vorgestellte Konzept in Ihrer Familie dazu gebraucht, dass Sie sich alle auch bei schwierigen Problemen freundlich und mit gegenseitigem Respekt begegnen. Bitten Sie ihn, dass er Ihnen weiter hilft, Ihren Kindern das Vorbild zu sein, das sie brauchen.

ÜBUNG MACHT DEN MEISTER

1. Wie würden Sie reagieren, wenn während einer Diskussion über ein bestimmtes Problem eines Ihrer Kinder zu einem anderen sagt: „Du hast echt immer die dümmsten Ideen."?
2. Stellen Sie eine Liste mit möglichen Lösungen zusammen, um Steffen und Jenny (beide im Teenager-Alter) bei ihrem allmorgendlichen Streit im Bad weiterzuhelfen.

(Beispielantworten finden Sie auf Seite 248.)

Benutzen Sie für Ihr Familientreffen diesmal die Anleitung zum Familiengespräch Nr. 9: Wir lösen das Problem gemeinsam! (Seite 217ff)

Siebter Schritt
Lehren Sie die Kinder das Überleben im Geschwisteralltag

1911 begann das spannende Rennen um den ersten Menschen am Südpol, von dem Kinder noch heute im Geschichts- oder Erdkundeunterricht hören. Die beiden Teams, die dazu gegeneinander antraten, wurden angeführt von dem norwegischen Forscher Roald Amundsen einerseits und dem britischen Marineoffizier Robert Falcon Scott andererseits.

Amundsen plante seine Expedition sehr sorgfältig und achtete auf jedes kleinste Detail. Nach ausgiebigen Recherchen und sorgfältigen Überlegungen beschloss er, besondere Ski herstellen zu lassen und außerdem extra Hunde mitzubringen, die die Schlitten mit den Vorräten ziehen sollten. Er richtete an strategischen Punkten auf der Strecke gut ausgestattete Vorratslager ein, damit seine Männer keinen unnötigen Ballast mitschleppen mussten. Er prüfte alle Geräte und die Ausstattung immer wieder neu und passte alles noch vor der eigentlichen Reise an die Bedürfnisse an, die er voraussah. Amundsen wählte die direkteste Route und war für jede nur mögliche Situation gut gerüstet. Und seine sorgfältige Planung machte sich bezahlt: Sein Team stieß auf keine nennenswerten Schwierigkeiten und erreichte den Pol wie vorgesehen nach neunundneunzig Tagen.

Von Scott dagegen wird berichtet, dass seine Art der Planung zu der Amundsens in krassem Widerspruch stand – er plante fast überhaupt nichts. Schon seine Entscheidung, sich mit Motorschlitten und Ponys fortzubewegen, erwies sich als ausgesprochen unklug: Die Schlitten froren fest und die Ponys kamen in der extremen Kälte um. Die Mannschaft musste deswegen alle Vorräte selbst tragen. In letzter Minute beschloss Scott, noch einen zusätzlichen Mann mitzunehmen, aber er stockte die Vorräte nicht entsprechend auf. Bald mangelte es an Essen, Wasser und lebenswichtigen Geräten. Scotts Leute litten unter Erfrierungen, Schneeblindheit und Austrocknung.

Als sie endlich am Südpol ankamen, mussten sie feststellen, dass Amundsens Team schon über einen Monat vorher dort gewesen war. Die Expedition endete tragisch: Scotts Mannschaft war so erschöpft, dass alle verzweifelten Versuche zurückzukommen scheiterten; man fand die Männer acht Monate später erfroren in ihren Zelten.

Fünf Überlebenstricks für Geschwister

Manchmal habe ich den Eindruck, dass viele Eltern in der Erziehung wie Scott vorgehen: Sie reagieren auf Schwierigkeiten ihrer Kinder erst, wenn sie ihnen nicht mehr ausweichen können, und planen kaum im Voraus, wie sie mögliche Probleme von vornherein vermeiden können.

Der erste Schritt, unseren Kindern schon im Vorfeld zu helfen, besteht darin, häufig vorkommende schwierige Situationen zu benennen und zu überlegen, wie man sich entsprechend verhalten kann.

Um im alltäglichen Geschwister-Miteinander bestehen zu können, sollte jedes Kind deswegen fünf besondere Überlebenstricks beherrschen:

- Mit nervigen Geschwistern fertig werden,
- Teilen,
- Sich abwechseln,
- Flexibilität,
- Einander vergeben.

Es wäre wirklich schön, wenn unsere Kinder schon mit diesen Fähigkeiten zur Welt kämen. Wir können ihnen hundertmal predigen, dass sie netter zueinander sein sollen, ohne dass es etwas nützt. Stattdessen sollten wir ihnen beibringen, wie genau dieses Netter-Zueinander-Sein aussehen kann. Sie werden sehr viel Zeit in unspektakulären Gesprächen mit Ihren Kindern verbringen müssen, um ihnen diese Überlebensregeln beizubringen – aber mittelfristig kann der Erfolg spektakulär sein.

Matthias und Calvin wechselten sich beim Computerspielen ab: Einer durfte immer spielen, während der andere zusah. Für gewöhnlich klappte das recht gut, aber diesmal lief alles aus dem Ruder.

„Lass das!“, rief Matthias wütend und versuchte sich auf den Bildschirm zu konzentrieren.

Georg, der Vater der beiden, sah von dem Buch auf, mit dem er es sich auf der Wohnzimmercouch gemütlich gemacht hatte, und bemerkte gerade noch, wie Matthias in zwei ausladenden Bewegungen nach hinten ausschlug, wo sein Bruder saß.

„Ich hab gesagt, du sollst das lassen“, knurrte er wieder.

Georg war sich nicht ganz sicher, was sich zwischen den beiden abspielte, bis er bemerkte, wie Calvin sich kurz nach vorne lehnte und Matthias auf die Schulter tippte – und seine Hand dann gleich wieder zurückzog.

„Jetzt hör doch endlich auf!“, schimpfte Matthias wieder, und sein Ärger war ihm deutlich anzuhören.

Georg dämmerte inzwischen, was los war. Calvin ärgerte Matthias, und obwohl dieser ihn bat, aufzuhören, konnte er der Versuchung einfach nicht widerstehen. Irgendwann hatte Matthias sich nicht mehr anders zu helfen gewusst, als nach diesem Quälgeist von Bruder auszuschlagen.

Matthias musste an dieser Stelle die schwere Kunst lernen, mit einem nervigen Bruder umzugehen (ohne seinerseits Ärger mit den Eltern zu riskieren). Und in anderen Situationen kam es auf andere Fertigkeiten an: darauf, dass man Dinge miteinander teilt, dass man sich abwechselt, dass man flexibel reagiert – und dass man einander immer wieder vergibt, was man gesagt oder getan hat. Kinder lernen das nicht nur, indem man es ihnen immer wieder sagt; sie müssen es einüben, das Richtige zu denken, zu sagen und zu tun, um im Geschwisteralltag überleben zu können.

Denken – Sagen – Tun

Letztlich werden all diese Fähigkeiten erlernbar, wenn man sie in drei Unterschritte aufteilt: Denken – Sagen – Tun. Dass das, was Ihre Kinder zueinander sagen und tun, wichtig ist, leuchtet Ihnen vermutlich unmittelbar ein. Aber vielleicht ist es Ihnen noch nie in den Sinn gekommen, dass das, was sie übereinander denken, mindestens genauso entscheidend ist. Die Gedanken, die ihnen automatisch kommen und die von außen nicht wahrnehmbar sind, bestimmen letzten Endes, was sie als Nächstes sagen und wie sie handeln werden. Wenn Ihr Kind in Gedanken ärgerlich und ablehnend ist oder nur bis zum nächsten Moment denkt, werden seine Worte und Taten auch entsprechend wütend und verletzend sein und möglicherweise langfristig einen Schaden anrichten, der in keinem Verhältnis zum eigentlichen Anlass steht. Stattdessen sollten die Gedanken Ihrer Kinder – und selbstredend auch die Ihren – ausgewogen, realistisch und von biblischen Grundwahrheiten geprägt sein. Wenn ihr Denken in den richtigen Bahnen läuft, zieht das richtige Worte und Taten nach sich.

Wer die fünf Grundfähigkeiten beherrschen will, muss sein Denken, sein Reden und Handeln in den Griff bekommen. Bei Kindern unter sieben Jahren bietet es sich allerdings an, zunächst nur auf das Reden und Tun einzugehen, weil es für sie noch zu kompliziert und zu abstrakt ist, über ihre eigenen Gedanken nachzudenken. Sie können sich diesen Teil für später aufbewahren, wenn Ihr Kind etwas älter ist und die eigenen Gedanken klarer verbalisieren kann. Bis dahin konzentrieren Sie sich einfach auf das Sagen und Tun.

Bevor wir zum eigentlichen Denken – Sagen – Tun übergehen, möchte ich Ihnen anhand von zwei Beispielen kurz vorstellen, welche Handlungskette bei Ihren Kindern möglicherweise zurzeit relativ automatisch abläuft.

Situation 1:

Astrid sitzt still mit einem Buch im Wohnzimmer, als ihr kleiner Bruder Lukas hereinspaziert, sich mit einem dicken Plumps aufs Sofa fallen lässt und zu einem Comic greift. Dann fängt er an, laut auf seinen Knien herumzutrommeln.

Denken: Astrid kann sich nicht mehr konzentrieren. Sie denkt: *Er merkt doch, dass ich lese. Wie kann er nur so rücksichtslos sein? Er macht immer alles kaputt, was mir Spaß macht. Ich krieg ja nirgendwo mal ein bisschen Ruhe.*

Sagen: In ihrem Unmut sagt Astrid mit unverhohlenem Sarkasmus: „Kannst du nicht mal aufhören? Ich sitze hier zufällig auch und versuche zu lesen. Oder bist du blind und siehst das nicht?“

Tun: Lukas setzt sein schäbigstes Grinsen auf und trommelt noch lauter auf seinen Knien herum. Astrid springt auf, reißt Lukas das

Buch aus der Hand und wirft es in die Küche. Dann stapft sie wütend in ihr Zimmer und schlägt die Tür hinter sich zu.

Situation 2:
Jonathan spielt mit einigen seiner Spielsachen im Spielzimmer. Joel geht zu ihm hinüber und fragt, ob er eines der Spielzeuge benutzen darf, mit denen Jonathan gerade beschäftigt ist.
Denken: Jonathan denkt sofort: *Joel nervt mich immer so! Der soll mich doch einfach mal in Ruhe lassen.*
Sagen: Jonathan schaut mit einem fiesen Lächeln auf und sagt: „Nein, das geht nicht, weil ich gerade damit spiele."
Tun: Anschließend räumt Jonathan alle Spielzeuge in seiner Umgebung zusammen – auch die, die er gerade nicht braucht – und schichtet sie zu einem großen Haufen auf, den er gut bewachen kann. Joel fängt an zu weinen und rennt ins Wohnzimmer, um es Mama zu erzählen.

Ihre Kinder leben nach irgendeinem Denken – Sagen – Tun-Prinzip, aber wie Ihnen vielleicht schon aufgefallen ist, kann es ein sehr ungesundes sein! Wenn sie in dieser Abwärtsspirale einmal gefangen sind, eskalieren Konflikte schnell und enden damit, dass Sie die Kinder voneinander losreißen und einzeln auf ihr Zimmer schicken müssen. Sie können Ihren Kindern helfen, das negative Schema, dem sie im Moment unbewusst folgen, durch ein positives zu ersetzen, das Konflikte von vornherein entschärft.

Im Anschluss stelle ich mögliche bessere Reaktionen von Denken – Sagen – Tun in allen fünf Bereichen vor. Sie lernen dann auch, wie Sie sie Ihren Kindern vermitteln können.

1. Mit nervigen Geschwistern fertig werden
Denken (wähle eine oder zwei Möglichkeiten aus):
Vielleicht merkt er nicht, dass mich das stört.
Wenn er mich ärgern will, heißt das ja noch nicht, dass ich mich ärgern lassen muss.
Ich werde mich hier nicht verrückt machen lassen.
Ich bin wirklich ärgerlich, aber Gott wird mir helfen, das Richtige zu tun.

Sagen (deutlich, aber freundlich):
„Wenn du ___________, dann _______________." (Sag, was dich stört oder warum du dich ärgerst.)
„Bitte hör auf, ____________ zu tun/zu machen."
„Würdest du bitte damit aufhören?" (Sag es beim zweiten Mal mit etwas mehr Nachdruck.)
„Wenn du nicht aufhörst, hole ich Mama/Papa."

Tun:
Ignorier es einfach.
Geh woanders hin.
Geh einfach weg und mach etwas anderes.
Bitte die Eltern um Hilfe.

2. Teilen
Denken (wähle eine oder zwei Möglichkeiten aus):
Teilen gehört einfach dazu, wenn man eine Familie ist.
Gott will, dass ich andere so behandele, wie ich selbst behandelt werden möchte.
Wenn ich _________ mit ________ teile, teilt er/sie _______ vielleicht auch mit mir.
Wenn man teilt, macht alles viel mehr Spaß.

Sagen (freundlich):
„Ich brauch das gerade, aber du kannst es später haben."
„Na klar, du kannst es haben." (und dann such dir etwas anderes)
„Vielleicht können wir ja zusammen damit spielen."
„Vielleicht kannst du ja in der Zwischenzeit mit ___________ spielen." (und dann schlag ihm/ihr etwas vor)

Tun:
Gib ihm/ihr das Spielzeug und/oder spielt friedlich zusammen weiter.

3. Sich abwechseln
Denken (wähle eine oder zwei Möglichkeiten aus):
Es gehört mir ja schließlich auch nicht.

Wenn wir uns abwechseln, zeugt das von Rücksicht, und Gott freut sich darüber.
Wenn ich die anderen nicht mal drankommen lasse, komme ich selbst auch nicht mehr dran.
Jetzt ist er dran; ich komme wieder, wenn ich wieder an der Reihe bin.

Sagen (freundlich):
„Klar, du bist jetzt dran."
„Komm, du bist an der Reihe."

Tun:
Gib deinem Bruder das Spielzeug, mach Platz am Computer (und so weiter).

4. Flexibilität
Denken (wähle eine oder zwei Möglichkeiten aus):
Es kann ja nicht immer alles nach mir gehen.
Es macht bestimmt auch Spaß, wenn wir diesmal machen, was er sagt.
Vielleicht können wir es das andere Mal so machen, wie ich es will.
Es wäre eigentlich nett von mir, wenn ich es so mache, wie ________ es will.

Sagen (freundlich):
„In Ordnung, das klingt gut."
„In Ordnung, wir machen es diesmal so, wie du willst."
„Wir können das gerne so machen. Es macht mir nichts aus."
„Vielleicht können wir es ja ein andermal so machen, wie ich es vorgeschlagen habe."

Tun:
Macht gemeinsam das, was beschlossen worden ist, und streitet euch nicht.
Wenn du gerade nicht das machen kannst, was du gerne willst, mach einfach etwas anderes.
Warte, bis du dran bist.

5. Einander vergeben
Denken (wähle eine oder zwei Möglichkeiten aus):
Ich mache ja manchmal auch etwas, das nicht richtig ist.
Gott will, dass ich ihm vergebe.
Jeder macht mal was falsch.
Irgendwann muss ich ihn/sie bestimmt auch einmal um Vergebung bitten.

Sagen (freundlich):
„Ist schon in Ordnung."
„Das war wirklich nicht besonders schön, aber ich verzeih's dir gerne."
„Wir machen alle mal was falsch; ist schon verziehen."

Tun:
Geht einfach zur Tagesordnung über.

Der Gedanke hinter all dem ist ganz einfach: Zuerst denkt man das Richtige. Dann sagt man das Richtige. Und zum Schluss tut man auch das Richtige. Ideen wie die oben vorgestellten sind denen, wie Astrid und Jonathan sie in Situation 1 und 2 an den Tag gelegt haben, jedenfalls weit überlegen. Diesmal sind alle Gedanken, Worte und Taten ausgewogen und von Respekt vor dem anderen geprägt. Das ist wie bei einer Dominorallye: Ein Steinchen reißt das andere mit sich – zum Guten oder zum Schlechten. Ihre Kinder können lernen, das richtige Steinchen gleich zu Beginn anzustoßen – und Sie können ihnen dabei helfen.

Wie man Kindern die Überlebenstricks beibringen kann

Eine amerikanische Studie ist vor einiger Zeit zu dem Ergebnis gekommen, dass Menschen, die etwas zu lernen versuchen, etwa zehn Prozent von dem behalten, was sie lesen, zwanzig Prozent von dem, was sie hören, fünfzig Prozent von dem, was sie sehen und hören, aber sage und schreibe *neunzig* Prozent von dem, was sie *sagen* und *tun*. Ein chinesisches Sprichwort fasst das so zusammen: „Sage es mir, und ich werde es vergessen. Zeige es mir, und ich werde mich daran erinnern. Lass es mich tun, und ich werde es verstehen."

ZUM SCHMUNZELN

Fähigkeiten, die Ihre Kinder nicht unbedingt beherrschen müssen

1. Was man alles für peinliche Sachen mit dem BH der großen Schwester anstellen kann.
2. Wie man andere so anschwärzen kann, dass man selbst nicht blöd dasteht.
3. Wie man die Bilder, die den großen Bruder als nacktes, schrumpeliges Baby zeigen, am besten unters Volk bringen kann.
4. Wie man schwere Verletzungen simulieren kann („er ist mit der Eisenstange auf mich losgegangen ...").
5. Wie man möglichst unschuldig aussehen kann, auch wenn alle ahnen, dass man etwas angestellt hat.
6. Wie man anderen Schimpfworte an den Kopf werfen kann, ohne die Lippen zu bewegen.
7. Was sich alles mit Juckpulver anstellen lässt.

Sie können Ihren Kindern die Fähigkeiten, um die es in diesem Kapitel geht, beibringen, indem Sie die Anleitungen zum Familiengespräch benutzen, die zu diesem Thema vorgesehen sind. Ich kann mich noch gut erinnern, wie Lora und ich vor Jahren unseren Kindern das Prinzip Denken – Sagen – Tun vermittelten. Wir gingen die einzelnen Schritte durch und hatten eine Menge Spaß dabei, sie in unseren Familiengesprächen einzuüben. Manchmal, wenn ich von der Arbeit kam, rannten mir die Jungs schon entgegen und fragten, ob wir nicht ein bisschen üben könnten. Wir schoben dann einfach ein paar kurze Rollenspiele ein.

In den nächsten Monaten stießen Lora und ich immer wieder dazu, wenn es bei den Kindern gerade ums Teilen ging. Jacob spielte beispielsweise mit ein paar Autos und Luke wollte gerne auch mit einem dieser Autos spielen. Noch bevor die ganze Situation außer Kontrolle geraten konnte, erinnerten wir Jacob daran, unser Denken – Sagen – Tun-Schema anzuwenden. Weil wir im Vorfeld so viel geübt hatten, wusste er sofort, wovon wir sprachen, und man konnte regelrecht an seinem Gesicht ablesen, wie er in Gedanken nach dem „richtigen Dominosteinchen“ suchte. Er wusste genau, was er zu tun hatte, und jetzt war seine große Stunde gekommen, das Gelernte vorzuführen.

„Ich spiele grad selbst mit dem Auto“, sagte er freundlich. „Aber du kannst es nachher haben. Warum spielst du in der Zwischenzeit nicht mit dem hier? Das ist auch ganz schön schnell.“

Genau wie wir es geübt hatten! Er wandte sich sofort zu uns um, um unsere Reaktion zu sehen.

„Das hast du wirklich großartig gemacht“, sparten wir dann auch nicht mit Lob. „Das war sehr höflich. Und Luke, du hast das auch richtig gemacht, dass du jetzt wartest, bis du an der Reihe bist, mit dem Auto zu spielen, und dir in der Zwischenzeit ein anderes suchst. Und das andere ist ja auch schnell! Ihr habt das mit dem Teilen und Zusammen-Spielen wirklich gut hinbekommen!“

Wir wiesen sie noch einmal darauf hin, dass es ja wirklich für alle viel lustiger war, wenn sie miteinander teilten und freundlich zueinander waren, und wir redeten auch darüber, was passiert wäre, wenn einer von ihnen – oder beide – sich nicht respektvoll verhalten hätte: „Denkt dran, Jungs. Wenn ihr nicht nett zueinander gewesen wärt, hättet ihr eine Weile nicht zusammen spielen dürfen, und das wäre doch wirklich traurig gewesen! Aber wie es ist, habt ihr ganz viel Spaß miteinander, und das ist richtig toll!“

Genauso werden auch Sie viele Gelegenheiten haben, Ihre Kinder in Alltagssituationen daran zu erinnern, wie sie die Fähigkeiten anwenden können, die sie sich erarbeitet und die sie ausgiebig geübt haben. Je mehr Sie alle darüber reden und je mehr Sie üben, desto leichter wird es Ihren Kindern fallen, in diesen Mustern zu denken, zu reden und zu handeln. Und je mehr Sie alle sich als Familie dadurch näher kommen und je reichhaltiger der Nährboden Ihrer Beziehungen wird, desto mehr werden alle auch ein Interesse daran haben, dass diese Fähigkeiten zum Einsatz kommen.

Es braucht sicher seine Zeit, bis sie alle diese Fähigkeiten beherrschen, und ganz bestimmt werden Sie Situationen erleben, an denen Sie sich zu fragen beginnen, ob Ihre Kinder überhaupt irgendetwas von dem begriffen haben, was Sie ihnen so mühsam vermittelt haben. Auch unsere Kinder sind des Öfteren auf ihr Zimmer geschickt oder sonst wie bestraft worden, weil sie sich nicht an die Regeln hielten, und es kommt bis heute vor. Lassen Sie sich von solchen scheinbaren Rückschlägen nicht entmutigen; diese Dinge lernt man nicht von heute auf morgen. Sie werden sehen, dass die Fähigkeit und auch die Bereitschaft Ihrer Kinder, den „richtigen Dominostein“ auszuwählen, auf lange Sicht gesehen immer weiter zunehmen. Und wenn Sie den Boden gut vorbereitet und die richtige Saat gepflanzt haben, werden Sie bemerken, wie sehr sich das Verhältnis der Geschwister untereinander verbessert.

ZUM NACHDENKEN

1. Sollten Ihre Kinder die Überlebenstricks lernen? Warum?
2. Welche der fünf Grundfähigkeiten machen Ihren Kindern am meisten zu schaffen?
3. Lesen Sie Sprüche 6,6-8 und 22,6. Was halten Sie von dem Gedanken, Ihren Kindern Überlebenstricks beizubringen, damit sie auch schwierige Situationen meistern? Denken Sie, dass es mit zu dem gehört, was Gott Ihren Kindern durch Sie mit auf den Weg geben will?
4. Warum ist in dem Denken – Sagen – Tun-Schema das Denken so wichtig?
5. Werden Ihre Kinder diese Fähigkeiten einfach lernen, weil Sie ständig mit ihnen darüber reden, oder werden Sie mit ihnen üben müssen? Warum?
6. Ich habe vorgeschlagen, mit dem ersten Überlebenstrick zu beginnen: Mit nervigen Geschwistern fertig werden. Aber natürlich können Sie auch mit einem der anderen Punkte beginnen, wenn er Ihnen im Augenblick mehr auf der Seele liegt. Wenn Sie sich für einen Punkt entschieden haben, schauen Sie sich die Anleitung zum Familiengespräch an, die sich im Anhang des Buches zu diesem Thema findet. Überlegen Sie sich einige Situationen aus Ihrem Familienalltag, an denen Sie die Rollenspiele aufhängen können – viel Spaß beim Üben!

EINLADUNG ZUM GEBET

Schließen Sie wieder mit einem Gebet, in dem Sie Gott für jedes Ihrer Kinder danken. Bitten Sie ihn, Ihnen Geduld zu geben und Sie richtig zu leiten, wenn Sie Ihren Kindern die Überlebenstricks zu vermitteln versuchen. Befehlen Sie Ihre Familiengespräche Gott an und bitten Sie ihn, diese Zeiten dazu zu gebrauchen, nicht nur im Verhalten, sondern auch im Herzen jedes Ihrer Kinder zu wirken.

ÜBUNG MACHT DEN MEISTER

Denken Sie sich selbst jeweils eine weitere gesunde Reaktion aus, wie Ihre Kinder in jeder der fünf Grundsituationen denken, reden und handeln könnten.

Mit nervigen Geschwistern fertig werden:
Denken: ______________________________
Sagen: ______________________________
Tun: ______________________________

Teilen:
Denken: ______________________________
Sagen: ______________________________
Tun: ______________________________

Sich abwechseln:
Denken: ______________________________
Sagen: ______________________________
Tun: ______________________________

Flexibilität:
Denken: ______________________________
Sagen: ______________________________
Tun: ______________________________

Einander vergeben:
Denken: ______________________________
Sagen: ______________________________
Tun: ______________________________

(Beispielantworten finden Sie auf Seite 249.)

Benutzen Sie für Ihr Familientreffen diesmal die Anleitung zum Familiengespräch Nr. 10: Mit nervigen Geschwistern fertig werden. (Seite 221ff)

Phase drei
Für ein günstiges Klima sorgen

Achter Schritt
Belohnen Sie respektvolles Verhalten

Philip, ein quicklebendiger Zehnjähriger, saß auf dem Sofa in meinem Büro und fummelte an einem der kleinen Spielzeuge herum, die genau zu diesem Zweck in meinem Büro herumliegen. Wir unterhielten uns darüber, was er gerne machte, wie er die Schule fand und was er so mit seinen Freunden unternahm. Philip fiel es leicht, über all diese Bereiche seines Lebens zu reden, und ich fand seine unbekümmerte Offenheit ziemlich erfrischend.

Das Gespräch wandte sich dann seiner Familie zu. Nachdem er mir erzählt hatte, wie seine Geschwister hießen und wie alt sie waren, fragte ich ihn, wie er das Miteinander der Geschwister einschätzte.

„Und wie kommt ihr so alle miteinander klar?", fragte ich.

„Oh, wir zanken uns von morgens bis abends", gestand mir Philip mit einem breiten Grinsen.

Ich war mir nicht ganz sicher, was mich mehr irritierte – die Tatsache, dass er mit seinen Geschwistern offensichtlich ständig stritt, oder seine unverhohlene Freude darüber.

„Erzählst du mir das mal genauer?", hakte ich deswegen nach.

„Meine Schwester ärgert mich immer, und dann zeig ich's ihr!" Philips Grinsen hatte sich noch weiter verbreitert.

„Was meinst du denn damit – du zeigst es ihr?", fragte ich weiter, und ich hatte ein bisschen Angst vor seiner Antwort.

„RACHE!", rief Philip mit aller Theatralik, die er aufbringen konnte; er rieb sich die Hände und lächelte schäbig. In seine Augen hatte sich ein aufgeregtes Glitzern geschlichen.

Und er erzählte mir die Varianten des Spiels „Zeigst du's mir, so zeig ich's dir", das er und seine Schwester Katrina allem Anschein nach ständig spielten. Ihm war offensichtlich nicht bewusst, dass er durch sein Verhalten das angespannte Verhältnis zwischen ihnen beiden erhielt und immer wieder verstärkte. Sein Verhalten empfand er als total gerechtfertigt – schließlich hatte sie ja allzu oft angefangen; er konnte mir in allen Einzelheiten aufzählen, was sie alles angestellt hatte, um ihn zur Weißglut zu treiben.

Im Verlauf unseres Gesprächs konnte ich mich des Eindrucks immer weniger erwehren, dass Philip es genoss, zu sehen, wer das Spiel jedes Mal gewinnen würde. Wer würde es dem anderen „noch mehr zeigen“? Wer würde den anderen am meisten ärgern, piesacken und aus der Ruhe bringen? Und – was noch bestürzender war – wer würde sich am geschicktesten anstellen, so dass die Eltern nicht dahinterkamen?

Es lag auf der Hand, dass sich Philips negatives Verhalten Katrina gegenüber in seinen Augen auszahlte: Er war regelrecht begeistert, wenn er mit seinen Versuchen, es ihr „mal richtig zu zeigen“, erfolgreich war. Und die Herausforderung, es seiner Schwester heimzuzahlen, ohne dass das von den Eltern bemerkt und entsprechend geahndet wurde, löste bei ihm mehr freudige Aufregung aus als jedes Videospiel. Mehr brauchte er gar nicht, um zufrieden zu sein.

Lohnt es sich, gemein zu sein?

Eine der Fragen, die Sie sich einmal stellen sollten, wenn Sie sich über das negative Verhalten Ihrer Kinder Gedanken machen, ist sicher die: Was haben sie davon? Kinder tun nicht absichtlich etwas, von dem sie wissen, dass es sich nicht auszahlt. Sie tun eher etwas, von dem sie über kurz oder lang profitieren. Bei manchen Verhaltensweisen ist es ganz offensichtlich, was sich ein Kind von Ihnen erhofft; bei anderen muss man ein bisschen genauer hinsehen. Aber Sie können davon ausgehen, dass ein Kind, das eine bestimmte Sache immer wieder macht, damit irgendetwas erreichen will.

Wenn Lars zum Beispiel heimlich Aaron in den Oberschenkel kneift, wenn die beiden eigentlich friedlich nebeneinander auf dem Rücksitz des elterlichen Autos sitzen sollten, erwartet er, dass sich das für ihn lohnt. Vielleicht besteht die Belohnung nur in dem befriedigenden Gefühl, sich an seinem Bruder dafür gerächt zu haben, dass dieser ihn gestern bei den Eltern verpetzt hat. Vielleicht besteht die Belohnung in der höchst dramatischen Reaktion, die von Aaron zu erwarten ist. Vielleicht will er auch einfach nur einmal testen, ob er damit davonkommen kann, seinen Bruder zu ärgern. Der *unmit-*

telbare Effekt, den eine Handlung haben kann, verführt ein Kind nur allzu oft dazu, es einfach einmal zu probieren, auch wenn ihm bei längerem Nachdenken bewusst wäre, dass es sich mittelfristig nicht auszahlt. Lars weiß sehr gut, dass er sich wahrscheinlich einen strengen Blick von seiner Mutter einfangen wird – aber im Augenblick findet er einfach, dass die bloße Möglichkeit, mit seinem hinterlistigen Angriff auf den Bruder ungeschoren davonzukommen, das Risiko wert ist.

Wenn Sie erleben möchten, dass aus einem Samenkorn eine prächtige Blume heranwächst, müssen Sie für die richtige Umgebung sorgen: eine Umgebung, in der gesundes Wachstum möglich ist. Es liegt an Ihnen, eine Atmosphäre zu schaffen, in der sich ungesundes Verhalten nicht lohnt und Unkraut erst gar keine Chance erhält. Dazu können Sie sich einfach einmal die Frage stellen: „Was sollen meine Kinder eigentlich wissen?"

Was Ihre Kinder wissen sollten

Was die Beziehungen der Geschwister untereinander angeht, so sollten Ihre Kinder eine ganze Reihe Dinge begreifen.

1. Wenn wir einander liebevoll und mit gegenseitigem Respekt behandeln, zahlt sich das aus.
2. Es lohnt sich immer, negative Gefühle wie Wut und Ärger auf eine Weise auszudrücken, die andere nicht verletzt – auch wenn es manchmal ein bisschen mühsam ist.
3. Es kann richtig lustig sein, miteinander zu teilen, sich abzuwechseln oder anderen den Vortritt zu lassen.
4. Wenn man seine Pläne ganz schnell ändert, weil irgendetwas nicht so klappt wie vorgesehen, ist das gar nicht so dramatisch.
5. Wenn die anderen nicht nett zu mir sind, muss das ja noch nicht heißen, dass ich nicht trotzdem nett zu ihnen sein kann.
6. Obwohl es wirklich anstrengend sein kann, wenn man rücksichtsvoll ist und seinen Kopf nicht ständig durchsetzt, ist es immer am besten, Gottes Gebote zu befolgen.

Jakobus hat geschrieben: „Wer aber durchschaut in das vollkommene Gesetz der Freiheit und dabei beharrt und ist nicht ein vergesslicher Hörer, sondern ein Täter, der wird selig sein in seiner Tat" (Jak 1,25). Und daran hat sich bis heute nichts geändert.

Im Rahmen einer Studie wurden Kinder in der vierten und fünften Klasse gefragt, was ihre Eltern eigentlich tun könnten, damit die Geschwister nicht ständig miteinander streiten. Die Antworten überraschten; als vielversprechende Maßnahmen wurden genannt: „belohnt werden für gutes Benehmen", „bestraft werden für schlechtes Benehmen" und „die Eltern müssen einen mit irgendetwas beschäftigen und ablenken, das Spaß macht". Es ist ziemlich bezeichnend, dass zwei der drei häufigsten Antworten darauf Bezug nahmen, wie die Eltern auf das Verhalten der Geschwister untereinander reagierten.

Vereinfacht ausgedrückt heißt das, dass es eigentlich nur zwei Arten von Verhalten gibt: respektvolles und respektloses. Sie haben die Aufgabe, ein Familienklima zu schaffen, in dem alle ermutigt werden, freundlich und höflich miteinander umzugehen – so wie Sie alle es in Ihren Familiengesprächen immer wiederholt und eingeübt haben. Wenn Ihre Kinder spüren, dass sich respektvolles Verhalten grundsätzlich auszahlt, merken sie selbst, wie Recht Jakobus mit seiner Aussage hat: Man lebt viel besser, wenn man Gottes Geboten folgt – und man macht sich selbst nur unglücklich, wenn man sie ablehnt.

Wie Sie ein gesundes Geschwister-Miteinander fördern können

Den Eltern von Steffen fiel auf, als ich ihnen diese Grundwahrheit erklärte, dass sie dem positiven Verhalten ihres Sohnes bisher nicht allzu viel Beachtung geschenkt hatten. Wir sprachen darüber, wie schwierig Steffen zu Hause und vor allem Aaron, seinem kleinen Bruder, gegenüber war, und die Eltern beschlossen, mehr darauf zu achten, wann ihr Sohn sich richtig verhielt, und dies entsprechend zu würdigen.

Plötzlich fiel der Mutter auf, dass Steffen Aaron im besten Sessel sitzen ließ, wenn sie zusammen fernsahen. Es war ihr bislang nie aufgefallen, dass er das tat. Ihr wurde auch bewusst, dass Steffen sich jeden Abend die Zähne putzte, ohne sich zu beschweren, und dass er oft liebevoll mit seinem kleinen Bruder mit Legosteinen spielte.

Der Vater bemerkte plötzlich, dass Steffen recht oft seiner Mutter gehorchte, ohne dazu mehr als einmal aufgefordert zu werden. Und er hörte, wie Steffen sagte: „War aber schon richtig gut!", als sein Bruder den Basketballkorb im Hof zu treffen versuchte und dabei nicht besonders erfolgreich war.

Und als den Eltern all dies auffiel, gingen sie dazu über, Steffen zu zeigen, wie sehr sie sich darüber freuten.

„Schatz, es war wirklich toll, dass du Aaron deinen Baseballhandschuh ausgeliehen hast."

„Es ist super, dass ihr beide so friedlich miteinander spielt und dass ihr zusammen mit den Spielsachen spielt. Ihr macht das wirklich gut."

„Hey, Junge. Ich bin richtig stolz auf dich, dass du gleich gehorcht hast, als Mama dir gesagt hat, du sollst deine Schuhe anziehen! Du bist gleich aufgestanden und hast das gemacht – das war echt gut!"

Als die Familie einige Wochen später wieder in meine Sprechstunde kam, erzählten sie mir, was sie im Umgang mit Steffen alles geändert hatten. „Ich glaube, er merkt, dass wir mehr auf ihn achten", meinte die Mutter.

„Und ich glaube, er freut sich ziemlich drüber", fügte der Vater hinzu.

„Haben Sie bemerkt, dass sich irgendetwas an seinem Verhalten geändert hat?", wollte ich wissen.

„Würde ich schon sagen", sagte die Mutter fröhlich. „Es klappt natürlich noch lange nicht alles reibungslos – nicht dass Sie das jetzt denken! Aber ein bisschen besser ist es schon. Und mir tut es auch gut, zu merken, dass Steffen viele Dinge richtig macht."

Vielleicht haben Sie wirklich noch nicht allzu viele Gedanken daran verwendet – aber Reibereien unter Geschwistern lassen sich wirklich auch dadurch reduzieren, dass man positives Verhalten bestärkt. Eigentlich ist das ja auch logisch: Je mehr Ihre Kinder friedlich und rücksichtsvoll miteinander umgehen, desto weniger können sie zanken und sich streiten. Kinder nehmen mehr Rücksicht aufeinander und streiten weniger miteinander, wenn ihre Eltern einen Blick dafür haben, dass es gut läuft, und ihre Kinder in diesem guten Verhalten auch entsprechend bestärken. Es gibt zwei Arten, wie Sie Ihre Kinder darin bestärken können, das Richtige zu tun, und sie sollen hier beide vorgestellt werden.

Aufmerksamkeit und Lob

Wir möchten alle gern beachtet und gelobt werden. Kennen Sie irgendjemanden, der sich nicht freut, wenn man ihm sagt, dass er etwas gut gemacht hat, oder wenn man ihm auf die Schulter klopft und ihm sagt, dass seine harte Arbeit wirklich geschätzt wird? Ken Blanchard und Spencer Johnson haben durch ihren Bestseller *Der Minuten-Manager* die Arbeitswelt revolutioniert, als sie dieses Prinzip einfach auf das Verhältnis zwischen Vorgesetzten und Untergebenen anwandten. Schauen wir uns doch einmal an, wie viel Gutes ein bisschen Aufmerksamkeit und Lob am Arbeitsplatz bewirken können, wenn sie unmittelbar auf eine gute Leistung folgen.

> *Der junge Mann schrieb eifrig in seinem Notizbuch herum und fragte dann: „Mr. Levy, was passiert denn eigentlich, wenn der Minuten-Manager bemerkt, dass Sie etwas richtig machen?"*
> *„Dann lobt er mich eine Minute lang", sagte Levy, und seine Begeisterung war ihm deutlich anzumerken.*
> *„Und wie hat man sich das vorzustellen?", wollte der junge Mann wissen.*
> *„Naja, wenn er merkt, dass man etwas gut gemacht hat, kommt er herüber und berührt einen. Er legt einem dazu die Hand auf die Schulter oder so etwas."*
> *„Stört Sie das denn nicht?", fragte der junge Mann etwas skeptisch. „Ich meine – wenn er Sie berührt?"*
> *„Nein, nein!", sagte Levy mit Nachdruck. „Ganz im Gegenteil, das ist sogar sehr hilfreich. Daran merke ich ja, dass ich ihm wirklich persönlich wichtig bin und dass er möchte, dass es mir gut geht ... Er berührt mich ja nur ganz kurz, aber es vermittelt mir, dass er auf meiner Seite ist. Naja, und dann schaut er einem direkt in die Augen und sagt einem ganz genau, was man richtig*

gemacht hat. Und dann sagt er einem, wie sehr er sich darüber freut."

„Ich glaube, ich habe noch nie von einem Geschäftsführer gehört, der so etwas tun würde", überlegte der junge Mann. „Das tut Ihnen bestimmt ganz schön gut!"

„Oh ja, das kann man sagen", bestätigte Levy.

Ob es nun am Arbeitsplatz, auf dem Fußballfeld oder in Ihrer Familie ist – wer von den Verantwortlichen ausgiebig gelobt wird, hat umso mehr Grund, sein gutes Verhalten auch in Zukunft fortzusetzen. Was Ihre Familie betrifft, so sind Sie als Eltern diese „Verantwortlichen". Im ersten und dritten Schritt ist bereits angeklungen, wie Sie Ihr Lob formulieren, wie Sie Ihren Kindern durch Streicheleinheiten Ihre Liebe vermitteln und wie Sie mit Worten immer wieder die Beziehung zwischen Ihnen selbst und den Kindern – und damit auch zwischen den Geschwistern untereinander – stärken können. In diesem Kapitel geht es dagegen mehr darum, das positive Verhalten der Geschwister innerhalb dieser Beziehungen zu unterstützen. Die Kinder sollen lernen, dass sich Rücksichtnahme und Respekt untereinander auszahlen. Je mehr Ihren Kindern bewusst wird, wie sehr sich dieses gute Verhalten lohnt, desto mehr werden sie sich auch bewusst gut verhalten *wollen.*

Belohnungen

Sie können Ihre Kinder auch zu gutem Verhalten anspornen, indem Sie Ihnen Belohnungen in Aussicht stellen. Es gibt ja eine Fülle von Dingen, die Ihre Kinder gerne tun – mit besonderen Lieblingsspielzeugen spielen, bevorzugte Süßigkeiten naschen, fernsehen, Musik hören, in den Zoo gehen, telefonieren, Videospiele spielen, Essen gehen, Videos anschauen, Freunde zum Übernachten einladen und so weiter. Ihnen ist beim Lesen dieser Liste vielleicht schon aufgefallen, dass einige dieser Dinge sich gut in das tägliche Alltags-Miteinander einbauen lassen, während andere ein bisschen mehr Planung erfordern. Entscheidend ist immer, dass diese Aktivitäten Anreize für Ihre Kinder darstellen.

Bevor Sie sich jetzt Sorgen machen, dass das alles auf eine skrupellose Bestechung ungeahnten Ausmaßes hinausläuft, möchte ich Sie gerne beruhigen. Es geht hier um alles andere als Bestechungen. Ihre Kinder erleben all diese Dinge ja *jetzt schon* mehr oder weniger regelmäßig. Das ist genauso wenig Bestechung wie der Gehaltsscheck, den Sie sich am Monatsende abholen, weil Sie Ihre Arbeit gemacht haben. Wenn Sie Ihren Kindern bestimmte Begünstigungen nur für eine Gegenleistung einräumen, vermitteln Sie ihnen damit auf eindrückliche Weise, dass sich in Ihrer Familie nur respektvolles Verhalten auszahlt.

Alltägliche Privilegien, wie fernsehen, lassen sich besonders leicht einsetzen, um gutes Benehmen zu fördern. Alle Kinder, die das entsprechende Verhalten an den Tag legen, können in den Genuss dieser kleinen Privilegien kommen. Nehmen wir einmal an, Ihre beiden Kinder schauen friedlich zusammen fern; ihre Belohnung sieht dann so aus, dass sie weiter fernsehen dürfen. Wenn eines der Kinder sich danebenbenimmt, während das andere sich *ganz offensichtlich* richtig verhält, muss das erste Kind aufhören (und wird in sein Zimmer geschickt), während das zweite weiterschauen darf. Wenn beide Kinder sich rücksichtslos und unfreundlich verhalten, bleibt der Fernseher für beide aus. Wenn Sie selbst nicht so ganz sicher sind, wer nun wem wie Unrecht getan und sich damit um die Belohnung gebracht hat, schalten Sie den Fernseher einfach aus, bis die beiden sich wieder einig sind; schließlich sollen Ihre Kinder lernen, sich zu vertragen. Diese Regel lässt sich bei so ziemlich allem anwenden, was Ihre Kinder gerne tun – solange es ihnen den Grundsatz klar macht, dass es sich lohnt, nett zueinander zu sein.

ZUM SCHMUNZELN

Was unter Aufmerksamkeit und Lob *nicht* zu verstehen ist:

1. Sie sagen Ihren Kindern, dass Sie ihr „allerbester Freund“ sind, wenn sie heute einmal nicht streiten.
2. Sie machen Ihren Kindern Mut: Weil sie sich heute im Auto nicht gehauen und getreten haben, wird das große grüne Sumpfmonster sie noch einen weiteren Tag verschonen.
3. Sie werfen Ihren Kindern immer, wenn sie gerade die Finger voneinander lassen, ein paar Smarties zu.

4. Sie markieren im Kalender jeden Tag, an dem es keinen Streit gab, mit einem dicken Stern. Bei fünf Sternen gibt es einen neuen Porsche.
5. Sie versprechen Ihren Kindern, dass sie für jeden Tag, an dem sie nicht streiten, am Schuljahresende einen Tag weniger zur Schule müssen.

Ein anderer, sehr einfacher Weg, Ihre Kinder zu belohnen, besteht in besonderen Aktionen, die Ihre Kinder immer dann unternehmen dürfen, wenn sie sich über einen längeren Zeitraum gut verstanden haben. Sie können zum Beispiel in regelmäßigen Abständen einen Abend mit Pizza und einem Videofilm einrichten, der nur dann stattfindet, wenn Ihre Kinder sich respektvoll verhalten haben. Legen Sie genau fest, was unter „richtigem" (teilen, zusammen spielen, höflich miteinander reden) und „falschem" Verhalten (raufen, Schimpfnamen, schreien) zu verstehen ist. Für jeden Tag, an dem Ihre Kinder sich an diese Regeln halten, machen Sie ein Kreuz im Kalender. Bei fünf Kreuzen ist es Zeit für den besonderen Pizza-und-Video-Abend, den Sie schon in Aussicht gestellt haben. Danach lassen Sie Ihre Kinder etwas anderes festlegen, das sie gerne tun würden. Diesmal müssen sechs Kreuze im Kalender stehen, bis sie ihre Belohnung bekommen. Und so weiter.

Vier Schritte, Ihre Kinder zu bestärken

Um das Verhalten Ihrer Kinder durch Loben und Belohnungen tatsächlich langfristig zu verbessern, gehen Sie am besten nach einem kleinen Vier-Punkte-Plan vor. Er ist überhaupt nicht schwer zu lernen – und er ist absolut notwendig, wenn Ihre Versuche, das positive Verhalten Ihrer Kinder zu fördern, von Erfolg gekrönt sein sollen.

1. Legen Sie Ihre Ziele fest

Es gibt ein altes Sprichwort: „Man kann nicht ins Schwarze treffen, wenn man keine Zielscheibe hat." Stellen Sie eine Liste zusammen, auf der Sie all das festhalten, was Ihre Kinder unbedingt lernen sollen: friedlich zusammen spielen zum Beispiel, teilen, sich abwechseln, einander den Vortritt lassen, ohne Handgreiflichkeiten nebeneinander auf dem Rücksitz sitzen, höflich miteinander reden, negative Gefühle auf eine positive Weise ausdrücken, „Bitte" und „Danke" sagen oder andere loben ... Eine solche Liste kann ganz schön lang sein.

Nachdem Sie alle diese Dinge auf Ihre Liste gesetzt haben, ordnen Sie sie nach ihrer Wichtigkeit. Was Ihnen am dringendsten erscheint, kommt ganz nach oben. Achten Sie darauf, dass die Punkte, die Sie nennen, konkret und überprüfbar sind. „Die Kinder sollen einander mögen" ist zum Beispiel kein besonders gutes Ziel, weil es eine innere Haltung beschreibt und kein Verhalten, das man beobachten könnte. Dagegen ist „die Kinder sollen zehn Minuten miteinander spielen, ohne sich anzuschreien oder aufeinander loszugehen" ein klar definiertes Ziel, das sich gut überprüfen lässt.

Wenn Sie Ihre Liste auf diese Weise überarbeitet haben, konzentrieren Sie sich zunächst auf die beiden Ziele, die Sie ganz oben angesetzt haben. Nehmen wir einmal an, Ihre beiden wichtigsten Ziele für Jan und Susie sind a) den anderen auch mit den eigenen Spielsachen spielen lassen und b) friedlich zehn Minuten miteinander spielen. Das sind großartige Ziele; als Nächstes geht es darum, wie Sie sie umsetzen können.

2. Reagieren Sie sofort

Wenn Sie ins Schwarze treffen wollen, müssen Sie sorgfältig zielen. Das heißt, ständig die Augen offen zu halten und *jedes Mal* zu reagieren, wenn Ihre Kinder die gewünschten Dinge tatsächlich tun. In unserem Beispiel heißt das, dass Sie immer dann, wenn die Geschwister friedlich zehn Minuten miteinander spielen, darauf eingehen.

Die meisten von uns müssen ganz schön lange üben, bis sie das können. Wir sind alle ziemlich gut darin, das negative Verhalten unserer Kinder zu bemerken und darauf zu reagieren – aber was es Positives gibt, entgeht uns dabei. Und dabei kommt es genau darauf an! Im Prinzip müssen Sie Ihre Ziele schon im Auge behalten, *bevor* Ihre Kinder überhaupt irgendetwas tun, sei es nun positiv oder negativ. Seien Sie besonders wachsam, wenn sich eine Situation anbahnt, die ein bestimmtes Verhalten sehr wahrscheinlich macht. Wenn Jan und Susie beispielsweise in einem Raum sind und miteinander spielen, sollten Sie darauf achten, ob Jan tatsächlich seiner Schwester etwas von seinen Spielsachen abgibt – oder sie ihm – und Sie sollten auch ein Auge auf die Uhr haben, um zu sehen, wann zehn Minuten „streitfreies Spielen“ um sind.

Marie war eine jener frustrierten Mütter, die es sehr schwer fand, irgendein positives Verhalten an ihren beiden Kindern im Grundschulalter zu entdecken. Ich ging das Konzept der zwei Hauptziele mit ihr durch und erklärte ihr, dass sie sich würde anstrengen müssen, um das positive Verhalten ihrer Kinder überhaupt zu bemerken und entsprechend würdigen zu können. Nach unserem Gespräch ging Marie mit dem festen Vorsatz nach Hause, diesen Blick auf das Positive zu üben.

Als ich sie in der darauf folgenden Woche wieder traf, fragte ich sie: „Und, wie geht's Jeremias und Teresa?“

„Die haben sich richtig gut vertragen“, strahlte sie. „Sie streiten natürlich immer noch hin und wieder, aber sie sind viel besser miteinander ausgekommen als sonst.“

„Glauben Sie, dass sie sich tatsächlich besser vertragen“, dachte ich laut nach, „oder bemerken Sie es nur mehr, wenn sie einmal nicht streiten?“

Marie merkte, worauf ich hinauswollte, und lächelte. „Keine Ahnung“, meinte sie. „Wahrscheinlich beides.“

Sie sollten sich vornehmen, in achtzig bis hundert Prozent der Fälle zu bemerken, wenn Ihre Kinder tatsächlich das gewünschte Verhalten an den Tag legen. Die meisten Eltern sind genauso überrascht wie Marie, wenn Ihnen bewusst wird, wie viel richtiges und gutes Benehmen sie die ganze Zeit übersehen haben. Und sobald es Ihnen auffällt, sollten Sie es kommentieren. Wie Sie das tun können, sehen Sie im nächsten Schritt.

3. Sprechen Sie das positive Verhalten an – und seine positiven Folgen

Wenn Ihre Kinder sich so verhalten, wie Sie sich das erklärtermaßen von ihnen wünschen, gehen Sie sofort zu ihnen und berühren Sie sie freundschaftlich an der Schulter oder am Arm. Sagen Sie ihnen, was sie gerade richtig gemacht haben, und vergessen Sie nicht hinzuzufügen, wie froh Sie darüber sind. Weisen Sie darauf hin, wie gut ihr Benehmen für alle ist: man hat mehr Spaß zusammen, man kommt viel besser miteinander klar, es ist gut für das Familienklima und so weiter.

Ihre Kinder sollten drei Dinge begreifen:

1. Die Kinder haben sich – bewusst oder unbewusst – entschieden, im Umgang miteinander etwas richtig zu machen.
2. Die Eltern haben es bemerkt und haben sie dafür gelobt.
3. Die Entscheidung, das Richtige zu tun, lohnt sich also.

Im Folgenden zeige ich Ihnen anhand einiger Beispiele, wie das praktisch aussehen könnte.

Situation: Alex und Tim haben zehn Minuten zusammen mit ihren Autos gespielt und dabei nicht gestritten.

Mutter: *(geht hinüber und legt beiden eine Hand auf die Schulter)* „Hey, ihr zwei, ihr macht das richtig toll! Jetzt habt ihr schon ganz lange miteinander gespielt, und ich habe gemerkt, dass ihr euch die Autos gegenseitig ausgetauscht habt. Kein Wunder, dass ihr so viel Spaß habt. Ich gucke euch richtig gerne zu!“

Situation: Cora bietet Jennifer an, ihr bei den Hausaufgaben zu helfen.

Vater: *(geht zu den beiden und klopft ihnen beiden auf den Arm)* „Cora, das ist echt gut, dass du deiner Schwester bei den Hausaufgaben helfen möchtest. Und Jennifer, ich bin ganz stolz, dass du so hart arbeitest und nicht aufgibst. So kommst du weiter. Du machst das wirklich gut.“

Situation: Auf dem Weg zum Einkaufen sitzen die Kinder friedlich auf dem Rücksitz.

Mutter: „Ich bin hin und weg, wie friedlich ihr im Moment alle im Auto sitzt und euch unterhaltet. Keiner schimpft, und wir haben alle eine Menge Spaß, scheint mir. Und keiner haut oder tritt den anderen. Ihr macht das wirklich gut. Und wisst ihr was – wenn ihr so weitermacht, holen wir uns alle an dem Imbissstand eine Portion Pommes mit gaaanz viel Ketchup. Was haltet ihr davon?"

4. Bleiben Sie dran

Der letzte wichtige Schritt auf dem Weg, positives Verhalten bei Ihren Kindern zu bestärken, besteht darin, dass Sie konsequent am Ball bleiben. Stellen Sie sich einfach die beiden folgenden Familien vor:

1. Die Eltern von Mark und Jim bemerken und kommentieren ungefähr dreimal im Monat, wenn die Jungs sich richtig verhalten.
2. Die Eltern von Debbie und Ruth bemerken und kommentieren ungefähr neunzigmal im Monat, wenn die Mädchen sich richtig verhalten (das ist auch nur dreimal täglich!)

Im Verlauf von drei Monaten sind Debbie und Ruth zweihunderteinundsechzigmal *mehr* für ihr Benehmen gelobt worden als Mark und Jim. Was denken Sie wohl, wer sich mittelfristig eher angespornt sieht, sich weiter rücksichtsvoll und höflich zu verhalten?

Goethe verdanken wir die Weisheit: „Wie du die Menschen siehst, so behandelst du sie. Und wie du sie behandelst, so werden sie schließlich." Wenn Sie Kinder haben wollen, die sich vertragen, fangen Sie am besten gleich an, nach diesem Verhalten Ausschau zu halten. Wenn Sie richtiges Verhalten gleich bemerken und loben, helfen Sie den Kindern, dieses Verhalten selbst auch wahrzunehmen und positiv zu bewerten. Wenn sie es sehen und immer mehr von den Vorteilen überzeugt sind, die es mit sich bringt, werden sie sich auch immer weiter so verhalten wollen. Und mit der Zeit wird es ihnen immer besser gelingen. Je besser es ihnen gelingt, desto leichter fällt es ihnen auch. Und je leichter es ihnen fällt, desto selbstverständlicher wird es.

Wir alle tun gern Dinge, die sich auszahlen. Achten Sie darauf, dass Ihre Kinder immer spüren, dass es sich lohnt, „andere so zu behandeln, wie man selbst auch behandelt werden möchte“ (Lk 6,31) – auch wenn es nicht immer ganz einfach ist. Was sie sich jetzt als Kinder angewöhnen, wird nicht nur Ihrer Familie zugute kommen; sie werden ein ganzes Leben lang davon profitieren.

VIER SCHRITTE, IHRE KINDER ZU BESTÄRKEN

1. Legen Sie Ihre Ziele fest.
2. Reagieren Sie sofort.
3. Sprechen Sie das positive Verhalten an – und seine positiven Folgen.
4. Bleiben Sie dran.

ZUM NACHDENKEN

1. Schreiben Sie fünf positive Verhaltensweisen auf, die Sie bei Ihren Kindern gerne häufiger sehen würden.
2. Lesen Sie Jeremia 32,19, Epheser 6,8 und Hebräer 11,6. Gott lässt keinen Zweifel darüber aufkommen, dass er die belohnt, die seine Gebote befolgen. Wie sehr spüren Ihre Kinder, dass das bei Ihnen auch der Fall ist?
3. Wie können Sie das positive Verhalten Ihrer Kinder noch nachhaltiger bestärken als bisher?
4. An welchem der vier Schritte auf dem Weg, Ihre Kinder zu bestärken, müssen Sie selbst noch am meisten arbeiten?
5. Nennen Sie fünf Belohnungen, die Sie Ihren Kindern für gutes Verhalten in Aussicht stellen können.
6. Stellen Sie einen einfachen Plan auf, wie Sie Ihre Kinder in vorbildlichem Verhalten bestärken können.
7. Überlegen Sie, wie Sie Ihre Kinder loben und mit Worten bestärken können.

EINLADUNG ZUM GEBET

Schließen Sie diese Zeit mit Gebet. Bitten Sie Gott, Ihnen zu helfen, Ihre Kinder so zu sehen, wie er sie sieht – mit all dem Potenzial, das er in sie hineingelegt hat, und mit all den guten Dingen, die er noch mit ihnen vorhat. Bitten Sie ihn, dass er Ihnen die Augen öffnet für die Gelegenheiten, in denen Ihre Kinder sich schon richtig und zuvorkommend verhalten, und dass er Ihnen hilft, Ihre Kinder in diesem guten Verhalten weiter zu ermutigen. Bitten Sie ihn, dass er Ihnen hilft, den Kindern zu vermitteln, dass sich Freundlichkeit und Rücksichtnahme immer auszahlen.

ÜBUNG MACHT DEN MEISTER

1. Wie können Sie Ihren Kindern Aufmerksamkeit schenken und sie loben, wenn Sie beim gemeinsamen Stadtbummel bemerken, dass sie respektvoll und freundlich miteinander umgehen?
2. Wie können Sie Belohnungen einsetzen, um Ihre Kinder dazu anzureizen, einander mit freundlichen Worten Mut zu machen?

(Beispielantworten finden Sie auf Seite 249/250.)

Wählen Sie für Ihr Familientreffen diesmal aus den Anleitungen zum Familiengespräch Nr. 6–8 oder 11–14 etwas aus, das Ihnen vielversprechend erscheint. (Seite 205ff oder Seite 226ff)

Neunter Schritt
Bestrafen Sie respektloses Verhalten

Nanni hatte drei Kinder im Alter von fünf, sieben und zehn Jahren. Sie saß in meinem Büro und erzählte mir, dass ihre Kinder von morgens bis abends zankten und wie belastend sich das auf die ganze Familie auswirkte. In letzter Zeit war es sogar öfter so weit gekommen, dass Nick, der Älteste, seine Geschwister schlug, wenn er sich über sie ärgerte. Nanni und ihr Mann nahmen das mit Sorge wahr und fragten sich, was sie tun konnten.

Wir gingen eine ganze Reihe von Fragen durch, wie ich sie Eltern immer im ersten Gespräch stelle, um mir einen Überblick über die Situation zu verschaffen. Irgendwann waren wir an dem Punkt angelangt, an dem ich Nanni fragte, was sie und ihr Mann bisher unternommen hatten, um dem wüsten Treiben Einhalt zu gebieten: „Was haben Sie denn schon alles ausprobiert?“, wollte ich wissen.

„Och, so das Übliche, würde ich denken“, meinte Nanni.

„Wie wär's, wenn Sie mir einfach mal aufzählten, welche Maßnahmen Sie so ergreifen, wenn die Kinder über die Stränge schlagen?“, schlug ich vor. „Nehmen Sie das, was Sie am häufigsten machen, zuerst.“

Nanni dachte eine Weile angestrengt nach, und die ehrliche Antwort, die sie mir dann gab, entsprach der, die ich schon von sehr vielen Eltern gehört habe. „Naja, wenn ich ihnen sage, sie sollen aufhören, und sie machen einfach weiter“, erzählte Nancy, „dann schrei ich sie an.“

Hat irgendeiner von uns noch nie seine Kinder angeschrien? Leider ist das eine der häufigsten Reaktionen, die wir selbst als Kinder erlebt haben, wenn wir uns mit unseren Geschwistern gestritten haben – und zu allem Übel ist sie auch noch ziemlich wirkungslos. Es ist völlig in Ordnung, dass Sie auch einmal etwas lauter werden, wenn Sie sich gleichzeitig unter Kontrolle haben und grundsätzlich respektvoll bleiben – aber es ist nicht akzeptabel und verfehlt seinen Sinn auch völlig, wenn Sie unkontrolliert herumbrüllen und schreien. Das Problem ist nicht nur, dass Schreien nichts, aber auch gar nichts dazu beiträgt, dass Ihre Kinder sich mittelfristig besser vertragen. Wenn Sie Ihre Kinder anschreien, geben Sie ihnen damit ein Beispiel für ein Verhalten, das Sie auf keinen Fall bei Ihren Kindern sehen wollen.

Was wollen Sie erreichen, wenn Sie auf negative Verhaltensmuster Ihrer Kinder reagieren? Was wollen Sie Ihren Kindern durch die Art und Weise, wie Sie mit ihren Streitigkeiten und kleinen Kämpfen umgehen, vermitteln? Vermutlich stimmen Sie mir zu, dass Ihre Kinder gut daran täten, die folgenden vier Punkte zu verinnerlichen:

- Es lohnt sich nicht, anderen gegenüber unhöflich und gemein zu sein.
- Es ist nicht gut, wenn man anderen durch das, was man sagt oder tut, wehtut.
- Wenn man egoistisch oder rücksichtslos handelt, kommt dabei nie etwas Gutes heraus.
- Wenn man Gottes Geboten folgt und man liebevoll miteinander umgeht, wirkt sich das positiv aus. Wenn man diese Gebote dagegen nicht beachtet, hat das immer negative Folgen.

Paulus erinnert die Christen in Galatien an diese Grundwahrheit: „Irret euch nicht! Gott lässt sich nicht spotten. Denn was der Mensch sät, das wird er ernten. Wer auf sein Fleisch sät, der wird von dem Fleisch das Verderben ernten; wer aber auf den Geist sät, der wird von dem Geist das ewige Leben ernten." (Gal 6,7-8)

Wie man schlechtem Verhalten einen Riegel vorschiebt

Wenn es um Ermahnen und Strafen geht, ist die erste Frage, die sich Eltern stellen müssen, die: Wann greifen wir ein? Manche Berater empfehlen eine Laisser-Faire-Haltung, bei der man sich möglichst überhaupt nicht einmischt und es den Kindern selbst überlässt, Probleme unter sich auszumachen. Andererseits haben wir in den Kapiteln sechs und sieben schon gesehen, dass den meisten Kindern die Fähigkeit, Konflikte zu lösen, nicht gerade zufällt. Wenn man Kindern nicht beibringt, wie sie Probleme und Streitigkeiten konstruktiv lösen können, haben wir überhaupt keinen Grund zu der Annahme, dass sie ihre Konflikte tatsächlich in den Griff bekommen, sobald man sie ganz sich selbst überlässt.

Wenn Kinder „alles unter sich selbst ausmachen" müssen, kann es dazu führen, dass ein Kind immer mehr über das andere bestimmt, vor allem wenn die Eltern gerade nicht hinsehen. Das schwächere Kind fühlt sich auf Dauer unterlegen und findet sich schließlich mit seiner Rolle als Versager ab – was wiederum dazu führt, dass das stärkere in seiner Tyrannenposition gestärkt wird.

Die Beziehungen der Geschwister untereinander können sich nachhaltig verbessern und die Kinder lernen, Probleme selbst zu lösen, wenn die Eltern bei Streitigkeiten eingreifen. Der Grund dafür liegt im positiven Vorbild, das Kindern dabei gegeben wird: Sie können beobachten, wie die Eltern im Streitfall angemessen reagieren und konstruktive Lösungen finden, und das wiederum veranlasst sie selbst, diesem Beispiel nachzueifern. Auf längere Sicht gesehen führt das zu weniger Konflikten und die Eltern müssen seltener einschreiten.

Ich schlage Eltern immer eine Mischform vor. Konkret bedeutet das, dass Sie Ihren Kindern zunächst einmal die Grundlagen vermitteln, wie sie Probleme und Konflikte konstruktiv angehen können. Beim nächsten Streit geben Sie den Kindern die Gelegenheit, selbst auszuprobieren, wie weit sie mit ihren Problemlösungsstrategien kommen. Wenn Sie merken, dass die Kinder an ihre Grenzen stoßen und der Konflikt eskaliert, greifen Sie ein. Und gelegentlich können Sie sich auch schon einmischen, bevor nichts mehr zu retten ist und Sie alle Kinder auf ihr Zimmer schicken müssen; mit Ihrer Hilfe schaffen es die Streithähne vielleicht doch noch, das Ruder noch herumzureißen und dem Konflikt eine konstruktive Wendung zu geben.

Strafen

Es gibt zwei Hauptarten von Strafen, die Sie Ihren Kindern gegenüber zur Anwendung bringen können; die erste besteht darin, dass sie aus dem Zimmer geschickt werden, die zweite in Maßnahmen, die mit dem eigentlichen „Vergehen" in direktem Zusammenhang stehen. Sehen wir uns die beiden Formen der Strafe einmal genauer an:

ZUM SCHMUNZELN

Anlass	gute Idee	schlechte Idee
1. Streit um die Fernbedienung	Fernseher bleibt für den Rest des Tages aus	Alle Kinder werden weggeschickt – in verschiedene Länder.
2. Heftiger Streit auf dem Autorücksitz	fünf Minuten, in denen keiner redet	Werfen Sie eine Münze, welches der Kinder zur Adoption freigegeben wird.
3. Schimpfnamen rufen	jedes Mal fünfzig Cent Strafe	Die Kinder sollen sich an den Händen fassen, einander tief in die Augen blicken und sagen: „Piep, piep, piep, wir haben uns alle lieb."
4. Tritte unter dem Esstisch	Zwangspause und/oder Ende der Mahlzeit	Die ganze Familie sieht sich zusammen einige Folgen der *Simpsons* an, um zu lernen, wie Geschwister miteinander umgehen sollten.
5. Streit, wie das Hündchen denn nun heißen soll, das Sie anschaffen wollen	die Kinder sollen sich eine Methode ausdenken (Namen auf Zettel schreiben und einen ziehen; jeder nennt zwei Namen und die Eltern wählen schließlich einen aus ...)	Sagen Sie den Kindern, dass es das Hündchen nur im Austausch gegen eins von ihnen geben wird

Zwangspausen

Dass man zwei- bis zwölfjährige Kinder, die sich danebenbenehmen, aus dem Zimmer schickt, hat sich schon seit Jahren bewährt. Solche Zwangspausen können dazu beitragen, den Streit zwischen Geschwistern zu reduzieren.

Wenn sich gleich mehr als eines Ihrer Kinder danebenbenimmt, können Sie sie zur Zwangspause gleichzeitig in verschiedene „Exile“ schicken. Das bedeutet, dass Sie mehrere Orte in Ihrem Haus vorsehen sollten, um Ihre kleinen Exilanten aufzunehmen. Zwangspausen bieten sich schon deswegen an, weil sie Streitigkeiten zwischen Geschwistern sofort zu einem Ende bringen. Die Kinder haben dadurch die Möglichkeit, sich zu beruhigen und ihre Gedanken zu ordnen. Am Ende der Auszeit ist es dann oft sehr viel einfacher, den Streit konstruktiv zu lösen.

Direkte Folgen

Oben haben wir schon gesehen, wie man mit Belohnungen oft einen Anreiz für respektvolles Verhalten schaffen kann. Die Kehrseite ist die, dass Kinder diese speziellen Sonderrechte verlieren, wenn sie sich nicht entsprechend verhalten. Obwohl es natürlich grundsätzlich möglich ist, einem Kind ein beliebiges Recht zu entziehen, ist es doch sehr viel sinnvoller, wenn die Strafe in einem direkten Verhältnis zur Art des Vergehens steht.

Wenn Ihre Kinder beispielsweise über die Fernbedienung streiten, ist es sinnvoll, den Fernseher auszuschalten – entweder so lange, bis sie sich einig geworden sind, oder sogar für den Rest des Tages.

Während eines Beratungsgesprächs mit dem zwölfjährigen Robin und dem fünfzehnjährigen Georg kamen wir auf die ständigen Streitigkeiten der beiden zu sprechen, wer nun wie lange am Computer sein dürfte.

„Wenn ich am Computer sitze“, begann Robin, „kommt er einfach an und schreit und behauptet, ich wäre schon viel zu lange dran – auch wenn ich gerade erst angefangen habe.“

„Du sitzt ja auch ständig am Computer“, beschwerte sich Georg, „und du stellst dir nie den Wecker!“

„Naja, aber deswegen musst du mich doch nicht gleich anschreien", gab Robin zurück.

„Und du musst mich nicht anmeckern, dass ich den Mund halten soll!", schimpfte Georg.

„Naja", wendete sich Robin mit einem schiefen Grinsen an mich, „und dann kommt meistens Papa und schreit uns beide an."

„Warum schaltet er den Computer nicht einfach aus?", fragte ich. „Wenn ihr beide nicht vernünftig am Computer spielen könnt, verstehe ich gar nicht, warum ihr das überhaupt noch dürft."

Sie starrten mich beide fassungslos an, und schon der Gedanke an eine solche Horrorvorstellung verschlug ihnen ganz offensichtlich die Sprache. Sie hatten diese Möglichkeit noch nie in Erwägung gezogen. Ihr Vater hatte sich nicht anders zu helfen gewusst, als sie seinerseits anzuschreien, was lediglich zur Folge hatte, dass die Jungen warteten, bis er wieder aus dem Raum ging und ihre Streitigkeiten etwas leiser weiterführten. Viel erfolgversprechender wäre es wahrscheinlich gewesen, wenn der Vater sie sachlich davon in Kenntnis gesetzt hätte, dass ihr Verhalten dazu führte, dass der Computer ausgeschaltet wurde. Ich sagte dies den Eltern der Jungen, und schon wenige Wochen später erfuhr ich, dass die Kämpfe der beiden Jungen am Computer seltener geworden waren.

Fünf Prinzipien zum Thema Strafen

Wie Sie Ihren Kindern ihre Strafe mitteilen, ist ebenso entscheidend wie die Strafe selbst. Was auch immer Sie tun, sollte den Reibereien zwischen Ihren Kindern unmittelbar ein Ende setzen und sie möglichst davon abhalten, Ähnliches in Zukunft wieder zu tun.

Reagieren Sie sofort

Im letzten Kapitel haben wir schon gesehen, dass sich Ihr Kind irgendetwas davon verspricht, dass es sich für ein bestimmtes Verhalten entscheidet. Es ist Ihre Aufgabe, Ihrem Kind dieses Erfolgserlebnis zu rauben, wo es sich respektlos und unfreundlich benimmt. Am besten geht das, wenn die Strafe auf dem Fuß folgt, *sobald* Sie eines Ihrer Kinder bei irgendeinem negativen Verhalten ertappen.

Ihre Kinder sollten lernen, dass Unhöflichkeit und Streitsucht Folgen haben, und zwar sofort. Wenn Samuel und Jan in der Garageneinfahrt Basketball spielen und anfangen, sich verbal zu attackieren, gibt es wirklich keinen Grund, weshalb Sie untätig zusehen sollten, wie der Streit eskaliert und sich zwischen den Jungen eine Mauer von Ärger und Bitterkeit aufbaut. Nehmen Sie die beiden *sofort* zur Seite und helfen Sie den Kindern, ihre Gedanken und Gefühle auf eine angemessenere Weise auszudrücken. Wo Ihre Kinder uneinsichtig bleiben, können Sie eine Zwangspause verordnen oder das Spiel beenden.

Mama: „Hey, Jungs, kommt mal beide hier rüber. Samuel, ich habe gehört, dass du Jan beschimpft hast. Kannst du mir mal erklären, warum du ihn eine Niete nennst?"

Samuel: „Er trifft immer daneben, und dann landet der Ball in den Büschen und ich muss ihn mir holen."

Jan: „Aber der Korb hängt viel zu hoch!"

Samuel: „Hängt er nicht. Du hast das ja sonst auch schon geschafft."

Mama: „In Ordnung, ich hab schon verstanden. Samuel, aber musst du ihn eine Niete nennen? Ist das ein freundlicher Umgangston?"

Samuel: „Nö, wahrscheinlich nicht."

Mama: „Das stimmt, es war nicht besonders nett. Wenn ich noch einmal höre, wie du so etwas sagst, ist für dich Schluss mit Spielen und du gehst auf dein Zimmer. Verstanden?"

Samuel: „Ja, Mama."

Mama: „Gut. Was sagst du nun zu Jan?"

Samuel: „Tut mir Leid, dass ich dich eine Niete genannt habe. Aber Mama – muss ich eigentlich immer den Ball aus den Büschen holen?"

Mama: „Nein, musst du nicht. *(legt beiden Jungs eine Hand auf die Schulter)* Samuel, es war wirklich toll, dass du dich bei Jan entschuldigt hast. Wir überlegen jetzt mal zusammen, wie ihr mehr Spaß haben könnt und euch nicht übereinander ärgern müsst. Jan, wenn du den

Ball danebenwirfst und er landet in den Büschen – was denkst du, wer ihn dann da rausholen sollte?"

Ich habe es schon oft erlebt, dass sich Streitigkeiten zwischen den Geschwistern auf eine höfliche und konstruktive Weise lösen ließen, einfach weil die Eltern früh genug eingeschritten sind. In dem Beispiel oben hat sich die Mutter auf Samuels *Verhalten* konzentriert (ohne ihn mit seinem Bruder zu vergleichen oder ihn in eine Schublade zu stecken), und dann konnte sie den beiden Jungen helfen, nach Lösungen für ihr Problem zu suchen. Weil sie sich gleich einmischte, konnte der Konflikt erst gar nicht eskalieren.

Wenn Sie früh einschreiten, sind die Kinder für gewöhnlich noch nicht so aufgebracht, dass sie nicht mehr klar denken können. Sie schaffen es dann eher, ihre Gedanken und Gefühle respektvoller zu formulieren, und sind für Lösungsvorschläge offen. Wenn sie dazu nicht bereit sind, hat das negative Folgen. Egal, wie es ausgeht – in jedem Fall lernen sie, dass sie nicht weit kommen, wenn sie ihre Geschwister unfreundlich behandeln.

Bleiben Sie ruhig

Wenn Sie Ihren Kindern lange Vorträge halten oder sie anschreien, erreichen Sie damit überhaupt nichts. Sie sollten es sich zum Ziel setzen, Strafen sachlich zu übermitteln, ohne selbst zu explodieren und Ihren Ärger an den Kindern auszulassen. Sagen Sie den Kindern einfach, was sie falsch gemacht haben und was für Folgen das nach sich zieht. Schließlich haben Ihre Kinder die Konsequenzen ihres Fehlverhaltens zu tragen und nicht Sie.

Es wird immer wieder vorkommen, dass Sie selbst sehr aufgebracht sind über das, was Ihre Kinder angestellt haben. Achten Sie gerade dann darauf, dass Sie Ihren Ärger und Ihre Enttäuschung angemessen und ruhig ausdrücken. Sie haben dabei eine großartige Gelegenheit, Ihren Kindern zu demonstrieren, wie es aussehen kann, wenn man wütend ist und trotzdem höflich bleibt. Wenn Sie Ihr Kind auf sein Zimmer schicken, tun Sie das sofort und reden Sie mit ihm erst, wenn die Zwangspause beendet und es aus seinem „Exil" zurückgekehrt ist. Wenn es sich dann immer noch respektlos verhält, brechen Sie die Diskussion ab und schicken Sie es wieder weg, bis es sich unter Kontrolle hat.

Beispiele:

Mama:	„Timmy, du darfst deinen kleinen Bruder unter keinen Umständen schlagen. Du gehst jetzt sofort in dein Zimmer. Komm mit."
Papa:	„Worüber streitet ihr zwei eigentlich? Wir machen das jetzt mal so: Jenny, du setzt dich hier auf diesen Stuhl. Sammy, dich möchte ich auf dem Stuhl hier haben. Keiner von euch sagt ein Wort; ihr könnt jetzt beide nachdenken, was ihr sagen wollt und wie ihr es freundlich sagen könnt. Ich gebe euch zwei Minuten, und dann reden wir über die Sache, okay?"
Mama:	„Also, Jungs, wenn ihr mit den Autos nicht spielen könnt, ohne euch zu streiten, packen wir sie erst einmal weg. Wir versuchen später noch einmal, ob es dann besser klappt."
Papa:	„Tut mir Leid, aber der Fernseher bleibt jetzt erst einmal aus. Wenn ihr beiden euch mit der Fernbedienung nicht einig werden könnt, können wir eben alle nicht fernsehen. Wenn ihr von jetzt an freundlicher miteinander umgeht, versuchen wir es nach dem Abendessen noch einmal."

Achten Sie darauf, wer sich respektlos verhält

Manche Streitigkeiten unter Geschwistern entstehen, wenn alle Beteiligten es an Respekt vermissen lassen, bei anderen dagegen bringt nur eins der Kinder die Geschwister auf die Palme, während diese versuchen freundlich zu bleiben. Es ist wichtig, dass Sie den Grundsatz, richtiges Verhalten zu belohnen und falsches zu bestrafen, nie aus den Augen zu verlieren. Wenn Sie sehen, dass eines Ihrer Kinder sich wirklich bemüht, höflich und rücksichtsvoll zu bleiben, wie Sie es in Ihren Familiengesprächen geübt haben, wäre es verheerend, wenn es mit den ungezogenen Geschwistern zusammen bestraft würde.

Manchmal müssen Sie sich einfach auf Ihr Gefühl oder auf vergangene Erfahrungen verlassen, um zu entscheiden, wer sich hier danebenbenommen hat. Je mehr Sie mit Ihren Kindern aber die Familienregeln einüben, desto leichter wird es auch Ihnen fallen, das Verhalten der Kinder richtig einzuschätzen. Und schließlich liegt es an Ihren Kindern selbst, sich so zu verhalten, dass erst gar keine Missverständnisse entstehen.

Bestehen Sie auf Versöhnung

Im ersten Teil dieses Buches haben wir schon gesehen, wie wertvoll jedes einzelne Familienmitglied in Gottes Augen ist und wie sehr es auf jeden ankommt. Es ist deswegen völlig inakzeptabel, dass die Kinder einander mit Worten oder Taten absichtlich verletzen. Wer einem anderen Familienmitglied wehtut, steht selbst in der Pflicht, die geschädigte Beziehung wieder zu kitten. Gott sind die Beziehungen, die wir Menschen untereinander haben, ungeheuer wichtig, und das sollte auch in Ihrer Familie den Umgang miteinander prägen. Um Beziehungen wiederherzustellen, ist oftmals eine Entschuldigung angesagt.

Papa:	„Anton und David, wie würdet ihr das denn beschreiben, wie ihr gerade miteinander geredet habt?“
Anton:	„Naja, das war nicht so nett.“
Papa:	„David?“
David:	„Er hat aber angefangen!“
Papa:	„Jungs, wir haben doch darüber gesprochen, wie wichtig es ist, dass wir freundlich zueinander sind, auch wenn wir nicht immer einer Meinung sind. Könnt ihr euch daran noch erinnern?“
David:	„Ja-aa.“
Papa:	„Gott will nicht, dass wir uns wehtun mit dem, was wir sagen oder tun – auch wenn wir wirklich wütend sind. Ich habe den Eindruck, dass ihr beide euch gerade ganz schön wehgetan habt. Was meint ihr?“
Anton:	„Ja-aa.“
David:	„Stimmt.“

Papa: „Gut. Wisst ihr auch noch, was wir beschlossen haben: Was machen wir, wenn wir jemandem aus unserer Familie wehgetan haben?"

Anton: „Uns entschuldigen?"

Papa: „Genau. Weil der, der einem anderen wehgetan hat, das dann auch wieder gutmachen soll. *(legt jedem seiner Söhne eine Hand auf die Schulter)* Und ich glaube, ihr habt eben beide ein paar unschöne Dinge zueinander gesagt. Wie können wir das jetzt wieder geradebiegen?"

Anton: *(guckt nach unten)* „Tut mir Leid, was ich gesagt habe."

Papa: „Anton, ich möchte, dass du deinem Bruder in die Augen schaust, wenn du ihm das sagst."

Anton: *(schaut David an)* „Tut mir Leid."

David: *(schaut Anton kurz an)* „Ja. Mir auch."

Papa: *(legt beiden Jungen einen Arm um die Schulter)* „Ich bin wirklich stolz, zu sehen, wie toll ihr das hinbekommen habt. Ihr habt euch entschuldigt, und das ist für unsere ganze Familie wirklich gut. Ich freu mich schon drauf, wenn Mama gleich zurückkommt; ich muss ihr das unbedingt erzählen. Sie wird auch ganz stolz auf euch sein. Okay, und jetzt schauen wir mal, ob wir das Problem, das ihr beide habt, nicht irgendwie lösen können."

Achten Sie darauf, dass Ihr Kind nicht den Eindruck bekommt, dass es sich für seinen Ärger entschuldigen muss. Manchmal hat es wirklich allen Grund, wütend zu sein, *aber entschuldigen muss es sich nur, wenn es seine Geschwister mit Worten oder Taten verletzt hat.* In manchen Situationen werden sich beide Kinder beieinander entschuldigen müssen; im Anschluss daran können Sie alle dann gemeinsam überlegen, wie ein respektvolleres Verhalten ausgesehen hätte.

Es ist gut, wenn Kinder schon früh lernen, sich zu entschuldigen. Manchmal ist Ihr Kind vielleicht noch so wütend, dass es dazu nicht unmittelbar bereit ist. Sie sollten es dann nicht zu einer Entschuldigung zwingen (das können Sie auch gar nicht). Geben Sie ihm ein bisschen Zeit zum Nachdenken und sagen Sie ihm, dass Sie darüber später mit ihm reden. Wenn es sich auch nach diesem späteren Gespräch nicht für sein verletzendes Verhalten entschuldigen möchte, sagen Sie ihm ruhig, welche Folgen das hat (zum Beispiel Computerverbot). Die Strafe wird abgebrochen, sobald es bereit ist, sich zu entschuldigen. Auf diese Weise vermitteln Sie Ihrem Kind unmissverständlich, dass bei Ihnen die Beziehungen der einzelnen Familienmitglieder zueinander Vorrang vor allem anderen haben.

Wie man für sein Verhalten die Verantwortung übernehmen und sich entschuldigen kann, ist ein großartiges Thema für Ihre Familiengespräche und sollte so oft wie nötig wiederholt werden. Sie vermitteln Ihren Kindern übrigens auch, dass Beziehungen wichtiger sind als alles andere, wenn Sie selbst bereit sind, sich bei Ihren Kindern zu entschuldigen, wenn Sie sie verletzt oder ungerecht behandelt haben.

Seien Sie konsequent

Konsequenz ist ungeheuer wichtig, wenn Sie Ihren Kindern vermitteln wollen, wie weit sie gehen können. Philip, den ich zu Beginn des achten Kapitels vorgestellt habe, behandelte seine Schwester vor allem deshalb so verächtlich, weil seine Eltern nicht konsequent durchgegriffen hatten. Manchmal hatten sie sein Verhalten einfach stillschweigend geduldet, manchmal hatten sie ihn ausgeschimpft. Und manchmal zog sein Benehmen sogar eine Strafe nach sich. Allerdings überwogen die positiven Folgen seines Verhaltens (seine Befriedigung darüber, es seiner Schwester ausgiebig „heimgezahlt“ zu haben) bei weitem die negativen (ein gelegentlicher Rüffel oder eine Strafe) – und Philip wusste das nur zu gut. Er sah keinen wirklich guten Grund, sein Verhalten zu ändern.

Fünf Prinzipien zum Thema Strafen

1. Reagieren Sie sofort.
2. Bleiben Sie ruhig.
3. Achten Sie darauf, wer sich respektlos verhält.
4. Bestehen Sie auf Versöhnung.
5. Seien Sie konsequent.

Die Geschichte mit Philip ging aber weiter. Nachdem ich mehrere

Gespräche mit den Eltern geführt und ihnen dringend ans Herz gelegt hatte, konsequenter durchzugreifen, änderte sich einiges in ihrer Familie. Die Luft für Philip und Katrina wurde dünner: Philip bekam zu spüren, dass er mit seinem gemeinen Verhalten nicht mehr durchkommen würde; Strafen folgten auf dem Fuß und waren ausgesprochen unangenehm. Viel häufiger als bisher wurde er auf sein Zimmer geschickt, und er durfte nicht mit seinem geliebten Gameboy spielen, wenn er sich Katrina gegenüber nicht korrekt verhalten hatte. Und für Katrina galten dieselben Regeln – auch wenn die Strafen bei ihr oft anders ausfielen.

Obwohl sie am Anfang sehr zu kämpfen hatten, schafften die Eltern es schließlich, das Ruder herumzureißen und die Atmosphäre in ihrer Familie nachhaltig zu verbessern. Weil die Mutter sehr strenge Eltern gehabt hatte, die ihr fast nichts erlaubten und jede Kleinigkeit hart bestraften, fiel es ihr anfangs sehr schwer, ihren Kindern Grenzen zu setzen. Sie hatte Angst, dass Philip und Katrina wütend auf sie sein würden, wenn sie härter durchgriff. Aber weil sie bereit war, ihre Kindheitserlebnisse hinter sich zu lassen, und weil ihr Mann ihr wirklich eine große Hilfe dabei war, schaffte sie es immer besser, konsequent auf eine Atmosphäre hinzuarbeiten, in der Respektlosigkeit keine Chance hatte.

Philip dämmerte schließlich, dass sich seine kleinen und größeren Gemeinheiten nicht mehr auszahlten; wenn er dagegen zuvorkommend und freundlich zu seiner Schwester war, brachte ihm das sehr viel mehr ein. Und die Mutter stellte zu ihrer Erleichterung fest, dass ihre Kinder sie nicht hassten, weil sie konsequenter durchgriff – eher war das Gegenteil der Fall. Schließlich gelang es ihr, ein liebevolles Umfeld zu schaffen, in dem gesunde Beziehungen zwischen allen Familienmitgliedern eine Chance hatten.

Philip lernte in den Gesprächen mit mir, wie Kommunikation gelingen kann und wie man Probleme konstruktiv löst, und beides gelang ihm zunehmend besser. Er begriff immer mehr, worauf es wirklich ankommt. Seine Familie hielt nun unbeirrbar daran fest, dass man Gottes Gebote nur befolgen kann, wenn man respektvoll miteinander umgeht. Je mehr Philip sich daran hielt, desto mehr Zufriedenheit strahlte er aus, und nach einiger Zeit mussten ihm seine Eltern nur noch sehr selten seine Sonderrechte entziehen. Es kam der Moment, als er die Gespräche mit mir nicht mehr brauchte; er hatte selbst begriffen, dass es sich nach Gottes Geboten sehr viel besser lebt als nach den eigenen Vorstellungen.

ZUM NACHDENKEN

1. Zählen Sie fünf Verhaltensweisen auf, die Sie an Ihren Kindern eigentlich lieber sehr viel seltener wahrnehmen würden.
2. Wie viel Zeit lassen Sie sich für gewöhnlich, bis Sie in einen Streit der Geschwister eingreifen? Denken Sie, dass die Ergebnisse insgesamt positiver ausfallen würden, wenn Sie früher einschritten?
3. An welchem der fünf Prinzipien zum Thema Strafen müssen Sie selbst noch am meisten arbeiten?
4. Nennen Sie fünf Sonderrechte, die Ihre Kinder verlieren können, wenn sie sich danebenbenommen haben.
5. Nennen Sie zwei „Exilorte", an die Sie Streithähne schicken können, wenn sie es beide nötig haben.
6. Lesen Sie Sprüche 29,17 und Hebräer 12,11. Stellen Sie auf einer Liste mögliche Belohnungen und Strafen zusammen, die Ihren Kindern helfen können zu begreifen, dass sie höflich miteinander umgehen sollen.

gewünschtes Verhalten: ______________________________

wie wir dieses Verhalten fördern können: ______________________

unerwünschtes Verhalten: ____________________________

wie wir dieses Verhalten
eindämmen können: _______________________________

EINLADUNG ZUM GEBET

Schließen Sie diese Zeit mit Gebet ab. Bitten Sie Gott, Ihnen zu helfen, auf schlechtes Verhalten so zu reagieren, dass es sich für Ihre Kinder nicht lohnt. Bitten Sie ihn auch, dass er Sie zu einem guten

Vorbild macht und dass Sie es schaffen, auch in schwierigen Konflikten ruhig zu bleiben und Ihre Kinder freundlich und respektvoll zu behandeln. Danken Sie Gott, dass er Ihnen diese Kinder anvertraut hat, und bitten Sie ihn, dass er Sie zu Eltern macht, die diesen Kindern gerecht werden.

ÜBUNG MACHT DEN MEISTER

1. Wie könnten Sie reagieren, wenn sich zwei Ihrer Kinder um den letzten Keks auf dem Weihnachtsteller streiten?
2. Sie gehen am Kinderzimmer vorbei und hören zufällig, wie Ihre Kinder sich beschimpfen („Du bist ein Vollidiot!", „Du Depp!"). Wann schreiten Sie ein?

(Beispielantworten finden Sie auf Seite 250.)

Wählen Sie für Ihr Familientreffen auch diesmal wieder aus den Anleitungen zum Familiengespräch Nr. 6–8 oder 11–14 etwas aus, das Ihnen vielversprechend erscheint. (ab Seite 205ff oder Seite 226ff)

Zehnter Schritt
Schmieden Sie die Geschwister zu einem Team

Ich lernte die beiden Schwestern kennen, als ich noch in einem großen Kinderkrankenhaus arbeitete: Maria war damals zehn und Tammy sieben Jahre alt. Ihre Mutter hatte die beiden zur Beratung gebracht, weil sie einfach nicht miteinander zurechtkamen.

„Sie hacken von morgens bis abends aufeinander rum", seufzte sie. „Sie zanken um jede Kleinigkeit, sie beschimpfen sich wüst, und manchmal gehen sie richtig aufeinander los. Mich macht das echt fertig. Wenn die eine gerade mal friedlich ist, fängt garantiert die andere an, ihrer Schwester auf die Nerven zu gehen."

„Das muss für Sie ja wirklich anstrengend sein", sagte ich mitfühlend. „Was machen Sie denn dann?"

„Egal, was ich mache – es scheint nie etwas zu bringen", sagte die Mutter. „Ich krieg ja schon nicht heraus, wer eigentlich angefangen hat. Sie sagen immer beide, die andere war's. Und was soll ich dann machen? Manchmal gehe ich einfach wieder aus dem Zimmer und sage ihnen, sie sollen das unter sich ausmachen."

„Und hilft das?", wollte ich wissen.

„Nein, früher oder später geht das Geschrei wieder von vorne los", meinte sie mutlos.

Ohne es zu wissen, war die Mutter in das getappt, was ich die „Sherlock-Holmes-Falle" nenne. Sie wollte unbedingt das Rätsel lösen, „wer es gewesen war", aber sie hatte nicht genug Indizien, um zu einem schlüssigen Ergebnis zu kommen. Wer hatte angefangen? Wer hatte die andere zuerst an den Haaren gezogen? Wer hatte die andere zuerst beschimpft? All diese Fragen ließen sich im Rückblick nicht mehr beantworten, und so wusste sie einfach nicht, was sie tun sollte. Sie konnte schließlich nicht beide Mädchen bestrafen und damit riskieren, dass auch eine Unschuldige zu leiden hatte. Das wäre unfair gewesen. Andererseits musste sie ja irgendwie durchgreifen, denn sie wollte nicht, dass die Mädchen dachten, sie könnten sich alles erlauben.

Auf die Frage kommt es an

Wenn Sie merken, dass Sie in der Sherlock-Holmes-Falle feststecken, haben Sie das Problem Ihrer Kinder längst schon zu Ihrem eigenen gemacht. Die Kinder haben sich danebenbenommen, und wer sich deswegen fertig macht, sind Sie! Das sollte nicht so sein. Es liegt an Ihnen, die Kinder ihre Suppe allein auslöffeln zu lassen. Befreien Sie sich aus der Falle, indem Sie die Frage „Wer war's?" hintanstellen. Wandeln Sie sie einfach um in die Frage „Wer verhält sich jetzt respektvoll und wer nicht?".

Wenn Sie feststellen, dass eines Ihrer Kinder die meisten Konflikte auslöst, während die anderen für gewöhnlich freundlich und rücksichtsvoll bleiben, liegt eigentlich kein „Geschwisterproblem" vor, sondern ein Problem mit eben diesem Kind. In diesem Fall sollten Sie sich das Kind gesondert vornehmen und mit ihm immer wieder ausführlich durchgehen, welche Regeln in Ihrer Familie gelten und wie sie sich zum Nutzen aller umsetzen lassen.

Es kann aber auch sein, dass Sie zwei Kinder haben, die ständig gegeneinander ins Feld ziehen, so dass Sie nie so recht wissen, wer nun wie viel Schuld trägt. In diesem Fall sollten Sie es mit der Team-Taktik versuchen.

Die Team-Taktik

Wenn zwei Kinder mitten im schönsten Geschwisterstreit sind und mit allen Tricks und Kniffen versuchen, einander die Schuld für diesen Streit in die Schuhe zu schieben, denken Sie sich die beiden in verschiedenen Teams. Jedes Kind versucht zu gewinnen, indem es den anderen zum Verlierer macht.

Es liegt in Ihrer Macht, das zu ändern. Ob die beiden das wollen oder nicht – Sie können sie in ein gemeinsames Team stecken. Und wenn sie erst einmal zu einem Team zusammengeschmiedet sind, sieht alles schon ganz anders aus: Entweder sie schwimmen beide – oder sie gehen beide unter. Ob es ihnen nun passt oder nicht: Sie sitzen in einem Boot, und je eher sie sich auch so verhalten, desto besser ist es für sie beide.

Das ist der Ansatz, den ich mit Maria und Tammy wählte. Jede von ihnen brach ständig einen Streit mit der anderen vom Zaun, und wir mussten die Mutter zunächst einmal aus ihrer Sherlock-Holmes-Falle befreien.

„Ich glaube, wir müssen euch zwei in einem Team zusammenpacken“, verkündete ich feierlich, und ich legte meinen Notizblock weg und sah den beiden Mädchen direkt in die Augen.

Sie starrten mich beide mit großen Augen an und fragten sich ganz offensichtlich, wovon dieser merkwürdige Mensch da eigentlich redete. Irgendwie schien ihnen aber schon zu dämmern, dass sich etwas an ihrem Verhalten würde ändern müssen.

„Was meinen Sie denn damit?“, wollte die Mutter wissen.

„Naja, im Moment kämpfen die beiden gegeneinander“, erklärte ich. „Sie versuchen beide, die andere zu besiegen. Wenn Maria Ärger bekommt, ist das ein Punkt für Tammy. Wenn Tammy Ärger bekommt, freut sich Maria. Aber so etwas sollte es in unseren Familien eigentlich nicht geben. Die beiden müssen miteinander kämpfen und im gleichen Team sein. Das heißt, dass sie beide etwas davon haben, wenn sie freundlich und rücksichtsvoll zueinander sind. Und dass sie beide nichts davon haben, wenn sie respektlos miteinander umgehen. Sie können eine Menge Spaß haben oder eine Menge Ärger – als Team. Je besser sie miteinander umgehen, desto mehr Spaß werden sie haben.“

„Ah ja“, sagte die Mutter, die plötzlich Licht am Ende des Tunnels sah. „Und wie sieht das praktisch aus?“

„Wisst ihr was, Mädels“, sagte ich und grinste die beiden an. „Ich glaube, das wird euch gefallen. Ihr werdet eine Menge Spaß haben, und mit der Zeit werdet ihr euch besser verstehen. Wie findet ihr das?“

Die beiden nickten zustimmend, und so stellte ich einen Plan für sie auf.

Fünf Schritte auf dem Weg zu einem starken Team

Ich will die fünf Schritte, die Ihre Kinder zu einem guten Team zusammenschmieden, hier ausführlicher erläutern. Am Beispiel von Maria und Tammy erläutere ich, wie sich diese Schritte praktisch umsetzen lassen.

1. Bilden Sie ein Team

Erklären Sie den Kindern, dass sie sehr viel weiter kommen, wenn sie respektvoll miteinander umgehen, als wenn sie gegeneinander kämpfen.

2. Stellen Sie eine Belohnung in Aussicht

Stellen Sie eine Liste mit kleinen Sonderrechten zusammen, die Ihren Kindern Anreize schaffen, sich den Geschwistern gegenüber richtig zu verhalten. Weil Kinder verschieden sind und sich oft für ganz unterschiedliche Dinge begeistern können, machen Sie für jedes Ihrer Kinder eine eigene Liste.

Beispiel:

Ich:	„Jetzt habe ich euch erklärt, worum es geht. Als Nächstes machen wir eine Liste mit Dingen, über die ihr euch freuen würdet. Die sollt ihr bekommen, wenn ihr nett zueinander seid und euch vertragt. Jede hat eine eigene Liste. Maria, fangen wir doch mal bei dir an. Was würdest du denn gerne machen oder bekommen?"
Maria:	„Kann ich eine neue Puppe haben?"
Ich:	„Wenn deine Mama nichts dagegen hat, schreiben wir das mit auf die Liste. Mama, was meinen Sie?"
Mutter:	„Klar, geht schon."
Ich:	„Super. Wie wär's, wenn wir ganz viele kleine und nur ein paar größere Dinge auf die Liste setzen?"
Maria:	„Klar."
Ich:	„Also gut, wir haben jetzt hier ‚eine neue Puppe' stehen ... das kommt auf die Liste mit den großen Dingen. Was sollen wir denn sonst noch aufschreiben? *(Nachdem die Liste fertig ist:)* Das sind wirklich tolle Sachen. Jetzt machen wir für Tammy auch eine solche Liste. Tammy, bist du so weit?"
Tammy:	„Ja-aa."
Ich:	„Gut. Was hättest du denn gerne auf deiner Liste stehen?"

Tammy:	„Ich will auch eine neue Puppe. Und vielleicht kann Alicia mal zum Spielen zu mir kommen!“
Ich:	„Mama, geht das?“
Mutter:	„Sicher.“

3. Legen Sie fest, mit wie vielen Punkten Ihr Team in den Tag startet
Geben Sie Ihrem Team zwischen fünf und zehn Punkten jeden Tag. Je mehr Konflikte zwischen den Kindern üblich sind, desto höher sollten Sie diese Anfangs-Punktezahl festlegen; schließlich sollten die Kinder am Ende des Tages noch ein paar Punkte übrig haben. Es muss den Kindern möglich sein, zumindest einige Punkte jeden Tag zu gewinnen, damit die Liste mit den Belohnungen auch wirklich als Anreiz dienen kann.

LISTE MIT BELOHNUNGEN

Maria	**Tammy**
15 Punkte Plätzchen backen mit Mama Video für Familienabend aussuchen eine halbe Stunde länger aufbleiben	15 Punkte Alicia kommt zum Spielen Spiel für Familienabend aussuchen eine halbe Stunde länger aufbleiben
25 Punkte eine neue Puppe zum Lieblings-Süßigkeitenladen gehen ins Kino gehen	25 Punkte eine neue Puppe Pizza zum Abendessen ein Päckchen Buntstifte

Beispiel:

Ich: „Also, ihr zwei, euer Team beginnt jeden Tag mit fünf Punkten. Das heißt, jeden Morgen, wenn ihr aufwacht, habt ihr bereits fünf funkelnagelneue Punkte! Einfach so! Klingt das gut? *(Die Mädchen nicken.)*
Wir wollen natürlich alle, dass ihr diese fünf Punkte

behaltet, weil ihr die schließlich braucht, um sie gegen die Belohnungen auf eurer Liste einzulösen. Und das geht so: Jeden Abend gehen so viele Punkte, wie euer Team behalten hat, auf eure Punktebank. Wenn ihr also zum Beispiel einen ganzen Tag lang freundlich zueinander seid und euch vertragt, behält euer Team alle fünf Punkte! Das heißt, fünf Punkte gehen auf dein Konto *(ich zeige auf Maria)* und fünf Punkte gehen auf dein Konto *(ich zeige auf Tammy)*. Und am nächsten Morgen beginnt ihr wieder mit fünf neuen Punkten, und hoffentlich könnt ihr die auch alle behalten. Aber nehmen wir mal an, euer Team verliert einen Punkt, weil ihr gestritten habt. Dann habt ihr nur noch vier Punkte übrig. Aber wenn ihr den Rest des Tages weiter nett zueinander seid, behaltet ihr diese vier Punkte. Ihr kriegt sie auf euer Konto und könnt sie gegen die Belohnungen einlösen. Wie findet ihr das?"

Tammy: „Dann krieg ich meine neue Puppe? Find ich gut!"

Maria: „Ich auch."

4. Stellen Sie klare Regeln auf

Ihre Kinder sollten genau wissen, was sie tun müssen, um ihre Punkte zu behalten, und wie sie ihre Punkte aufs Spiel setzen. Ganz grob gesagt büßen sie Punkte ein, wenn sie sich nicht an die Familienregeln halten, und sie behalten Punkte, wenn sie höflich miteinander umgehen.

Sie schaffen Klarheit, wenn Sie aufschreiben, welche Art von Verhalten Sie erwarten – und welche Art von Verhalten Sie auf keinen Fall sehen möchten. Also haben Sie wieder eine zweigeteilte Liste mit gutem und schlechten Benehmen – ein Beispiel für eine solche Liste sehen Sie auf Seite 171.

DIE FAMILIENREGELN EINHALTEN
(wenn ihr die Punkte behalten wollt):

1. teilen,
2. euch abwechseln,
3. höflich miteinander reden,
4. mit Worten Mut machen,
5. die Eltern holen, wenn ihr ein Problem nicht allein lösen könnt.

GEGEN DIE FAMILIENREGELN VERSTOSSEN
(dann verliert ihr Punkte):

1. hauen,
2. beißen,
3. treten usw.,
4. Schimpfnamen,
5. streiten,
6. andere anschreien.

Machen Sie Ihren Kindern klar, dass ihr Team jedes Mal einen Punkt verliert, wenn Sie sie bei einer negativen Verhaltensweise ertappen. Sie bekommen eine Zwangspause verordnet und haben zusätzlich mit unangenehmen Folgen zu rechnen. Wenn die Mädchen also beim Spielen mit ihren Puppen streiten, wird ihrem Team ein Punkt abgezogen; außerdem legen beide Mädchen eine Zwangspause ein, und vielleicht werden beide Puppen für den Rest des Tages konfisziert.

Eine Ausnahme gibt es: Wenn sich eines der Mädchen *ganz offensichtlich* unhöflich verhält, während das andere *sichtbar* freundlich bleibt, bekommt nur das erste die negativen Folgen seines Verhaltens zu spüren. In diesem Fall behält das Team seine Punkte – das Mädchen, das respektvoll geblieben ist, hat ihn dem Team erhalten.

Beispiel:

Ich: „Wir wollen natürlich, dass ihr genau wisst, wie ihr eure Punkte behalten könnt. Wir schreiben also mal auf, wie ihr es richtig machen könnt, okay? Dann kann euch gar nichts passieren. *(Der erste Teil der Liste entsteht.)* Und jetzt schreiben wir darunter auch noch, was ihr nicht machen sollt – sonst verliert ihr nämlich jedes Mal einen Punkt. Was meint ihr – was sollten wir hier aufschreiben?"

Maria: „Hauen und treten!"

Ich: „Ja, das würde ich auch sagen. Was meinen Sie, Mama?"

Mutter: „Ja, das sollte auf jeden Fall auf die Liste."

Ich: „Tammy, was meinst du?"

Tammy: „Ich finde das auch."

Ich: „Also gut, hauen und treten steht jetzt auf der Liste. Vielleicht sollten wir gleich alle anderen Sachen aufschreiben, mit denen ihr einander wehtun könnt: beißen, spucken, kratzen und so etwas."

Mutter: „Oh ja, das ist eine gute Idee."

Ich: „Gut, und was schreiben wir sonst noch auf? *(nachdem die Liste fertig ist)* Jetzt wisst ihr auch, was ihr besser nicht macht, wenn ihr eure Punkte behalten wollt. Ihr müsst außerdem damit rechnen, dass ihr sonst noch bestraft werdet – wie bisher. Weil es einfach nicht richtig ist, wenn ihr unhöflich zueinander seid. Versteht ihr das bis dahin?"

Tammy: „Hm-mm."

Ich: „Gut. Und eine Sache noch: Wenn eine von euch einen Streit anfängt, kriegt sie Ärger. Aber wie reagiert die andere dann am besten?"

Maria: „Soll sie die Mama holen?"

Ich: „Das klingt sehr vernünftig! Aber noch wichtiger ist, dass ihr immer freundlich bleibt, auch wenn die andere ganz schlimm schimpft. Also, Tammy, wenn Maria dich plötzlich anschreit, was solltest du dann machen?"

Tammy: „Zurückschreien?"

Ich: „Nein. Du sagst das, was du denkst, freundlich – dann kriegst du auch keinen Ärger. Und jetzt hört noch mal ganz genau zu. Wenn eure Mama denkt, dass eine von euch unhöflich war, aber die andere trotzdem höflich

	geblieben ist, kriegt die eine Ärger, aber die andere nicht – und euer Team verliert dann keinen Punkt. Das heißt, dass das Mädchen, das freundlich geblieben ist, euch den Punkt gerettet hat. Wie findet ihr das?"
Maria:	„Das klingt echt gut!"
Ich:	„Aber vergesst nicht: Eure Mama ist der Schiedsrichter, und was sie sagt, gilt. Wenn sie findet, dass ihr freundlich miteinander umgeht, habt ihr nichts zu befürchten. Und wenn ihr das eine Weile macht, habt ihr bald so viele Punkte, dass ihr gar nicht mehr wisst, wohin damit!"
Tammy:	„Das finde ich lustig!"
Ich:	„Ich auch. Und wenn ihr das nächste Mal wiederkommt, üben wir ein bisschen, wie man nett zueinander ist. Dann fällt euch das auch leichter. Okay?"
Beide:	*(Tammy und Maria nicken)* „Hm-mm!"

5. Lassen Sie die Team-Taktik langsam auslaufen

Behalten Sie im Auge, wie viele Punkte das Team jeden Tag behält. Je mehr sich Ihre Kinder daran gewöhnen, sich mit gegenseitigem Respekt zu begegnen, desto eher gelingt es ihnen, alle oder doch zumindest fast alle Punkte zu behalten. Wenn ihr Verhalten über etwa vier Wochen hin gleichbleibend gut ist, sagen Sie den Kindern, dass sie die Punkte offenbar nicht mehr so sehr brauchen wie bisher, um nett zueinander zu sein. Setzen Sie die Punktezahl etwas herunter, so dass es ein bisschen schwieriger wird und etwas länger dauert, bis eine Belohnung ansteht; geben Sie dem Team also beispielsweise nur noch drei statt der fünf Punkte.

Achten Sie während all dieser Maßnahmen darauf, dass die Kinder weiter üben, Probleme konstruktiv zu lösen und ihre Überlebensfähigkeiten weiter zu vervollkommnen. Vergessen Sie auch nicht, positives Verhalten weiter zu bestärken und negatives zu bestrafen. Ihren Kindern sollte bewusst sein, dass sich respektvolles Verhalten grundsätzlich auszahlt.

Irgendwann kommt der Zeitpunkt, an dem Sie als Familie beschließen, auf die Team-Taktik ganz zu verzichten. Loben Sie Ihre Kinder ausgiebig dafür, dass sie es gelernt haben, respektvoll miteinander umzugehen, dass sie auch ohne die Punkte zurechtkommen. Lassen Sie Ihre Kinder aufzählen, welche positiven Auswirkungen es hat, wenn man nett zueinander ist (und es gibt genug, um einen Abend zu füllen!) und gratulieren Sie ihnen zu den Fortschritten, die sie gemacht haben.

Ungefähr vier Monate später ...

Ich:	„Hallo, ihr zwei, wie läuft's denn so bei euch?"
Mutter:	„Also, ich finde, die beiden sind schon richtig gut!"
Ich:	„Das ist ja großartig! Und was meint ihr zwei?"
Maria:	„Ja, wir machen das wirklich gut!"
Tammy:	„Wir behalten nämlich immer ganz viele Punkte!"
Ich:	„Tatsächlich? Wie viele Punkte behaltet ihr denn normalerweise?"
Mutter:	„Meistens kann ich abends vier oder fünf Punkte auf jedes Konto schreiben. Manchmal ein bisschen weniger, aber wirklich nicht so oft!"
Ich:	„Ist ja toll! Ihr habt wirklich gelernt, wie ihr respektvoll miteinander umgehen könnt. Da muss ich aber doch mal nachfragen: Was macht ihr denn eigentlich alles, um die vielen Punkte zu behalten?"
Tammy:	„Wir schreien uns nicht mehr so viel an."
Maria.	„Und wir wechseln uns auch viel mehr mit unserem Spielzeug ab."
Ich:	„Na so was! Stimmt das?"
Mutter:	„Ja, das stimmt wirklich. Sie sind mit diesen Dingen wirklich sehr viel besser geworden."
Ich:	„Na, herzlichen Glückwunsch!"

Die Team-Taktik bei drei oder mehr Geschwistern

Viele von Ihnen werden die Team-Taktik, wie ich sie auf den letzten Seiten dargestellt haben, vermutlich nie zum Einsatz bringen, weil schon die Strategien der vorigen Kapitel zu ausreichend guten Ergebnissen und einer spürbaren Verbesserung der Atmosphäre führen. Und das ist gut so! Die Team-Taktik ist wirklich nur für solche Fälle gedacht, in denen zwei Kinder regelmäßig Streit miteinander anfangen und sich nicht eindeutig sagen lässt, wer nun eigentlich der schlimmere Streithahn ist. Es ist nicht sinnvoll, mehr als zwei Kinder zu einem Team zusammenzuschließen, weil das auch dazu führen könnte, dass das Team einen Punkt verliert, während eines seiner Mitglieder nicht einmal anwesend ist – und besonders fair wäre das nicht.

Wenn Sie drei oder mehr Kinder haben, von denen zwei ständig miteinander in Kampfhandlungen verwickelt sind, erklären Sie ihnen, dass Sie zwar als Familie alle ein Team bilden, dass die beiden aber eine Zeit lang innerhalb dieses Teams noch ein „Spezialteam" bilden, um den gegenseitigen Respekt besser zu lernen. Sie können diese Teams auch bei Bedarf immer wieder einmal neu zusammensetzen. Gehen Sie die einzelnen Schritte durch, wie ich sie in diesem Kapitel beschrieben habe, und achten Sie auf jeden Fortschritt, den die Kinder machen. Sobald sich ihr Verhalten verbessert oder sich herausstellt, dass in Wirklichkeit nur *eines* der Kinder so streitlustig ist, geben Sie die Team-Taktik auf und greifen Sie wieder nur auf die üblichen Strategien der Kapitel eins bis neun zurück.

Wenn die anderen Kinder sich beschweren, weil sie keine Liste mit Belohnungen haben, können Sie zwei Dinge tun. Erstens können Sie sie an die vielen kleinen Sonderrechte erinnern, die sie schon längst bekommen, weil sie respektvoll miteinander umgehen. Das ist viel besser, als wenn man erst noch Punkte sammeln muss, um in den Genuss dieser Privilegien zu kommen! Und zweitens können Sie, wenn die anderen Kinder sich weiter vernachlässigt fühlen, auch für diese eine Liste mit Belohnungen einführen: Für jeden Tag, an dem sie sich zuvorkommend und freundlich verhalten, gibt es ein Kreuzchen im Kalender. Bei zehn Kreuzen gibt es eine Belohnung, auf die Sie sich vorher geeinigt haben.

ZUM NACHDENKEN

1. Haben Sie zwei Kinder, die regelmäßig miteinander Streit anfangen?

2. Denken Sie, dass die Team-Taktik (in Verbindung mit all den anderen Strategien, die in diesem Buch vorgestellt werden) Ihren Kindern helfen könnte, so liebevoll und höflich miteinander zu sein, wie es in Galater 5,22 und Kolosser 3,12-14 beschrieben wird?
3. Wenn Sie sich für die Team-Taktik entscheiden – welche anderen Strategien, die in den vorherigen Kapiteln beschrieben wurden, werden Sie außerdem anwenden?
4. Wenn Sie mehr als zwei Kinder haben – wie werden die Geschwister reagieren, wenn zwei Kinder zu einem Spezialteam zusammengeschmiedet werden? Wie werden Sie das regeln?

EINLADUNG ZUM GEBET

Bitten Sie Gott, dass Sie alle einander so behandeln, wie es dem Wert, den jedes Familienmitglied vor Gott hat, entspricht. Wenn Sie die Team-Taktik anwenden wollen, bitten Sie Gott, dass er diese Methode benutzt, damit die Kinder einen respektvolleren Umgang miteinander lernen. Bitten Sie ihn auch diesmal, Sie zu guten Vorbildern für Ihre Kinder zu machen und Ihnen zu helfen, die Kinder mit Respekt und Freundlichkeit zu behandeln.

ÜBUNG MACHT DEN MEISTER

1. Wenn Sie zwei Kinder haben, die ständig miteinander Streit anfangen, könnte sich die Team-Taktik als sehr hilfreich erweisen. Stellen Sie eine Liste der Verhaltensweisen zusammen, die Sie gerne abstellen wollen.
2. Stellen Sie auch eine Liste mit richtigen Verhaltensweisen zusammen, die dazu beitragen, dass das Team seine Punkte behalten kann.

(Beispielantworten finden Sie auf Seite 250.)

Wählen Sie für Ihr Familientreffen auch diesmal wieder aus den Anleitungen zum Familiengespräch Nr. 6–8 oder 11–14 etwas aus, das Ihnen vielversprechend erscheint. (ab Seite 205ff oder 226ff)

Nachwort
Weil die Rosen Dornen tragen ...

In den letzten Kapiteln sind wir Geschwistern in ganz verschiedenen Situationen begegnet, doch eines haben all diese Kinder gemeinsam: Sie kamen regelmäßig zu mir zur Beratung. Die Betonung liegt hier auf „kamen"; zu manchen Familien habe ich immer noch Kontakt, weil die Kinder weiterhin Hilfe brauchen, um ihre Geschwister mit Achtung zu behandeln. Und einige der Kinder brauchen aufgrund ihres Temperaments, bestimmter geistiger Einschränkungen oder schwieriger Familienkonstellationen auch besonders viel Aufmerksamkeit und eine Menge Hilfestellung.

Aber die meisten Kinder, die ich im Laufe der Jahre betreut habe, brauchen mich nicht mehr, weil sie inzwischen gelernt haben, was zu einem gelingenden Zusammenleben nötig ist. Ihre Eltern haben selbst auch viel Zeit und Mühe investiert, um dem Zusammenhalt der Familienmitglieder untereinander zu stärken und einen Familienboden zu schaffen, auf dem gesunde Beziehungen möglich sind. Die Kinder haben die notwendigen Fertigkeiten für ein harmonisches Zusammenleben gelernt und setzen sie in ihrem täglichen Miteinander um. Sie wissen, dass es sich in ihrer Familie nicht auszahlt, gemein zueinander zu sein, dass es sich aber immer lohnt, einander mit Respekt zu begegnen. Kurz gesagt: Sie sind dem sehr viel näher gekommen, was Gott sich unter gesunden Beziehungen vorgestellt hat.

Gärtnern auf allen Ebenen

Wenn Sie eine Blume pflanzen, ist es wichtig, dass Sie keine der drei Phasen auslassen: Wenn Sie den Boden vorbereiten, aber keine Saat setzen, haben Sie nicht mehr als eine Handvoll guten Mutterboden. Wenn Sie andererseits die Saat in ungesunden Boden setzen, sind ihre Chancen, Wurzeln zu schlagen, eher gering. Und wenn Sie zwar für einen gesunden Boden sorgen und die Saat setzen, aber Klima und Umwelteinflüsse völlig außer Acht lassen, überlebt Ihre Blume vermutlich nicht besonders lange. Für Geschwisterbeziehungen gilt das Gleiche.

Julia saß weinend in meinem Büro und griff nach der Schachtel mit den Papiertaschentüchern. Wir hatten uns eine Weile über ihre Kinder unterhalten und darüber, wie sich die Rücksichtslosigkeit immer mehr in dieser einstmals glücklichen Familie breit gemacht hatte. „Ich weiß einfach nicht, wo ich anfangen soll", sagte Julia und schüttelte traurig den Kopf. „Robert wird wegen jeder Kleinigkeit wütend auf Nils, und sie hacken von morgens bis abends nur aufeinander rum. Und jetzt übernimmt sogar Katrin einige ihrer schlechten Angewohnheiten! Wir müssen irgendetwas unternehmen, und zwar schnell."

Und Julia hat Recht. Daniel, ihr Mann, und sie müssen die verdorbene, dürre Erde wieder neu düngen, indem sie für gemeinsame Unternehmungen sorgen und sich ihren Kindern wieder mehr zuwenden, und sie müssen ihren Kindern beibringen, sich mit gegenseitigem Respekt zu begegnen.

Aber das ist noch nicht alles. Julia und Daniel müssen den Kindern auch vermitteln, wie sie miteinander umgehen, wie sie Probleme lösen und im Geschwisteralltag überleben können. All diese Fertigkeiten müssen eingeübt und immer wieder im täglichen Miteinander umgesetzt werden, so dass die guten Verhaltensweisen die schlechten immer mehr ersetzen. Die Eltern müssen konsequent dafür sorgen, dass sich respektloses Verhalten nie lohnt, ein rücksichtsvoller Umgang miteinander aber umso mehr.

Zum Glück können Julia und Daniel an jeder dieser Phasen gleichzeitig arbeiten. Es empfiehlt sich sogar eher, all diese Dinge parallel in Angriff zu nehmen; ein Erfolg auf einem Gebiet wirkt sich immer auch auf die anderen aus.

Rosen und Dornen – aus der Sicht der Eltern ...

Als ich an diesem Buch zu schreiben begann, bat ich verschiedene Eltern, mit denen ich beruflich oder auch privat zu tun hatte, einfach einmal aufzuzählen, was es für sie bedeutete, mehrere Kinder zu erziehen. Die Antworten, die ich erhielt, waren erfrischend und voll aus dem Leben gegriffen.

Fast alle Eltern, mit denen ich sprach, fanden ihr Leben mit mehreren Kindern bereichernd und überwiegend positiv – selbst dann noch, wenn eins oder mehrere Kinder besonders schwierig waren. Es war nicht zu übersehen, dass diese Menschen jedes ihrer Kinder sehr lieb hatten, und doch berichteten sie auch alle von Schwierigkeiten, von kleineren und größeren Streitigkeiten über bloße Lappalien. Die folgenden Konflikte schilderten die Eltern am häufigsten: Unsere Kinder ...

- streiten um ihr Spielzeug,
- teilen nicht mit ihren Geschwistern,
- geben sich hässliche Schimpfnamen,
- schaffen es nicht, sich bei irgendetwas abzuwechseln,
- ziehen einander ständig auf,
- streiten darüber, wer etwas zuerst tun darf,
- sind neidisch aufeinander,
- wollen meine ganze Aufmerksamkeit,
- können sich nicht einigen, wem welches Spielzeug gehört,
- gehen einander unsagbar auf die Nerven.

Kommt Ihnen das irgendwie bekannt vor?

Auf der anderen Seite berichteten die gleichen Eltern von den schönen Seiten, die das Leben mit mehreren Kindern mit sich brachte. Auf meine Frage nach den Vorteilen einer größeren Familie bekam ich die folgenden Antworten: Die Kinder ...

- können miteinander spielen,
- lernen, von ihren Sachen abzugeben,
- haben viel mehr Spaß,
- haben immer einen Spielgefährten in der Nähe,
- entwickeln enge Beziehungen zueinander,
- lernen, nicht so sehr auf Äußerlichkeiten zu sehen,
- lernen, auf andere Menschen und deren Gefühle Rücksicht zu nehmen,
- lernen, wie man Missverständnisse ausräumt,

- lernen, was es heißt, füreinander da zu sein, füreinander zu beten und einander zu trösten,
- lernen Konflikte auszutragen,
- lernen, das Wohl der ganzen Familie im Auge zu behalten, und nicht nur ihr eigenes,
- lernen, nervige Mitmenschen auszuhalten.

Als Nächstes fragte ich diese Eltern, was ihnen bei der Erziehung mehrerer Kinder am meisten Kopfzerbrechen bereitete. Ich konnte mich in ihren Aussagen sehr gut wiederfinden:

- man kann nicht jedem Kind so viel Aufmerksamkeit zukommen lassen, wie man gerne möchte,
- man steht ständig in der Gefahr, Vergleiche zwischen den Kindern anzustellen,
- man versucht, allen Kindern gegenüber fair zu sein,
- man hat nicht genug Zeit für jedes Kind,
- man muss den jüngeren Kindern erklären, warum sie nicht die gleichen Sachen haben/tun dürfen wie ihre älteren Geschwister,
- man muss immer Schiedsrichter spielen,
- man muss die Kinder ständig beschäftigen,
- man muss mit dem ständigen Lärm fertig werden,
- man will jedem Kind mit seinen individuellen Bedürfnissen gerecht werden,
- man will den Erziehungsstil an jedes Kind anpassen,
- man braucht genug Ausdauer, um für jedes Kind da sein zu können,
- man sollte konsequent sein.

Meine Frage, mit welchen Erziehungsmaßnahmen sie bei ihren Kindern Erfolg hatten, brachte die folgende Liste hervor:

- Kinder auf ihr Zimmer schicken (gegebenenfalls beide),
- viel loben, wenn das Kind sich gut benimmt,
- den Kindern richtiges Verhalten beibringen und es in Rollenspielen immer wieder üben,

- regelmäßige Aktionen, bei denen man als Familie zusammen Spaß hat,
- keinen Raum für Unversöhnlichkeit lassen,
- beiden Kindern ein Sonderrecht entziehen,
- nicht eingreifen, bevor sie nicht wenigstens versucht haben, das Problem zu lösen,
- die Kinder voneinander trennen,
- darauf bestehen, dass die Kinder sich nach einem Streit versöhnen,
- auf Rücksicht den anderen gegenüber bestehen,
- schlechtes Verhalten zieht unangenehme Folgen nach sich,
- wer sich danebenbenimmt, muss zusätzliche Aufgaben im Haushalt übernehmen,
- Kinder sofort loben, wenn man merkt, dass sie liebevoll und zuvorkommend miteinander umgehen,
- den Kindern zeigen, an welcher Stelle sie einander Gutes tun können,
- sich gemeinsam freuen, wenn ein Streit konstruktiv gelöst wurde.

Rosen und Dornen – aus der Sicht der Geschwister ...

Ich habe auch eine ganze Menge Kinder gefragt, wie sie es finden, Geschwister zu haben. Einige der Antworten, die ich auf die Frage nach möglichen Schwierigkeiten bekam, habe ich hier aufgelistet:

- er/sie schreit und brüllt ständig,
- er/sie zieht mich an den Haaren,
- wir müssen uns immer abwechseln,
- wir müssen immer alles teilen,
- er/sie gibt mir extra eine falsche Antwort, wenn ich etwas frage,
- wir streiten immer, wer vorne sitzen darf,
- um mich kümmert sich keiner, wenn er/sie krank ist,
- er/sie singt immer so doofe Lieder,
- ich muss die Unordnung aufräumen, die er/sie angerichtet hat,

- ich krieg Ärger für Sachen, die er/sie gemacht hat,
- er/sie stellt mich oft vor meinen Freunden bloß.

Aber einigen Aspekten des „Geschwisterdaseins" konnten die gleichen Kinder durchaus gute Seiten abgewinnen:

- wir haben viel Spaß, wenn wir zusammen spielen,
- ich finde es toll, mit ihm und seinen Freunden etwas zu unternehmen,
- ich habe immer jemanden zum Reden,
- über manche Sachen sind wir uns einig,
- wir können die gleichen Klamotten tragen,
- wir haben viel gemeinsam,
- sie kann mir bei den Hausaufgaben helfen,
- es ist immer jemand zum Spielen da.

Wenn ich mir all diese Aussagen so anschaue, wird mir wieder neu deutlich, dass ein gelingendes Familienleben keine bloße Glückssache ist. Wenn Sie Gottes Anweisungen folgen, *können* Sie ein Kind „an seinen Weg gewöhnen", wie Salomon es beschreibt (vgl. Sprüche 22,6). Sie *können* einen Familienboden vorbereiten, auf dem gute Beziehungen wachsen können. Sie *können* Ihren Kindern beibringen, wie sie respektvoll miteinander umgehen. Und Sie *können* Ihren Kindern vermitteln, dass sich rücksichtsvolles Verhalten immer auszahlt.

Wenn Sie sich an die zehn Schritte halten, werden Sie schon bald merken, dass sich der Aufwand gelohnt hat. Bitte verstehen Sie mich nicht falsch – diese Schritte sind keine Garantie für ein konfliktfreies Miteinander! Aber sie können eine große Hilfe dabei sein, Konflikte konstruktiv umzubewerten, so dass Ihre Kinder immer mehr zu schätzen wissen, was sie an ihren Geschwistern und an ihrer Familie haben. Sie können im Kleinen erleben, wie Leben mit Gott gestaltet werden kann.

Die Rosen hinter den Dornen

Irgendjemand hat einmal gesagt: „Sie können sich natürlich beschweren, dass Rosenbüsche Dornen haben – oder Sie können dankbar sein, dass Dornenbüsche Rosen tragen.“ So ähnlich ist das mit dem Familienleben auch; manchmal vergessen wir über den Herausforderungen, die eine größere Familie mit sich bringt, all das Schöne und Wertvolle, mit dem unsere Kinder unser Leben bereichern. Jedes von ihnen ist unendlich wertvoll.

Ich würde gerne mit Ihnen ein kleines Experiment machen: Schließen Sie die Augen und stellen Sie sich Ihre Kinder vor, wie sie gut miteinander auskommen. Einige von Ihnen brauchen dafür wahrscheinlich eine gehörige Portion Phantasie – aber versuchen Sie es trotzdem! Stellen Sie sich einfach vor, auf einer Skala von eins bis zehn (wobei zehn das Beste ist) würde das Miteinander Ihrer Kinder irgendwo auf Rang acht oder neun rangieren. Hören Sie das Lachen Ihrer Kinder, die ihr gemeinsames Spiel genießen. Stellen Sie sich vor, wie sie einander aufmuntern, wenn eins von ihnen bei einem Spiel verloren hat. Malen Sie sich aus, wie Sie alle als Familie einen Spieleabend machen oder sich am Esstisch über Gottes Wort und andere wichtige Themen unterhalten. Und stellen Sie sich vor, wie es zwischen zweien Ihrer Kinder zum Streit kommt und beide gemeinsam und voller Rücksicht aufeinander versuchen, eine Lösung für ihr Problem zu finden.

Und fragen Sie sich noch einmal: *Was hat Gott mit meiner Familie vor?* Ich denke, dass Sie es gerade vor Ihrem inneren Auge gesehen haben. Keine perfekte Familie, in der niemand jemals irgendetwas falsch macht. Aber doch eine Familie, in der jeder sich bemüht, so zu werden, wie Gott ihn haben möchte, und in der jeder lernt, den anderen mit Achtung und Wertschätzung zu begegnen.

Die Bibel spricht uns dabei Mut zu: „Denn ich weiß wohl, was ich für Gedanken über euch habe, spricht der Herr: Gedanken des Friedens und nicht des Leides, dass ich euch gebe Zukunft und Hoffnung.“ (Jer 29,11)

Gott hat Sie auf großartige Weise in seinen Plan mit Ihren Kindern einbezogen. Er hat genau Sie zu den Eltern Ihrer Kinder gemacht, weil er weiß, dass Sie Ihren Kindern all das geben und beibringen können, worauf es ankommt. Gott hält, was er verspricht, und seine Hilfe bei der Erziehung Ihrer Kinder hat er Ihnen zugesagt. Paulus hat das auf den Punkt gebracht: „Ich vermag alles durch den, der mich mächtig macht." (Phil 4,13)

Ich möchte Ihnen Mut machen, über die Streitigkeiten und den Mangel an Respekt hinauszusehen und Ihre Kinder wieder neu mit all den wunderbaren Eigenschaften wahrzunehmen, mit denen Gott sie ausgestattet hat. Vergessen Sie dabei nicht, dass sich Ihre Kinder in dem, wie Sie sie behandeln und was Sie zu ihnen sagen, widerspiegeln. Was sie sehen, wird ihr Denken darüber prägen, wer sie sind und was sie einmal sein können. Achten Sie deswegen darauf, dass Ihre Kinder an der Art und Weise, wie Sie ihnen begegnen, spüren, dass sie von Gott geliebt und mit vielen guten Gaben ausgestattet worden sind. Zeigen Sie ihnen, wie Gott sie sieht, damit sie sich selbst auch so sehen können. Ihre Bereitschaft, sich die Hände schmutzig zu machen, um einen guten Familienboden vorzubereiten, die Saat zu setzen und für ein gesundes Umfeld zu sorgen, wird sich auszahlen: Sie werden sehen, wie Ihre Kinder als die wunderbaren Blumen zu blühen beginnen, die Gott im Blick hatte, als er Geschwister erschuf.

ZUM NACHDENKEN

1. Rufen Sie sich die drei Phasen (den Boden vorbereiten, die Saat setzen, für ein günstiges Klima sorgen) noch einmal ausführlicher ins Gedächtnis zurück. An welchen dieser Punkte steht Ihnen noch am meisten Arbeit bevor?
2. Was müssen Sie als Nächstes unternehmen, um in allen drei Phasen gleichzeitig arbeiten zu können?
3. Wie sehr haben Sie bisher bemerkt, dass sich Fortschritte in den einzelnen Phasen auch auf die anderen Phasen niederschlagen?
4. Gehen Sie die Aussagen der Eltern noch einmal durch. In welchen sehen Sie sich am meisten wieder?
5. Sind Sie schon gelegentlich in die Falle getappt, vor lauter Dornen die Rosen gar nicht mehr zu sehen?
6. Was können Sie tun, um die Rosen, die Gott Ihnen in Ihren Kindern schenkt, wieder besser in den Blick zu bekommen?
7. Lesen Sie Jeremia 29,11. Inwieweit spiegeln sich in diesem Vers

Ihre Erfahrungen als Familie wider? Welchen Plan hat Gott mit Ihren Kindern? Mit Ihnen als Eltern? Und mit Ihnen als Familie?

EINLADUNG ZUM GEBET

Rufen Sie sich im Gebet ins Gedächtnis zurück, welche Veränderungen es in Ihrer Familie bereits gegeben hat, seit Sie die zehn Schritte umsetzen. Bitten Sie Gott, Ihnen zu zeigen, an welchen Punkten Sie weiterarbeiten müssen und wo Sie als Eltern und Ihre Kinder noch Veränderung brauchen. Bitten Sie ihn, dass er Sie zu Nachfolgern macht, die auch andere in die richtige Richtung führen. Und danken Sie ihm, wie sonst auch, für all die Rosen, die er Ihnen geschenkt hat, und für die Bereicherung, die jedes Ihrer Kinder für Sie darstellt.

Benutzen Sie für Ihr Familientreffen diesmal die Anleitung zum Familiengespräch Nr. 15: Der Familien-TÜV (Seite 243ff)

Anleitung zum Familiengespräch Nr. 1
Unser erstes Familientreffen

Machen Sie zuerst als Familie zusammen etwas, das Ihnen allen Spaß macht: Spielen Sie ein Kartenspiel, gehen Sie in den Tierpark oder holen Sie für alle eine Riesenportion Eis. Dann setzen Sie sich alle im Wohnzimmer zusammen und beginnen mit dem ersten Familiengespräch.

Was Sie brauchen:
- Blatt und Stift
- ein Päckchen Smarties
- eine Bibel

Einführung: Worum es geht

Vater/Mutter: „Wir treffen uns alle von jetzt an einmal die Woche so wie heute, und wir nennen das unser Familientreffen. Wir wollen diese Treffen dazu nutzen, zusammen Spaß zu haben und als Familie zusammenzuwachsen. Wir können über alles Mögliche reden. Wir lernen auch ganz spannende Sachen aus Gottes Wort, und wir reden darüber, wie wir alle gut miteinander auskommen können. Wir wollen doch gerne eine richtig tolle Familie sein, oder?"

Gemeinsame Aktion: Was wir alles bei unseren Familientreffen machen können

Vater/Mutter: „Als Allererstes schreiben wir heute ein paar ganz wichtige Sachen auf. Wir wollen nämlich bei unseren Familientreffen immer zuerst etwas machen, was uns allen Spaß macht, und dann wollen wir ein bisschen reden. So wie heute auch. Also – was würdet ihr denn gerne auf dieser Liste stehen haben? Wir können in den nächsten Wochen immer noch neue Ideen dazuschreiben, wenn uns welche einfallen.

(Schreiben Sie die Vorschläge auf, die Sie für sinnvoll und realistisch halten.)
Hey – da stehen ja jetzt eine Menge toller Ideen drauf."

Gemeinsame Aktion: Worüber wir bei unseren Familientreffen reden können

Vater/Mutter: „Als Nächstes schreiben wir auf, worüber wir bei unseren Treffen reden wollen. Was meint ihr denn so – welche Themen findet ihr wichtig?
(Schreiben Sie Vorschläge auf. Lesen Sie einen oder mehrere der folgenden Verse vor: Galater 5,22-23, Epheser 4,25-27, Kolosser 3,12-15.)
Seht ihr in diesem Vers/in diesen Versen Dinge, über die wir uns mal austauschen sollten?
(Denken Sie an die vier Bereiche, über die es sich gut austauschen lässt: Andachten, Aktuelles, Charakterbildung, Sozialkompetenz. Wenn Ihren Kindern nichts einfällt, schlagen Sie selbst einige Themen aus diesen Bereichen vor.)
Das sind alles ganz schön spannende Themen. Ich freu mich schon drauf, wenn wir über die alle reden!"

Austausch: Unsere Familie

Vater/Mutter: „Weil wir das mit den Familientreffen ja noch nie gemacht haben, unterhalten wir uns erst mal ein bisschen über uns als Familie. Wir können darüber reden, wie wir alle miteinander zurechtkommen, wie ihr *(deuten Sie auf Ihre Kinder)* miteinander zurechtkommt und wie wir zu einer Familie werden können, wie Gott sie haben möchte. Wie findet ihr das? Wir machen das jetzt reihum: Jeder sagt eine Sache, die er an unserer Familie gut findet.
Wer etwas gesagt hat, kriegt ein Smartie. Okay – wer macht den Anfang?
(Wenn ein Kind damit überfordert ist, geben Sie ihm den Satzanfang noch einmal vor: „Ich finde an unserer Familie gut, dass...". Gehen Sie drei- oder viermal reihum und geben Sie den Kindern für jede Antwort ein Smartie.)
Das hat ja schon richtig toll geklappt! Könnt ihr jetzt noch mal

zusammenfassen, was wir gerade so über unsere Familie gesagt haben?"

(Lassen Sie die Kinder einzeln einige der Aussagen wiederholen.)

Gemeinsame Aktion: Was wir als Nächstes machen

Vater/Mutter: „So, jetzt müssen wir uns nur noch gemeinsam überlegen, was wir beim nächsten Mal machen. Gucken wir uns doch noch mal unsere Liste mit Sachen an, die Spaß machen, daraus wählen wir dann eine Sache aus. *(Bitten Sie ein Familienmitglied, die Vorschläge auf der Liste vorzulesen.)* Keine Sorge – wir machen diese Sachen alle früher oder später! Also – was sollen wir uns für nächste Woche vornehmen?"

(Wenn sich Ihre Kinder nicht auf einen Vorschlag einigen können, schlagen Sie selbst schnell ein paar Möglichkeiten vor: Mutter oder Vater legen etwas fest; es wird abgestimmt; jede Woche darf ein anderer etwas auswählen – beginnend mit dem jüngsten Kind; die Eltern geben zwei Sachen vor und dann wird gelost usw. Wenn Ihre Kinder auch dann mit dem Entscheidungsprozess überfordert sind, sagen Sie ihnen, dass Sie das als Eltern untereinander besprechen und etwas für die nächste Woche heraussuchen werden. Beenden Sie die Diskussion, bevor sie ausufert, und kommen Sie zum Schluss.)

Gebet zum Abschluss

Vater/Mutter: „Mit das Wichtigste, was wir als Familie tun können, ist, dass wir zusammen und füreinander beten. Heute machen wir das mal so, dass jeder ein kurzes Gebet spricht: Wir wollen alle Gott bitten, dass er uns segnet und zu einer Familie macht, an der er seine Freude hat."

(Wählen Sie ein Familienmitglied aus, das den Anfang machen soll, und gehen Sie dann reihum. Mutter oder Vater machen den Schluss. Wenn ein Kind sich mit dem lauten Gebet nicht wohl fühlt, drängen Sie es nicht und verlieren Sie darüber keine Worte. Geben Sie einfach dem Nächsten in der Reihe ein Zeichen weiterzumachen. Mit der Zeit werden sich Ihre Kinder schon daran gewöhnen, im Kreis der Familie kleine Gebete zu formulieren.)

Anleitung zum Familiengespräch Nr. 2
Ohne dich geht es nicht

Machen Sie zu Beginn (oder zum Schluss) Ihres Familientreffens etwas zusammen, das auf Ihrer Liste steht.

Was Sie brauchen:
- einen weichen Ball (Tennisball oder etwas größer)
- verschiedene Alltagsgegenstände in einer großen Tasche (eine Banane, eine CD, ein Stofftier, ein Spielzeugauto, einen Müsliriegel)
- eine Bibel

Gemeinsame Aktion: Fang den Ball!

Vater/Mutter: „Wir machen jetzt mal ein Experiment. Ich brauche dazu einen Freiwilligen, der aufsteht und versucht, diesen Ball zu fangen. Ich weiß, dass das ganz einfach klingt, aber die Sache hat einen Haken: Du darfst deine Arme oder Hände nicht benutzen. Ich werfe dir den Ball zu, und du versuchst ihn zu fangen. Die anderen können es danach auch mal versuchen."

(Stellen Sie sich vor Ihr Kind und werfen Sie den Ball vorsichtig so, dass er genau vor ihm zu liegen kommt. Machen Sie Ihrem Kind Mut, es zumindest einmal zu versuchen – vielleicht kommt das Kind auf ganz verrückte Ideen: den Ball mit den Knien fangen, ihn zwischen Kinn und Brustkorb klemmen ... Lassen Sie jedes Kind mehrmals versuchen.)

Gemeinsame Aktion: Was habe ich hier?

Vater/Mutter: „Jetzt wollen wir einmal sehen, ob ihr die Gegenstände erkennt, die ich hier aus der Tasche ziehe. Ihr dürft aber die Augen und die Hände nicht benutzen! Also könnt ihr die Sachen nicht sehen und nicht anfassen. Ihr könnt aber dran riechen, wenn ihr wollt. Wer will den Anfang machen?"

(Lassen Sie das Kind die Augen schließen und die Hände hinter dem Rücken verschränken. Wählen Sie einen Gegenstand aus der Tasche aus und halten Sie ihn dem Kind vor die Nase, so dass es daran riechen kann. Dann soll es raten, was es da vor sich hat; anschließend darf es die Augen wieder aufmachen und sehen, ob es richtig ist. Dann darf ein anderes Kind das Gleiche mit einem anderen Gegenstand machen.)

Gemeinsame Aktion: Fortbewegung auf die schwierige Art

Legen Sie irgendeine Markierung – einen Strumpf, eine Zeitschrift oder ein Sofakissen in etwa fünf Meter Entfernung so hin, dass zwischen Ihnen allen und dieser Markierung eine Art Weg ist. Wenn Sie es noch anspruchsvoller machen wollen, legen Sie die Markierung so, dass der Weg eine Kurve macht und nicht gerade verläuft.

Vater/Mutter: „Jetzt wollen wir einmal sehen, wer von hier *(wo Sie alle stehen)* zum Ziel da vorne kommt. Er darf aber die Füße und die Beine nicht benutzen, und nur einen Arm. Alle anderen Körperteile sind erlaubt."

(Ihre Kinder werden möglicherweise versuchen, über den Boden zu robben und den einen Arm dabei zu Hilfe zu nehmen. Achten Sie darauf, dass sie nicht vom Weg abkommen und die Beine und den zweiten Arm nicht zu Hilfe nehmen. Selbst wenn die Kinder es schaffen, ist es ganz schön schwierig!)

Gemeinsame Aktion: Es geht auch einfacher

Vater/Mutter: „Zum Schluss unseres Experiments gucken wir mal, wie es funktioniert, wenn wir unsere Körperteile so benutzen, wie Gott sich das vorgestellt hat."

(Lassen Sie eins Ihrer Kinder den Ball mit den Händen fangen. Lassen Sie ein anderes Kind einen Gegenstand aus der Tasche erkennen, wenn es ihn sehen kann. Und lassen Sie eines Ihrer Kinder den Weg normal gehen.)

Austausch: Ohne dich geht es nicht

(Alle setzen sich hin, und Sie lesen 1. Korinther 12,14-26. Wenn möglich, können Sie den Text auch eins der Kinder lesen lassen. Kommen Sie über die folgenden Fragen ins Gespräch:)

Vater/Mutter: 1. „Was meint die Bibel, wenn sie sagt, dass die Christen wie ein Körper sind? *(Wir sind verschieden, wir haben unterschiedliche Aufgaben, wir sind Gott alle wichtig, wir sollten aufeinander achten ...)*
2. War es schwer, den Ball zu fangen, den Gegenstand zu erkennen oder zum Ziel zu kommen, wenn man nicht alle Körperteile benutzen kann?
3. Was lernen wir aus diesen Experimenten – wie wichtig sind alle unsere Körperteile? *(Jedes Körperteil hat eine ganz bestimmte Aufgabe, es ist viel schwieriger, wenn man nicht alle benutzen kann ...)*
4. Wie haben die Experimente denn geklappt, als ihr alle Körperteile benutzen konntet wie vorgesehen?
5. Findet ihr, dass eine Familie auch wie ein Körper ist? *(Gott hat uns alle gemacht, wir sind alle unterschiedlich, wir hängen alle zusammen, wir können einander helfen ...)*
6. Welchen Beitrag leistet jeder Einzelne von uns für die Familie?
7. Wenn Gott den Körper so gemacht hat, dass alle Teile zusammenhängen – wie können wir es als Familie schaffen, dass wir uns nahe sind und zusammenhalten? *(Familientreffen, zusammen spielen, teilen, miteinander reden, einander helfen, die anderen fragen, wie es ihnen geht ...)*
8. Wenn Gott die einzelnen Körperteile so geschaffen hat, dass sie alle einander ergänzen und eine Hilfe sind – wie können wir uns in unserer Familie gegenseitig helfen, damit wir so funktionieren, wie Gott sich das wünscht? *(Rücksicht nehmen, freundlich miteinander reden, auf die Eltern hören, teilen, anderen den Vortritt lassen, die anderen aufmuntern, bitte und danke sagen, seine Hilfe anbieten ...)*

Gebet zum Abschluss

Jeder dankt Gott für eine Sache, die an dem Familienmitglied, das gerade rechts von ihm sitzt, ganz besonders und toll ist. Anschließend danken Mutter oder Vater dafür, dass Gott jedes ihrer Kinder so einzigartig gemacht hat. Bitten Sie ihn, dass er Ihnen als Familie hilft, immer gut zusammenzuhalten und einander zu helfen.

Anleitung zum Familiengespräch Nr. 3
Gott hat Großes mit dir vor

Machen Sie zu Beginn (oder zum Schluss) Ihres Familientreffens etwas zusammen, das auf Ihrer Liste steht.

Was Sie brauchen:
- einen Apfel
- eine Orange
- eine Bibel
- Fotos von einer Raupe, einem Schmetterling, einer Eichel, einer Eiche, einem Jungen und einem Mädchen (Wenn Sie ein bisschen Englisch können, können Sie sich all diese Bilder auch von meiner Internetseite www.parentlifesaver.com herunterladen: Suchen Sie nach dem Buch *Keep the Siblings, Lose the Rivalry* – das ist der englische Originaltitel des Buches, das Sie gerade lesen – und klicken Sie sich durch zu den *Family Time Discussion Guides*. Folgen Sie den Anweisungen dort, drucken Sie die Bilder aus und setzen Sie sie im Familiengespräch ein.)

Gemeinsame Aktion und Austausch: Äpfel mit Orangen vergleichen

<u>Vater/Mutter:</u> „Ich sag euch jetzt mal zwei ganz wichtige Sachen. Hört gut zu! *(Halten Sie den Apfel hoch.)* Äpfel sind gesund, Orangen sind ungesund. *(Halten Sie nun die Orange hoch.)* Nein, Orangen sind gesund und Äpfel sind ungesund. *(Diskutieren Sie mit den Kindern über die folgenden Fragen:)*

1. Welche Aussage ist richtig?
2. Sind Äpfel gesund?
3. Sind Orangen gesund?
4. Sind Äpfel oder Orangen ungesund?

(Nehmen Sie nun den Apfel in die eine und die Orange in die andere Hand.)

Ich habe noch einen Satz für euch. Hört mal her:
Äpfel sind gesund und Orangen sind auch gesund. Sie sind verschieden, aber sie sind beide gut für uns."

Tauschen Sie sich über die folgenden Fragen aus:
Vater/Mutter: 1. „Wer hat Äpfel und Orangen gemacht? *(Gott)*
2. Was haben wir mit den Äpfeln und Orangen gemeinsam? *(Gott hat uns gemacht, wir sind alle ganz verschieden, wir alle haben gute Seiten.)*
3. Sollte ein Apfel traurig sein, dass er keine Orange ist – oder sollte eine Orange sich wünschen, dass sie ein Apfel wäre?" *(Nein, Gott hat die Äpfel extra als Äpfel geschaffen und die Orangen als Orangen.)*

Lesen Sie Psalm 139,13-16. Stellen Sie die folgenden Fragen in den Raum:
Vater/Mutter: 1. „Wer hat jeden von uns gemacht?
2. Will Gott, dass ________ (Kind Nr. 1) genauso ist wie ________ (Kind Nr. 2), oder will Gott, dass ________ (Kind Nr. 1) so ist, wie er/sie ist? *(Gott will, dass jedes Kind so ist, wie er es haben möchte.)*
Gott hat Äpfel anders geschaffen als Orangen, und sie sind beide gut – sie sind beide so, wie er sie haben möchte. Und genauso hat er uns auch alle ganz unterschiedlich geschaffen und möchte, dass wir so sind, wie wir sind – und nicht wie jemand anderes."

Gemeinsame Aktion und Austausch: Was kann draus werden?
Vater/Mutter: „Guckt euch mal alle das Bild hier an. *(Halten Sie das Foto mit der Raupe hoch.)* Was seht ihr da? Na, und was kommt heraus, wenn die Raupe sich verpuppt? *(Halten Sie das Bild mit dem Schmetterling hoch.)* Es ist kaum zu glauben, was? So ein schöner Schmetterling ist aus der kleinen Raupe geworden!
Jetzt guckt euch das Bild hier an. *(Zeigen Sie das Bild mit der Eichel.)* Was seht ihr auf diesem Bild? Und was passiert mit dieser Eichel, wenn man sie im Boden vergräbt? *(Halten Sie*

das Bild mit der Eiche hoch.) Aus der winzigen Eichel ist so ein großer Baum geworden. Man kann sich das fast nicht vorstellen, was?

(Lesen Sie Jeremia 29,11. Halten Sie dann das Bild mit dem Jungen hoch.)

Was sehen wir denn auf dem Bild hier? Was meint ihr, was Gott mit diesem Jungen vorhaben könnte? *(dass er ganz vielen Leuten von Jesus erzählt, dass er ein Spieler in der Fußball-Nationalmannschaft wird, dass er Polizist wird, dass er ein ganz toller Papa wird ...)*

(Halten Sie als Nächstes das Bild von dem Mädchen hoch.)

Und was ist mit diesem Mädchen? Was meint ihr, was könnte Gott mit ihr vorhaben? *(dass sie ganz vielen Menschen von Jesus erzählt, dass sie Lehrerin oder Ärztin wird, dass sie Kindern aus schwierigen Verhältnissen hilft, dass sie ganz viele Kinder bekommt ...)*

Und genauso, wie sich in der kleinen Raupe ein wunderschöner Schmetterling verbirgt und in der kleinen Eichel ein riesiger Baum, so hat Gott auch mit uns ganz tolle Sachen vor, die wir jetzt vielleicht noch gar nicht sehen können. Aber sie sind trotzdem da! Was meint ihr, was könnte Gott wohl mit jedem von uns vorhaben?"

(Tragen Sie miteinander auf einem Blatt Papier zusammen, was Gott mit Ihnen allen vorhaben könnte – und lassen Sie Ihrer Phantasie dabei freien Lauf.)

Gemeinsame Aktion und Austausch: Der wirkliche Sieger

Lesen Sie die nachfolgende Mini-Geschichte und wählen Sie aus den Fragen im Anschluss einige zum Austausch aus.

David war dreizehn und spielte richtig gut Basketball. Er gewann meistens gegen seinen zehnjährigen Bruder Uwe, weil er schon viel mehr Übung hatte und auch ein ganzes Stück größer war.

Fragen zum Austausch:

1. „Heißt das, dass David immer besser im Basketball ist als Uwe? Warum, oder warum nicht?

2. Denkt ihr, dass Uwe vielleicht etwas anderes besser kann als David? Was zum Beispiel?
3. Nennt jeder eine Sache, die ihr gut könnt, und eine, die ihr so ein bisschen könnt.
4. Glaubt ihr, dass ihr die Sache, die ihr nur ein bisschen könnt, irgendwann einmal besser könnt?
5. Wie wichtig ist ________ *(fügen Sie hier nacheinander die Namen aller Familienmitglieder ein)* für Gott?
6. Woher wissen wir denn, dass wir für Gott ganz wichtig sind? *(weil es in der Bibel steht, weil er für uns gestorben ist ...)*
7. Wenn ein Junge oder ein Mädchen gar nichts so richtig gut könnte – wäre dieses Kind für Gott immer noch wichtig? Und wäre es für seine Familie immer noch wichtig?
8. Sind wir wichtig, weil wir irgendetwas gut können, oder weil Gott uns gemacht hat?
9. Was hat Gott an ________ *(fügen Sie hier nacheinander die Namen aller Familienmitglieder ein)* ganz besonders toll gemacht?
10. Wie können wir dazu beitragen, dass wir auch als Familie etwas ganz Besonderes sind?“

Zusammenfassung

Vater/Mutter: „Versuchen wir doch mal, all das, was wir heute so gelernt haben, zusammenzufassen. Was haben wir von den Äpfeln und Orangen gelernt? *(wir sind ganz verschieden, aber Gott hat uns gemacht, wie er uns haben will)* Und was haben wir von dem Schmetterling und von der großen Eiche gelernt? *(es kommt nicht darauf an, was man auf den ersten Blick sieht, auch aus kleinen, unscheinbaren Dingen können ganz großartige werden, Gott hat mit jedem von uns etwas Großartiges vor)*

Und ganz am Schluss haben wir gelernt, dass jeder irgendetwas gut kann. Aber es kommt nicht darauf an, dass wir gut lesen oder Fußball spielen können oder so, sondern dass wir von – wem? – geschaffen sind *(Gott)* und dass er jeden Einzelnen von uns sehr, sehr lieb hat.“

Gebet zum Abschluss
Reichen Sie sich die Hände und beten Sie – jeder für das Familienmitglied zu seiner Rechten. Mutter oder Vater machen den Abschluss. Danken Sie Gott für die verschiedenen Gaben und Fähigkeiten, mit denen er jeden Einzelnen von Ihnen ausgestattet hat, und bitten Sie ihn, dass Sie alle einander helfen können, das Potenzial zu verwirklichen, das Gott in Sie hineingelegt hat.

Anleitung zum Familiengespräch Nr. 4
Die Respektregel für Familien

Machen Sie zu Beginn (oder zum Schluss) Ihres Familientreffens etwas zusammen, das auf Ihrer Liste steht.

Was Sie brauchen:
- mehrere Blatt Papier
- einen Beutel Smarties oder andere kleine Süßigkeiten
- eine Bibel

Gemeinsame Aktion: Wie man keinen Respekt zeigt!
Nehmen Sie ein Stück Papier, schneiden Sie es etwa auf die Größe eines Geldscheins zurecht und schreiben Sie „500 Euro" darauf; Sie können es auch ein bisschen bemalen, so dass es ein bisschen echter aussieht. Zeigen Sie ihn den Kindern. Erklären Sie den Kindern: „Das ist ein 500-Euro-Schein!" Anschließend beginnen Sie, diesen „Geldschein" so respektlos zu behandeln wie möglich – Sie dürfen gerne richtig dramatisch werden: Zerknittern Sie ihn. Werfen Sie ihn auf den Boden. Trampeln Sie darauf herum – und reißen Sie ihn schließlich in Stücke. Ihre Kinder werden Sie aller Voraussicht nach mit weit aufgerissenen Augen anstarren.

Stellen Sie die folgenden Fragen in den Raum:
1. „Habe ich den 500-Euro-Schein mit Respekt behandelt?
2. Was ist wichtiger – ein 500-Euro-Schein oder unsere Familie?
3. Wenn Gott will, dass wir unser Geld mit Achtung behandeln – müssten wir für unsere Familie dann nicht noch mehr Respekt übrig haben?"

Austausch: Sechs Stufen zu respektvollem Verhalten
Erste Stufe: Sprechen Sie darüber, wie wichtig es ist, einander mit Achtung zu begegnen.
Lesen Sie eine oder zwei der folgenden Bibelstellen: Kolosser 3,12-

21, 1. Korinther 13,1-7, Galater 5,22-25. Tauschen Sie sich dann über die folgenden Fragen aus:

Vater/Mutter: 1. „Was meint ihr – was bedeutet Respekt? *(etwas vorsichtig behandeln, auf etwas achten, es in Ehren halten – wie etwas Wertvolles ...)*

2. Warum sollten wir uns als Familie untereinander mit gegenseitigem Respekt begegnen?

3. Was meint ihr: Was sagt Gott darüber, wie wir uns zueinander verhalten?

4. Wie wirkt es sich auf unsere Familie aus, wenn wir einander so behandeln, wie Gott es sich wünscht? *(kommen besser miteinander aus, haben viel mehr Spaß zusammen, kommen einander näher ...)*

5. Wir schreiben jetzt mal auf, wie wir uns als Familie gerne verhalten wollen." *(Lassen Sie jeden Vorschläge machen, die die Mutter oder der Vater auf ein Blatt Papier schreibt.)*

Zweite Stufe: Führen Sie die Respektregel für Familien ein.

Vater/Mutter: „Es gibt da einen Grundsatz, der uns als Familie bestimmt sehr helfen wird, und der heißt: In einer Familie ist jeder zu jedem höflich. Immer und überall. Auch wenn man wütend oder traurig ist oder müde. Was meint ihr?"

Diskutieren Sie über die folgenden Fragen:

1. Würdet ihr gerne in einer Familie leben, in der ihr respekt*voll* behandelt werdet oder respekt*los*?
2. Wenn ich sauer bin – kann ich euch dann behandeln, wie ich will, einfach weil ich sauer bin, oder muss ich selbst dann respektvoll sein?
3. Was meint ihr – wie kann die Respektregel uns als Familie helfen?

Dritte Stufe: Listen Sie respektloses Verhalten (von dem Sie sich weniger wünschen) und respektvolles Verhalten (von dem Sie gerne mehr sähen) auf.

Vater/Mutter: „Wir schreiben jetzt mal respektloses Verhalten auf, das wir uns alle abgewöhnen wollen. *(Jeder sagt der Reihe nach,*

was ihm einfällt: andere anbrüllen, Schimpfnamen, die Geschwister hänseln, schlagen und treten, ohne Erlaubnis Sachen nehmen, die einem nicht gehören ... Die Mutter oder der Vater schreibt all diese Dinge auf.)
Okay, und als Nächstes schreiben wir respektvolles Verhalten auf, das wir uns angewöhnen wollen.“ *(Jeder sagt der Reihe nach, was ihm einfällt: teilen, freundliche Worte, sich abwechseln, auch bei Streitigkeiten ruhig bleiben ... Mutter oder Vater schreibt all diese Dinge auf.)*

Vierte Stufe: Führen Sie Situationen an, in denen Ihre Kinder sich respektlos verhalten.
Vater/Mutter: „Schreiben wir mal auf, in welchen Situationen wir immer wieder ganz schnell respektlos werden. Dann können wir versuchen, das in Zukunft zu vermeiden.“ *(Schreiben Sie typische Situationen auf, in denen es zu lautstarken Auseinandersetzungen kommt.)*

Fünfte Stufe: Spielen Sie diese Situationen als Rollenspiele durch und lassen Sie die Kinder respektvollere Antworten formulieren.
Vater/Mutter: „Also gut, probieren wir das einmal an einem Beispiel von unserer Liste aus und üben, wie man sich da besser verhalten kann. Welches Beispiel sollen wir nehmen?“
(Wählen Sie eine typische Situation aus und lassen Sie die Kinder im Rollenspiel üben, wie man sich respektvoll verhalten kann. Sie können als Eltern auch mitspielen, falls nötig, oder Sie können als Regisseur fungieren – zum Beispiel indem Sie den Startschuss geben: „Achtung – fertig – los!“, oder die Handlung zwischendrin anhalten, damit man besprechen kann, was gerade passiert.
Sie könnten sich also den Streit um die Fernbedienung vornehmen – wenn das in Ihrer Familie für Konflikte sorgt. Lassen Sie die Kinder spielen, was passiert: Ein Kind sitzt auf dem Sofa und schaut fern, als ein anderes dazukommt und gerne zu einem anderen Programm wechseln möchte. Sie sollten beiden Kindern helfen, sich in dieser Situation in Worten und Taten richtig zu verhalten – dazu können Sie auch auf die Liste mit respektvollem Verhalten zurückgreifen. Lassen Sie diese Rollenspiele nicht ausufern, und achten Sie darauf, dass alle Spaß dabei

haben, und geben Sie jedem Kind, das mitgemacht hat, anschließend ein Smartie oder Ähnliches. Loben Sie Ihre Kinder ausgiebig für ihre Bemühungen, Respekt an den Tag zu legen.)

Sechste Stufe: Machen Sie an diesen Beispielen deutlich, wie das respektvollere Verhalten das Endergebnis positiv beeinflusst hat. Nach dem Rollenspiel setzen sich alle wieder hin und tauschen sich über die folgenden Fragen aus:

1. „Wenn ihr euch mit Respekt behandelt, wie ihr das gerade so toll gemacht habt – wie wirkt sich das auf unsere Familie aus? *(wir haben nicht gestritten, wir haben uns nicht angeschrien und sind nicht aufeinander losgegangen, wir haben das Problem gelöst, es war viel lustiger ...)*
2. Was wäre passiert, wenn einer von euch oder beide in dieser Situation nicht respektvoll gewesen wäre? *(hätte Ärger bekommen und gewisse Sonderrechte verloren, beide wären traurig gewesen, hätten Gott nicht gehorcht, der Familie weh getan ...)*
3. Was meint ihr – wie fand Gott das, wie ihr euch in dieser Übung verhalten habt?"

Gebet zum Abschluss

Jeder nennt eine Sache, für die die anderen beten können; „verteilen" Sie die Gebetsanliegen so, dass jedes Familienmitglied für ein anderes betet. Bitten Sie Gott im Anschluss daran, dass Sie alle es in dieser Woche schaffen, sich an die Respektregel zu halten und allen Familienmitgliedern respektvoll zu begegnen.

Anleitung zum Familiengespräch Nr. 5
Sag freundlich, was dich ärgert

Machen Sie zu Beginn (oder zum Schluss) Ihres Familientreffens etwas zusammen, das auf Ihrer Liste steht.

Was Sie brauchen:

- eine 1-Euro-Münze für jedes Kind
- eine stinkende Socke (die stinkigste, die Sie auftreiben können!)
- eine frisch gewaschene, saubere Socke
- ein Blatt mit den beiden „Wenn ...“-Sätzen für jedes Kind
- eine Bibel

Einführung in die Kommunikation: von Euro-Münzen und Stinkesocken

Bevor Sie mit dem Familientreffen beginnen, legen Sie so viele Euro-Münzen, wie Sie Kinder haben, in die saubere Socke. Erklären Sie dann, was Kommunikation ist:

Vater/Mutter: „Heute geht es darum, wie wir miteinander reden. Wollen wir so miteinander reden, dass das schlecht ist für die ganze Familie, oder so, dass es gut ist für die ganze Familie? *(gut für die Familie!)* Wenn wir miteinander reden, ist das so ähnlich wie mit diesen beiden Socken. *(Halten Sie die stinkende Socke hoch.)* Guckt euch diese eklige Stinkesocke mal an. Will jemand mal dran riechen? Oder die Hand reinstecken? *(wohl eher nicht)* Wenn ein Einbrecher in unser Haus käme – würde er unseren Wäschekorb durchwühlen, um zu sehen, ob in dieser Stinkesocke Geld ist? Bestimmt nicht, der würde einen weiten Bogen darum machen! Er würde wegrennen, weil er keine Luft mehr kriegt. *(Machen Sie dramatische Würgegeräusche und fassen Sie sich an den Hals.)* Wenn wir miteinander reden, ist das so ähnlich. Manchmal habt ihr etwas ganz Tolles und Wichtiges zu sagen – aber wenn ihr es auf eine respektlose Art und Weise sagt, ist das so, als wenn man etwas Wertvolles nimmt und in eine eklige, stinkige Socke steckt. Und genauso, wie keiner die Stinkesocke anfassen möchte – glaubt ihr, irgendjemand will hören, was ihr zu sagen habt, wenn ihr es ganz unfreundlich sagt? (*Nein!*) Stimmt. Wenn wir also etwas Richtiges und Wichtiges sagen möchten, verpacken wir das am besten in höfliche Worte. Das ist so, wie wenn man etwas Wertvolles in eine schöne, saubere Socke packt. *(Halten Sie die saubere Socke hoch.)* Diese Socke hier ist ganz frisch gewaschen und fühlt sich richtig gut an. Sie riecht sogar ganz frisch und sauber. Will mal jemand dran riechen? Oder sie auch mal anpacken? Na, wenn in der Socke etwas Wertvolles steckte, würde es uns gar nichts ausmachen, oder? Wir würden einfach die Hand reinstecken und es rausholen. *(Greifen Sie in die Socke und geben Sie jedem Kind eine Münze. Es darf sie behalten.)* Und genauso ist es auch, wenn ihr respektvoll miteinander redet: Es ist für die anderen viel einfacher und angenehmer, euch zuzuhören, wenn ihr etwas zu sagen habt. Also wollen wir alle nicht nur darauf achten, was wir sagen, sondern auch, wie wir es sagen."

Gemeinsame Aktion: Sag es richtig

<u>Vater/Mutter:</u> „Wir wollen doch gerne respektvoll miteinander umgehen, auch wenn wir sauer sind, nicht wahr? Eine Möglichkeit, wie man das machen kann, ist, dass man einfach sagt, was der andere macht und wie das für einen selber ist – oder warum man damit ein Problem hat. Wir haben euch hier mal zwei Sätze aufgeschrieben, die ihr benutzen könnt. *(Geben Sie jedem Kind, das schon lesen kann, einen Zettel mit den beiden Sätzen und lesen Sie sie laut vor):*

Wenn du ________________ *(hier setzt man das Verhalten ein, das einem missfällt)*,
fühle ich mich ________________ *(hier setzt man ein, wie es einem dann geht)*.
Oder: „Wenn du ________________ *(hier setzt man das Verhalten ein, das einem missfällt)*,

dann ________________ *(hier setzt man ein, was man dann für ein Problem hat).*

Okay, wir üben das jetzt mal mit ein paar Beispielen. Versucht mal, ob ihr diese Sätze in den Situationen einsetzen könnt, von denen ich euch hier erzähle.

1. Naomi kommt in Heikes Zimmer und setzt sich auf ihr Bett. Dabei verknittert sie die Tagesdecke. Wie könnte Heike die zwei Sätze benutzen? *(Wenn du meine Tagesdecke verknitterst, ärgere ich mich. Wenn du meine Tagesdecke verknitterst, muss ich mein Bett noch mal machen, und das mag ich nicht.)*
2. Martin macht in seinem Zimmer seine Hausaufgaben. Da stellt Amy den Fernseher so laut, dass er sich gar nicht mehr konzentrieren kann. *(Wenn du den Fernseher so laut stellst, ärgert mich das, weil ich mich nicht konzentrieren kann. Wenn du den Fernseher so laut stellst, kann ich meine Hausaufgaben nicht richtig machen.)*

Austausch: Was meint ihr?

<u>Vater/Mutter:</u> „Na, was meint ihr? Würden diese beiden Sätze uns helfen, dass wir ein bisschen respektvoller miteinander umgehen? Welche Gelegenheiten fallen euch so ein, bei denen sie eine große Hilfe wären?
(Lesen Sie Lukas 6,31 vor.) Was hat dieser Vers damit zu tun, wie wir miteinander reden? *(Gott will, dass wir mit anderen so reden, wie wir uns auch wünschen, dass sie mit uns reden.)* Was haben wir davon, wenn wir Gott gehorchen und so miteinander reden, wie er es sich vorstellt?“ *(Wir kämen viel besser miteinander klar, wir könnten Streit viel schneller beenden, wir würden keinen Ärger kriegen, wir hätten viel mehr Spaß.)*

Gemeinsame Aktion: Höflichkeit kann man lernen

Sie können irgendeine Situation verwenden, die in der Vergangenheit öfters zu Streitigkeiten unter den Geschwistern geführt hat, oder Sie denken sich einfach etwas aus.

Vater/Mutter: „Okay, jetzt versuchen wir mal, selber diese Sätze einzusetzen. *(Hier folgt ein Musterbeispiel.)* Stellen wir uns einfach mal vor, dass Benni hier am Computer sitzt und irgendein Spiel spielt, und seine kleine Schwester Nicole stellt sich hinter ihn, kichert die ganze Zeit und ruft ‚Oooh' und ‚Aaah'. Benni versucht natürlich, sich auf das Spiel zu konzentrieren, und das geht nicht besonders gut, wenn seine Schwester die ganze Zeit solche Kommentare von sich gibt. Einer von euch spielt jetzt mal Benni und einer Nicole. *(Besetzen Sie die beiden Rollen mit Ihren Kindern und lassen Sie sie ihre Plätze einnehmen – vor einem gedachten Computer oder auch dem richtigen, wenn er gerade in der Nähe steht.)*

Also, Benni, mach uns doch mal vor, was du Respektloses zu Nicole sagen könntest – nur damit wir nachher einen Vergleich haben. *(„Hau ab!", „Lass mich in Ruhe!", „Verzieh dich, du blöde Schnepfe!" ...)* Super, das klang ja ziemlich echt. Was würde passieren, wenn Benni so mit seiner Schwester redet? *(Er würde auf sein Zimmer geschickt, müsste den Computer ausmachen ...)*

Wie könnte Benni einen unserer Sätze einsetzen, um Nicole auf eine respektvolle Weise zu sagen, was er denkt? *(Wenn du so hinter mir stehst, ärgert mich das ein bisschen, weil ich dann nicht richtig spielen kann. Wenn du diese Geräusche machst, kann ich mich nicht auf mein Spiel konzentrieren.)* Okay, Nicole, klang das jetzt irgendwie respektvoller?

Gut, spielen wir noch eine Situation durch."

Gebet zum Abschluss

Lassen Sie jedes Familienmitglied ein kurzes Gebet sprechen; die Mutter oder der Vater macht den Abschluss. Bitten Sie alle Gott darum, dass er Ihnen hilft, respektvoll miteinander zu reden und die beiden Sätze so zu lernen, dass alle sie in alltäglichen Konflikten anwenden können. Auf diese Weise behandeln Sie einander mit der Achtung, die jedem von Ihnen als Gottes wertvollem Geschöpf zukommt, und lernen ihm in allem zu gehorchen.

Anleitung zum Familiengespräch Nr. 6
Hör dem andern zu

Machen Sie zu Beginn (oder zum Schluss) Ihres Familientreffens etwas zusammen, das auf Ihrer Liste steht.

Was Sie brauchen:
- einen Tennisball
- eine Bibel

Gemeinsame Aktion: Das Spiel mit dem Tennisball

Vater/Mutter: *(Setzen Sie sich alle im Kreis.)* „Heute wollen wir darüber sprechen, wie das eigentlich funktioniert, wenn wir miteinander reden und einander zuhören. Und zwar spielen wir zuerst mal mit diesem Ball. *(Geben Sie einem der Kinder den Tennisball.)* Nehmt den Ball und werft ihn euch zu, und zwar zehn Mal. Achtet darauf, dass er nicht hinfällt. Los geht's. *(Nachdem diese kleine Übung beendet ist:)* Was habt ihr denn da grade gemacht? Wenn ihr den Ball geworfen habt, worauf habt ihr dann geachtet? *(Man muss ihn so werfen, dass der andere ihn auch fangen kann; man darf nicht zu feste werfen, aber der Ball muss weit genug fliegen.)*

Und nachher, wenn ihr mit Fangen dran wart, worauf musstet ihr da achten?

(Schauen, wie der Ball fliegt, so dass man ihn fangen kann.)

Wie ihr mit dem Ball gespielt habt, ist ein gutes Beispiel, wie ein Gespräch funktioniert. Zuerst muss man das, was man sagen will, richtig und respektvoll sagen. Das ist so, wie wenn man den Ball so vorsichtig wirft, dass der andere ihn auch fangen kann. Versteht ihr?

Und dann muss man gut aufpassen und zuhören, was der andere eigentlich sagt. Das ist so, wie wenn man auf den Ball guckt, den der andere geworfen hat, damit man ihn auch ja fängt. Das ist ja eigentlich ganz logisch, wie? Wenn wir uns also abwechseln: mal etwas respektvoll sagen und mal zuhören, können wir eine Menge Probleme lösen."

Gemeinsame Aktion: Die Tennisball-Diskussion

Vater/Mutter: „Wir nehmen jetzt mal den Tennisball zu Hilfe, um uns darüber zu unterhalten, was wir alles Spannendes bei unseren Familientreffen machen können, okay? Hier sind die Regeln: *(Lesen Sie die „Tennisball-Diskussionsregeln" vor.)*

1. Reden darf nur, wer gerade den Tennisball in der Hand hält.
2. Wenn jemand etwas sagen möchte, muss er die Hand heben, damit die anderen sehen, dass er etwas beizutragen hat.
3. Wenn die Person, die gerade den Tennisball hat, fertig ist mit Reden, wirft sie den Ball vorsichtig einem anderen Familienmitglied zu, dessen Hand erhoben ist."

Werfen Sie den Ball einem Ihrer Kinder zu und beginnen Sie mit der Diskussion. Sie können sich auch selbst am Gespräch beteiligen, sollten aber außerdem als Schiedsrichter fungieren, der den anderen hilft, die Regeln einzuhalten. Achten Sie darauf, dass die Redebeiträge kurz sind und dass die Kinder den Ball wirklich auch wieder abgeben, wenn sie fertig sind mit Reden. Wenn Sie wollen, können Sie auch eine Stoppuhr auf 30 Sekunden stellen und jedem genau diese halbe Minute einräumen, bis er den Ball weitergeben muss. Greifen Sie an verschiedenen Punkten der Diskussion ein Familienmitglied heraus, das gerade nicht den Ball hat, und lassen Sie es wiederholen, was gerade gesagt worden ist. Auf diese Weise sind alle gezwungen, genau hinzuhören.

Gemeinsame Aktion: Die Tennisball-Diskussion im Alltag

Vater/Mutter: „Ihr habt das mit der Diskussion, was wir an unseren Familientreffen Tolles machen können, richtig gut gemacht! Und das mit dem Tennisball hat so gut geklappt, dass wir so etwas Ähnliches jetzt auch einmal mit einem ganz normalen Problem probieren. Der Ball kann uns helfen, darauf zu achten, dass wirklich immer nur einer redet. *(Wählen Sie eine relativ einfache Situation aus der jüngeren Vergangenheit. Wenn Ihnen nichts einfällt, denken Sie sich einfach etwas aus.)* Also, denken wir einfach mal, dass ihr alle zusammen spielen wollt, aber ihr könnt euch nicht auf ein Spiel einigen. Wir versuchen das jetzt mal mit dem Tennisball, so wie eben. Denkt an die Regeln: Nur wer gerade den Ball hat, darf reden, und die anderen hören zu." *(Ermahnen Sie auch hier die Kinder gegebenenfalls, ihre Beiträge kurz zu halten, und fragen Sie gelegentlich nach, was gerade gesagt worden ist.)*

Austausch: Abwechselnd reden

Vater/Mutter: *(Lesen Sie Lukas 6,31.)* „Was hat der Vers denn damit zu tun, ob wir einander zuhören oder nicht? *(Man soll anderen zuhören, weil man ja auch will, dass sie einem zuhören. Lesen Sie Jakobus 1,19-20.)* Und was sagen diese Verse darüber, wie das mit dem Zuhören ist?" *(Wir sollen anderen zuhören und nicht schnell wütend werden.)*

Tauschen Sie sich über die folgenden Fragen aus:

Vater/Mutter: 1. „Was an der Tennisball-Diskussion hilft uns, dass wir das mit dem Reden und Zuhören besser hinkriegen? *(Es ist viel lustiger, wenn alle einander zuhören; man muss nicht schreien, um gehört zu werden; ich finde es schön, wenn die anderen mir zuhören; wir kommen mit der Diskussion viel schneller voran ...)*

2. Findet ihr es schöner, wenn die anderen euch zuhören, oder wenn sie euch einfach ignorieren?

3. Wenn wir abwechselnd reden – kommen wir mit der Diskussion dann schneller voran oder langsamer?

4. Wir könnten den Tennisball ja auch einmal benutzen, wenn wir im wirklichen Leben ein Problem haben. Dann denken wir daran, dass immer nur einer reden soll. Findet ihr die Idee gut oder nicht? Warum, oder warum nicht?"

Gebet zum Abschluss

Lassen Sie jeden ein Gebet für alle anderen Familienmitglieder sprechen. Bitten Sie Gott, dass er den anderen bei dem hilft, was sie täglich tun (Arbeit, Schule, Sport, Kindergarten ...). Wenn Sie als Mutter oder Vater den Abschluss machen, danken Sie Gott dafür, dass er Ihnen allen bisher die Energie gegeben hat, Respekt füreinander einzuüben.

Anleitung zum Familiengespräch Nr. 7
Schlag eine Lösung vor

Machen Sie zu Beginn (oder zum Schluss) Ihres Familientreffens etwas zusammen, das auf Ihrer Liste steht.

Was Sie brauchen:

- ein oder mehrere Plätzchen
- eine oder zwei Euromünzen und ihren Gegenwert in kleineren Münzen
- eine Bibel

Gemeinsame Aktion: Der Kampf um den Keks

Vater/Mutter: *(Halten Sie das oder die Plätzchen bereit – achten Sie darauf, dass Sie weniger Plätzchen haben als Kinder.)* „Ich hab hier ein paar richtig leckere Plätzchen für euch. Aber erst müsst ihr alle schreien: „Ich will ein Plätzchen!" – und zwar immer schön abwechselnd, jeder zehn Mal. (Ich mein das wirklich ernst.) Los geht's.
(Wenn die Kinder fertig sind, fragen Sie:) Na, wie hat das geklappt mit dem Schreien? Habt ihr irgendwas damit erreicht? Hat irgendjemand ein Plätzchen gekriegt? *(Nein.)* Wer hat eine Idee, wie wir es hinkriegen, dass alle etwas von diesem/diesen Plätzchen haben?" *(Machen Sie den Kindern Mut, sich originelle Lösungen auszudenken. Natürlich kann man Plätzchen teilen – entweder man bricht sie in Stücke oder man zerteilt sie sorgfältig mit einem Messer. Wenn die Kinder eine Lösung haben, teilen Sie das oder die Plätzchen so unter ihnen auf, dass alle zufrieden sind.)*

Gemeinsame Aktion: Kannst du wechseln?

Vater/Mutter: *(Nehmen Sie die Euromünze – oder zwei Münzen, wenn Sie drei oder mehr Kinder haben – und halten Sie sie den Kindern vor die Nase.)* „Ich möchte euch das hier gerne

geben. Aber zuerst müsst ihr wieder rufen: ‚Gib's mir!', ‚Nein, gib's mir!' – wieder schön der Reihe nach, und jeder zehn Mal. Achtung – fertig – los!
(Nachher): Und – wie hat das mit dem Schreien diesmal geklappt? Habt ihr was erreicht?
Wem fällt eine gute Lösung ein, was wir mit dem Geld hier machen können, dass ihr alle etwas davon habt?" *(Auch hier dürfen die Kinder wieder ein bisschen nachdenken. Eine Möglichkeit ist natürlich, den Euro in kleinere Münzen umzutauschen – dafür halten Sie schließlich das Wechselgeld bereit. Wenn sie eine gute Lösung gefunden haben, teilen Sie das Geld unter Ihre Kinder auf.)*

Austausch: Eine Lösung vorschlagen
Diskutieren Sie alle über die folgenden Fragen:
Vater/Mutter: 1. „Hat das ganze Schreien euch geholfen, eine Lösung zu finden? *(Kleineren Kindern müssen Sie möglicherweise noch erklären, was eine „Lösung" für ein Problem ist.)*
2. Was bewirkt Schreien normalerweise? *(wir kriegen Ärger, es tut unserer Familie nicht gut, Mama kriegt Kopfschmerzen)*
3. Habt ihr etwas davon gehabt, dass ihr eine Lösung gefunden habt?
War die Lösung nur gut für einen von euch, oder für alle?

(Lesen Sie Lukas 6,31 und 1. Korinther 13,4-7.) Was sagen uns diese Verse über die Art von Lösung, die Gott gerne bei uns sehen möchte?" *(Lösungen, wie wir sie uns auch von anderen wünschen würden; Lösungen, die aus Freundlichkeit und Rücksicht geboren sind; Lösungen, die für alle gut sind ...)*

Gemeinsame Aktion: Eine Lösung vorschlagen
Vater/Mutter: „Wir suchen jetzt einmal nach Lösungen für die folgenden Probleme, wo man sich ganz schnell streiten kann. Also, hört genau hin und überlegt, was man da machen könnte. *(Lesen Sie die folgenden Situationen vor und helfen Sie den Kindern, nach Lösungen zu suchen.)*
1. Ihr wollt alle an unserem gemeinsamen Videoabend

unterschiedliche Filme sehen. *(ich lasse diesmal großzügig den anderen einen Film aussuchen; diesmal sucht der eine und nächstes Mal der andere einen Film aus; wir werfen eine Münze oder losen; wir spielen Schere-Stein-Papier ...)*
2. Ihr wollt alle zur gleichen Zeit am Computer spielen. *(wir können zusammen spielen; ich lasse dem anderen den Vortritt; wir stellen einen Wecker, damit alle gleich lang spielen können; wir losen oder spielen Schere-Stein-Papier darum, wer zuerst an den Computer darf ...)*
3. Alle wollen zum Mittagessen in verschiedene Restaurants." *(Die Eltern entscheiden; wir überlegen, wer schon lange nichts mehr vorgeschlagen hat, und überlassen ihm die Wahl; uns ist es allen egal; wir überlegen, wo es uns allen gefällt; wir überlegen, wo es der Mehrzahl von uns gefällt; wir stimmen ab ...)*

Austausch: Und – wie lief's?
Tauschen Sie sich über die folgenden Fragen aus:
<u>Vater/Mutter:</u> 1. „Was fandet ihr an den Lösungen, die ihr euch ausgedacht habt, gut? *(haben das Problem gelöst; alle wurden gerecht behandelt; niemand kriegt Ärger; wir waren alle ganz respektvoll; es war für alle gut ...)*
2. Was wäre passiert, wenn ihr euch angeschrien oder einen Streit angefangen hättet? *(aus dem Zimmer geschickt; Ärger bekommen; eines unserer Sonderrechte verloren; der Familie wehgetan ...)*
3. Womit gehorchen wir Gott am besten: Wenn wir eine Lösung finden, oder wenn wir streiten?"

Gebet zum Abschluss
Wenn Sie ein Elternpaar sind, lassen Sie jedes Ihrer Kinder für eines seiner Geschwister beten (David betet zum Beispiel für Ellie, Ellie betet für Tom usw.) und Sie beten beide füreinander. Wenn Sie alleinerziehend sind, lassen Sie die Kinder füreinander beten und beten Sie für die Familie als Ganzes. Sagen Sie den Kindern vorher noch, dass sie Gott noch für eine bestimmte Sache, die an dem anderen toll ist, danken sollen. Und wenn Sie selbst beten, danken

auch Sie Gott für eine Familie, die ihm immer besser zu gehorchen versucht. Bitten Sie ihn, dass er Ihnen allen hilft, Lösungen zu finden, auf die er stolz sein könnte, originelle und gerechte Ideen, bei denen alle berücksichtigt werden. Danken Sie Gott, dass er uns unsere Fehler immer wieder vergibt und dass er uns immer hilft, das zu lernen, was wichtig ist.

Anleitung zum Familiengespräch Nr. 8
Vermeide die Gefahrenzone

Machen Sie zu Beginn (oder zum Schluss) Ihres Familientreffens etwas zusammen, das auf Ihrer Liste steht.

Was Sie brauchen:

- Bilder von Gefahrenzeichen (Sie können sie beispielsweise aus dem Internet herunterladen: www.verkehrszeichen.kfz-auskunft.de Drucken Sie die Bilder aus und setzen Sie sie im Familiengespräch ein.)
- pro Familienmitglied ein zusammengerolltes Paar Socken
- eine Packung Smarties oder ähnliche kleine Belohnungen
- eine Bibel

Gemeinsame Aktion: Verkehrszeichen

Vater/Mutter: *(Zeigen Sie Ihren Kindern Bilder von verschiedenen Verkehrszeichen und tauschen Sie sich über die folgenden Fragen aus:)*

1. „Was bedeutet dieses Schild?
2. Was passiert, wenn man das Schild nicht beachtet?

(Man baut einen Unfall, Leute werden verletzt oder kommen sogar um, das Auto geht kaputt ...)

Diese Zeichen warnen uns vor Gefahren, so dass uns nichts passiert. Wollen wir in Gefahr geraten oder uns lieber von vornherein aus der Gefahrenzone fern halten?“

Gemeinsame Aktion: gefährlich oder nicht?

Vater/Mutter: „Und genauso wie es Gefahren gibt, die man beim Autofahren besser umgeht, gibt es Gefahren, die man im Gespräch besser vermeidet. Ich sage jetzt ein paar Sachen, die beschreiben, wie wir miteinander reden können, und ihr sagt mir dann, ob das gefährlich ist oder nicht. Okay? Los geht's. *(Lassen Sie die Kinder nach jedem Punkt „Gefahr!" oder „keine Gefahr!" rufen.)*

1. respektvoll reden
2. schreien *(Gefahr!)*
3. „bitte" und „danke" sagen
4. Schimpfnamen sagen *(Gefahr!)*
5. jemandem ein Kompliment machen
6. jemanden beleidigen *(Gefahr!)*
7. sagen: „Gut gemacht!"
8. sich über jemanden lustig machen *(Gefahr!)*
9. jemandem Mut machen
10. etwas Gemeines sagen *(Gefahr!)*
11. eine Lösung vorschlagen
12. einen unhöflichen Ton anschlagen *(Gefahr!)*

Ich lese euch die Liste noch einmal vor. Die guten Schilder sind: respektvoll reden, ‚bitte' und ‚danke' sagen, jemandem ein Kompliment machen, sagen: ‚Gut gemacht!', jemandem Mut machen, eine Lösung vorschlagen. Die Gefahrenzeichen sind: schreien, Schimpfnamen sagen, jemanden beleidigen, sich über jemanden lustig machen, etwas Gemeines sagen, einen unhöflichen Ton anschlagen. Stimmt das so?"

Gemeinsame Aktion: Wo wird's gefährlich?

Vater/Mutter: „Wir üben das jetzt mal ein bisschen. Wir spielen nacheinander ein paar Situationen durch. Wenn ihr grad Zuschauer seid, achtet ihr auf Gefahrenmomente. Jedes Mal, wenn ihr jemanden dabei erwischt, dass er in Gefahr gerät, werft ihr ihm eure Socke an den Kopf."

Geben Sie jedem Zuschauer ein zusammengerolltes Paar Socken und spielen Sie die folgenden Situationen durch. Ein Elternteil sollte immer einen Part übernehmen; den anderen lassen Sie von einem Kind spielen. Aber Sie übernehmen natürlich die Rolle eines der Geschwister. Achten Sie darauf, ein paarmal in Gefahr zu geraten, und stellen Sie sich darauf ein, dass Socken auf Sie niederregnen!

<u>Vater/Mutter:</u> 1. „Es ist nur noch ein Stück Kuchen da, und ihr wollt es beide.
2. Eines der Kinder sieht fern. Da kommt ein anderes herein und schaltet auf ein anderes Programm um, ohne zu fragen.
3. Die Kinder können sich beim Familientreffen nicht einigen, welches Spiel gespielt werden soll."

Gemeinsame Aktion: Gefahren aus dem Weg gehen/ausweichen
<u>Vater/Mutter:</u> „Jetzt spielen wir die gleichen Situationen noch einmal durch, aber diesmal ist es andersherum: Jeder, der die Gefahren vermeidet und etwas Gutes auf eine respektvolle Weise sagt, kriegt ein Smartie. Die anderen sind Zuschauer und Schiedsrichter und entscheiden, wer von uns Spielern ein Smartie verdient hat." *(Spielen Sie die Spiele noch einmal durch, aber vermeiden Sie die üblichen Gefahren. Schlagen Sie freundlich konstruktive Lösungen vor und genießen Sie Ihre Smarties.)*

Austausch: Gefahren erkennen
Lesen Sie Sprüche 12,18 und Psalm 19,14. Stellen Sie die folgenden Fragen:
<u>Vater/Mutter:</u> 1. „Was haltet ihr von den Gefahrenzonen? *(die sind schlecht, ich mag sie nicht ...)*
2. Was für Worte sollen wir benutzen, wenn es nach Gott geht? *(Worte, über die er sich freut; Worte, mit denen wir einander helfen; ermutigende und respektvolle Worte ...)*
3. Warum wollen wir uns von Gefahrenzonen besser fern halten? *(sie können jemandem schaden, sie tun unserer Familie nicht gut ...)*
4. Wie schaffen wir es, möglichst nur respektvoll zu reden?" *(immer daran denken, dass wir einander mit unseren Worten nicht wehtun wollen; Gott bitten, dass er uns hilft; einfach freundlich sagen, was uns stört; eine Lösung vorschlagen; nicht vergessen, dass wir Ärger kriegen, wenn wir in die Gefahrenzone geraten ...)*

Gebet zum Abschluss
Lassen Sie, bevor Sie zum Gebet übergehen, jeden eine Sache nennen, für die er dankbar ist. Dann tragen Sie Gebetsanliegen zusammen. Lassen Sie jeden für das Familienmitglied zu seiner Linken beten und machen Sie als Mutter oder Vater den Abschluss. Danken Sie Gott, dass Sie schon so viel über gute Kommunikation lernen und üben konnten und dass Sie als Familie dadurch stärker zusammenwachsen können. Bitten Sie Gott, dass er Ihnen weiter hilft, diese vielen Fähigkeiten *(zählen Sie sie ruhig auf)* anzuwenden, so dass Sie alle einander mit der Achtung begegnen können, die er sich von Ihnen wünscht.

Anleitung zum Familiengespräch Nr. 9
Wir lösen das Problem gemeinsam

Machen Sie zu Beginn (oder zum Schluss) Ihres Familientreffens etwas zusammen, das auf Ihrer Liste steht.

Was Sie brauchen:
- eine Tür mit Schloss (also beispielsweise die Eingangstür) und den dazu passenden Schlüssel
- verschiedene andere Schlüssel
- auf einem Blatt Papier die STEPS und die Grundregeln
- ein Blatt Papier und einen Stift
- eine Bibel

Gemeinsame Aktion: Den richtigen Schlüssel finden

Vater/Mutter: *(Zeigen Sie Ihren Kindern die Sammlung von Schlüsseln, die Sie für diesen Zweck bereitgelegt haben; fünf bis zehn dürfen es schon sein. Gehen Sie dann alle zusammen zu der Tür mit dem Schloss.)* „Was meint ihr, mit welchem dieser Schlüssel kann ich die Tür hier öffnen? *(Was die Kinder nicht wissen: die Schlüssel passen alle nicht. Die Kinder sollen der Reihe nach Schlüssel auswählen und versuchen, die Tür zu öffnen.)*

Ist es schwer, die Tür zu öffnen, wenn man den richtigen Schlüssel nicht hat? *(es geht gar nicht)* Wir haben hier ein Problem: Wir wollen die Tür öffnen, aber wir haben den richtigen Schlüssel nicht. Was meint ihr – ob dieser hier besser funktioniert? *(Zaubern Sie den richtigen Schlüssel aus der Hosentasche.)* Wer will es einmal ausprobieren? *(Lassen Sie jedes Kind die Tür einmal auf- und wieder zuschließen. Dann setzen Sie sich alle wieder im Wohnzimmer im Kreis.)* Was war leichter – die Tür mit dem falschen Schlüssel zu öffnen oder mit dem richtigen? Wenn wir ein Problem haben oder wütend aufeinander sind, ist das so ähnlich, wie wenn wir vor einer verschlossenen Tür stehen. Wir müssen die richtige Lösung für das Problem finden, genauso wie wir den richtigen Schlüssel für die Tür finden müssen."

Austausch: Grundregeln

Vater/Mutter: „Wir werden fünf einfache Schritte lernen, wie man Lösungen finden kann, wenn man ein Problem hat oder sich nicht einig ist. Aber vorher gibt es noch einige Regeln, die uns beim Diskutieren helfen. Dann ärgern wir uns nämlich nicht so sehr übereinander und können uns auf die Lösungen konzentrieren. Hier sind also die Grundregeln: *(Lesen Sie die fünf Grundregeln vor und erklären Sie sie, falls nötig.)*

1. Nörgeln, Schimpfnamen und Besserwisserei sind verboten.
2. Jeder hat ein Recht auf seine Meinung.
3. Alle werden angehört – und zwar der Reihe nach.
4. Lange Reden sind unerwünscht.
5. Dreimal „ups" und raus bist du.

Versteht ihr alle diese Grundregeln?"

Gemeinsame Aktion:

Wählen Sie ein relativ einfaches Problem, mit dem Ihre Kinder in der letzten Zeit – oder aber immer wieder einmal – zu kämpfen hatten. Beispiele sind Kämpfe um die Fernbedienung, den Computer oder um Spielzeug. Lassen Sie Vater oder Mutter diesmal Schiedsrichter sein (und die „Upse" verteilen). Denken Sie immer daran, die Diskussion lebendig und Wortmeldungen kurz zu halten!

1. Stellt fest, wo das Problem liegt:

Vater/Mutter: „Okay, wir versuchen jetzt einmal, ein Problem zusammen zu lösen. Das Erste, was man macht, ist, dass man feststellt, was das Problem eigentlich ist. Klingt irgendwie logisch, oder? Also sagt jeder höflich, wo er denkt, dass das Problem liegt. Dann ist es viel einfacher, sich eine Lösung auszudenken. Also, wir gehen reihum und jeder kann sagen, was er denkt – aber bitte mit gegenseitigem Respekt!" *(Gehen Sie reihum, bis jeder etwas gesagt hat.)*

2. Tragt Lösungsvorschläge zusammen:

Vater/Mutter: „Als Nächstes müssen wir so viele Ideen sammeln und aufschreiben, wie wir uns nur ausdenken können. Wir gehen wieder der Reihe nach, und jeder schlägt etwas vor, wie man das Problem lösen könnte. Nur zu! Wer will den Anfang machen?" *(Achten Sie darauf, dass jeder immer nur eine Lösung vorschlägt. Schreiben Sie die Vorschläge auf und gehen Sie so oft reihum, bis Sie mindestens fünf bis zehn mögliche Lösungen zusammengetragen haben.)*

3. Ermittelt die beste Lösung:

Vater/Mutter: „Jetzt müssen wir uns natürlich auch noch überlegen, welche von diesen Vorschlägen wir tatsächlich in die Tat umsetzen wollen. Ich lese unsere Ideen noch mal der Reihe nach vor, und wenn jemand die Idee gut findet, gibt er ihr ein Plus. Wenn ihr findet, dass das keine gute Lösung wäre, gebt ihr ihr ein Minus. Also gut, los geht's." *(Lesen Sie alle Vorschläge vor und achten Sie darauf, dass jeder ein Plus oder Minus vergibt. Schreiben Sie die Bewertungen mit auf Ihr Papier.)*

4. Plant genau:

Vater/Mutter: „Jetzt schauen wir mal, für welche Vorschläge die meisten Pluspunkte gegeben wurden. *(Lesen Sie diese Vorschläge noch einmal vor.)* Was meint ihr, welche der Vorschläge auf dieser kleinen Liste lösen unser Problem am besten?" *(Stellen Sie gemeinsam einen genauen Plan auf, in den Sie eine oder mehrere der guten Lösungen einbauen. Überlegen Sie ruhig bis ins Detail, was zu tun ist, und schreiben Sie alles auf.)*

5. Schaut zurück: Wie hat's geklappt?

Vater/Mutter: „Gut, da haben wir uns ja ganz schön was ausgedacht. Wir probieren das jetzt einfach mal eine Weile aus, und bei unserem nächsten Familientreffen tauschen wir uns darüber aus, wie es geklappt hat. Wenn es gut war, behalten wir diese Lösung einfach bei. Wenn es nicht so toll war, müssen wir uns eben etwas anderes ausdenken."

Austausch: Probleme richtig lösen

Vater/Mutter: *(Lesen Sie Epheser 4,25-27, 29-32.)* „Wenn wir etwas miteinander zu klären haben – was meint ihr, wie Gott sich das wünscht? *(Respektvoll, die Wahrheit sagen, uns nicht von unserem Ärger beherrschen lassen, anderen Mut machen, überlegen, was für die anderen gut ist, einander vergeben ...)* Was haben wir eigentlich davon, wenn wir Probleme richtig lösen?" *(die Diskussion geht besser voran, wir finden eine bessere Lösung, wir gehorchen Gott, wir behandeln einander mit Achtung ...)*

Gebet zum Abschluss

Beten Sie reihum und lassen Sie jedes Kind beten. Die Mutter oder der Vater macht den Abschluss. Danken Sie Gott, dass er uns in seinem Wort so viel nützliche Hinweise gibt, wie wir miteinander umgehen sollen. Und danken Sie Gott für all den Segen, den es mit sich bringt, wenn man ihm gehorcht.

Anleitung zum Familiengespräch Nr. 10
Mit nervigen Geschwistern fertig werden

Machen Sie zu Beginn (oder zum Schluss) Ihres Familientreffens etwas zusammen, das auf Ihrer Liste steht.

Was Sie brauchen:
- vier selbstklebende („Post-It"-)Zettel
- eine Bibel

Gemeinsame Aktion: Was wir gut finden – und was nicht

Vater/Mutter: „Wir sagen jetzt als Erstes einmal alle, was wir an andern gut finden. Also: Einer macht den Anfang und sagt etwas Nettes über jeden von uns anderen, und dann gehen wir so der Reihe nach. Okay? *(Machen Sie die Runde: Jeder sagt zu jedem Familienmitglied etwas, das er gut findet.)* Wenn man so als Familie zusammenlebt, macht man aber natürlich immer auch Sachen, die die anderen nicht so toll finden. Also könnt ihr jetzt jeweils eine Sache sagen, über die ihr euch bei den anderen manchmal ärgert. Aber wirklich nur eine Sache!" *(Lassen Sie die Kinder jeweils einen Punkt nennen, über den sie sich in der Vergangenheit geärgert haben.)*

Gemeinsame Aktion: Denken – Sagen – Tun

Vater/Mutter: „Wenn jemand etwas macht, das man nicht so toll findet, geht es manchmal ganz schnell, dass man selbst respektlos und ausfallend wird. Und was passiert dann? *(Wir kriegen beide Ärger!)* Stimmt. Also möchte ich euch heute einen Plan vorstellen, wie ihr in solchen Situationen besser reagieren könnt.

Jetzt brauche ich zunächst einmal einen Freiwilligen. *(Ein Kind soll sich so hinstellen, dass die anderen es alle sehen können.)* Du bist jetzt unser Modellkind; du stehst einfach nur da und

bewegst dich nicht. Also, unser Plan hat drei Teile, und wir bringen die so an unserem Modell an, dass wir sie uns gut merken können. *(Nehmen Sie eine der Post-It-Etiketten und schreiben Sie DENKEN darauf.)* Das Erste, worauf wir achten, ist das Denken. Mit welchem Körperteil denken wir denn normalerweise? *(Mit dem Kopf.)* Stimmt. Klebt mal jemand diesen Zettel unserem Modell an den Kopf? *(Ein Kind bringt den Zettel am Modell an.)*
Sieht ja toll aus! *(Schreiben Sie auf das zweite Post-It-Etikett SAGEN.)* Der zweite Teil von unserem Plan dreht sich um das, was wir sagen. Wir wollen ja etwas sagen, das in der Situation richtig ist und alle weiterbringt. Welches Körperteil brauchen wir dafür? *(Unseren Mund.)* Genau, also kann mal einer von euch den Zettel hier an der richtigen Stelle aufkleben. *(Ein Kind klebt dem Modell das Etikett an den Mund.)*
Super! *(Schreiben Sie das Wort TUN auf die beiden letzten Etiketten.)* Der dritte und letzte Teil unseres Plans ist, dass wir etwas tun. Welche Körperteile brauchen wir denn, um etwas zu tun? *(Die Hände.)* Klebt mal jemand unserem Modell die beiden Zettel an die Hände? Danke!
Also, was sind die drei Teile unseres Plans? *(Denken, sagen und tun.)* Genau. Deswegen nennen wir den Plan auch Denken – Sagen – Tun.“ *(Das Modell bekommt eine Runde Applaus, wenn es sich wieder setzt.)*

Austausch: Denken – Sagen – Tun

Vater/Mutter: „Ich erkläre euch die drei Schritte noch genauer. Zuerst geht es darum, was wir denken. Wir sollten ja etwas denken, das es uns dann einfacher macht, das Richtige zu sagen und zu tun, nicht wahr? Dann verhalten wir uns richtig, auch wenn der andere respektlos ist. Und wie war das noch mal – wer kriegt in unserer Familie Ärger: wer respektlos ist oder respektvoll? *(Respektlos.)* Stimmt. Und was wollen wir deswegen alle sein? *(Respektvoll.)*
Wenn also dein Bruder oder deine Schwester etwas macht, das dich ärgert, was könntest du dann denken – oder zu dir selber sagen –, das dir nachher hilft, dich richtig zu verhalten?

(Helfen Sie den Kindern, konstruktive, lösungsorientierte Gedanken zu formulieren, zum Beispiel: Vielleicht weiß er/sie ja gar nicht, wie mich das nervt; wenn er/sie Ärger haben will, muss ich da ja nicht mitmachen; ich will mich jetzt richtig verhalten, auch wenn er/sie es wirklich darauf anlegt, mich aus der Ruhe zu bringen; das ist wirklich furchtbar nervig, aber Gott kann mir helfen, mich richtig zu verhalten ...)
Und was kannst du dann zu deinem Bruder oder deiner Schwester sagen, ohne dass du respektlos bist und dann Ärger riskierst? *(Seien Sie auch hier wieder den Kindern behilflich, gute Sätze zu formulieren, zum Beispiel die Wenn-Sätze aus Kapitel fünf; Hör bitte auf, ________ zu machen; ich habe dich doch gebeten, damit bitte aufzuhören; wenn du damit nicht aufhörst, hole ich Mama ...)*
Der letzte Teil des Plans ist dann, dass du etwas machst, das respektvoll ist und das Problem irgendwie löst. Wenn du schon das DENKEN und SAGEN gut geschafft hast – was kannst du als Nächstes TUN, um das Problem zu lösen und keinen Ärger zu bekommen?" *(Lassen Sie die Kinder gute Vorschläge vortragen, zum Beispiel: den anderen einfach nicht beachten; woanders hingehen; weggehen und etwas anderes machen; die Eltern um Hilfe bitten ...)*

Gemeinsame Aktion: Achtung – Fertig – Rollenspiel

<u>Vater/Mutter:</u> „Wir üben das jetzt mal. Wer will es als Erstes probieren? *(Überlegen Sie sich eine Situation, in der einer den anderen nervt, und lassen Sie die Kinder das Ganze vorspielen: Eins der Kinder legt es darauf an, das andere aus der Ruhe zu bringen, das andere dagegen handelt nach dem Denken-Sagen-Tun-Konzept. Mögliche Szenarien sind: ein Kind schubst das andere; ein Kind nimmt etwas von dem anderen, ohne zu fragen; ein Kind beschimpft das andere; ein Kind macht Lärm, während das andere seine Schulaufgaben macht oder fernsieht und so weiter. Sie können die Situation zwischendurch anhalten, damit das zweite Kind sagen kann, was es gerade denkt und was es als Nächstes sagen und tun möchte, um sich in der schwierigen Situation richtig zu verhalten.)*

Das war wirklich toll! Du hast das mit dem Denken – Sagen – Tun schon richtig gut hingekriegt! Wer will es als Nächstes ausprobieren?“ *(Wenn Sie Zeit haben, lassen Sie wirklich jedes der Kinder das Denken-Sagen-Tun-Schema einmal ausprobieren.)*

Austausch: Wie lief's denn so?

Stellen Sie die folgenden Fragen zur Diskussion:

Vater/Mutter: 1. „Was meint ihr? Hat das mit dem Denken – Sagen – Tun funktioniert?

2. Warum ist das Denken in dem ganzen Plan so wichtig? *(Hilft einem ruhig zu bleiben; wenn man das Richtige denkt, ist es auch einfacher, das Richtige zu sagen und zu tun ...)*

3. *(Lesen Sie Sprüche 29,11.)* Wie möchte Gott, dass wir mit jemandem umgehen, der uns auf die Nerven geht? *(ruhig bleiben; höflich bleiben; nach einer Lösung suchen; weggehen; den anderen bitten aufzuhören ...)*

4. Wie kann uns das Denken – Sagen – Tun helfen, Gott zu gehorchen? *(Der Plan hilft uns, das zu denken, zu sagen und zu tun, was Gott gefällt.)*

5. Wenn ihr den Plan mit Denken – Sagen – Tun richtig befolgt, riskiert ihr dann Ärger, bloß weil der andere euch ärgert? *(Nein.)*

6. Wer kriegt denn Ärger? *(Nur der, der respektlos ist.)*

7. Also, auch wenn einer von euch sich nicht richtig verhält und ganz respektlos ist, kann der andere immer noch höflich bleiben und sich eine gute Lösung ausdenken. Stimmt's?“

Gebet zum Abschluss

Jeder betet für das Familienmitglied zu seiner Rechten und die Mutter oder der Vater machen den Abschluss. Bitten Sie Gott, dass er Ihnen allen hilft, rücksichtsvoller zueinander zu sein, so dass Sie einander nicht unabsichtlich oder gar absichtlich auf die Nerven gehen. Bitten Sie Gott – gerade auch in Gegenwart Ihrer Kinder, für die das ein eindrückliches Vorbild ist –, dass er Ihnen vergibt, wo Sie anderen Familienmitgliedern in der Vergangenheit das Leben schwer gemacht haben. Bitten Sie Gott, dass er Ihnen allen hilft, einander so zu behandeln, wie Sie selbst behandelt werden möchten. Danken Sie ihm für seine Vergebung und für seine Treue und dafür, dass er immer bei Ihrer Familie ist.

Anleitung zum Familiengespräch Nr. 11
Teilen

Machen Sie zu Beginn (oder zum Schluss) Ihres Familientreffens etwas zusammen, das auf Ihrer Liste steht.

Was Sie brauchen:
- ein viel benutztes Spielzeug
- eine Bibel

Gemeinsame Aktion: Ich teile nicht mit dir!

Vater/Mutter: „Heute wollen wir über das Teilen reden. Als Erstes spielen wir einmal, wie das ist, wenn man nicht teilt. Wir machen das als Rollenspiel, und ich brauche noch einen Freiwilligen, der das mit mir spielt. Wir tun so, als ob wir zwei Kinder wären, die hier spielen, und ______ *(Ihr Kind)* fragt mich, ob er/sie eins meiner Spielzeuge benutzen kann. Aber ich gebe es ihm/ihr nicht. Anschließend reden wir darüber." *(Nehmen Sie das Spielzeug Ihrer Kinder und spielen Sie ein bis drei Situationen durch, in denen Sie das Spielzeug haben, es aber nicht abgeben wollen.)*

Austausch: Teilen

Stellen Sie die folgenden Fragen:

Vater/Mutter: 1. „Wie gut hat das mit dem Teilen bei mir geklappt?

2. Was meint ihr, wie ging es ______, als ich mein Spielzeug nicht herausgerückt habe?

3. Wenn ein anderer gesehen hätte, wie ich mich verhielt – was würde der wohl über mich gedacht haben? *(der ist aber nicht sehr freundlich; mit dem will ich nicht spielen ...)*

4. *(Lesen Sie Lukas 6,31.)* Was hat dieser Vers denn damit zu tun, ob wir teilen oder nicht? *(Wenn wir wollen, dass andere mit uns teilen, müssen wir auch mit ihnen teilen.)*

5. *(Lesen Sie Apostelgeschichte 2,44-47.)* In den Versen geht es

um die ersten Christen. Hört ihr da irgendwas zum Thema Teilen?
6. Warum, meint ihr, will Gott, dass wir mit anderen teilen? *(es ist nicht so egoistisch; es ist nett, wenn man teilt; es ist eine gute Möglichkeit, jemandem zu zeigen, dass man ihn gern hat; es ist eine gute Möglichkeit, Freunde zu finden ...)*
7. Welche Sache könnte jeder von uns mit den anderen teilen?
8. Was könnte jeder von euch mit seinen Geschwistern teilen?
9. Müsst ihr immer alles mit allen teilen? *(nein)*
10. Wann ist es in Ordnung, wenn ihr etwas nicht mit den anderen teilt?" *(Wenn es ein besonderes Geschenk ist; wenn es leicht kaputtgeht; wenn ich es gerade benutze; wenn jemand meine Sachen nicht sorgfältig behandelt ...)*

Austausch: Denken – Sagen – Tun zum Thema Teilen

Vater/Mutter: „Wir überlegen uns jetzt einmal einen Denken-Sagen-Tun-Plan zum Thema Teilen. Also, zuerst wollen wir ja etwas denken, das uns dann hilft, das Richtige zu sagen und zu tun. Was könntet ihr zum Beispiel denken, wenn jemand euch bittet, etwas von euren Sachen abzugeben? *(Helfen Sie Ihren Kindern, konstruktive Gedanken zu formulieren, zum Beispiel: Jeder muss mal was abgeben; Gott will, dass ich die anderen so behandle, wie ich selbst behandelt werden möchte; wenn ich _______ etwas von meinen Spielsachen abgebe, gibt er/sie mir bestimmt auch von seinen/ihren ab; wenn man teilt, hat man viel mehr Spaß zusammen ...)*
Super! Was war noch mal der zweite Teil unseres Plans? *(Sagen.)* Stimmt. Also, was könntet ihr sagen, wenn jemand euch bittet, etwas von euren Spielsachen abzugeben? *(Helfen Sie Ihren Kindern, freundliche Antworten zu überlegen, zum Beispiel: Ich brauch das grad selber, aber du kannst es nachher haben; klar kannst du das haben; wir können ja zusammen damit spielen; vielleicht kannst du ja stattdessen mit dem hier spielen ...)*
Gut. Und der dritte Teil ist, dass wir das Richtige tun. Wenn

du dem anderen dein Spielzeug abgibst, wie solltest du das machen? *(freundlich)* Und wenn du es selber noch eine Weile benutzen möchtest, wie solltest du es dem anderen sagen? *(auch freundlich!)* Genau – also egal, ob ihr teilt oder nicht, wie sollt ihr euch verhalten?“ *(freundlich!)*

Gemeinsame Aktion: Achtung – Fertig – Rollenspiel

Vater/Mutter: „Ihr seid ganz schön gut bei diesen ganzen Diskussionen! Jetzt geben wir jedem mal die Möglichkeit, das auch auszuprobieren. Erinnert ihr euch noch an das Rollenspiel am Anfang, als ich _____ mein Spielzeug nicht geben wollte? Jetzt könnt ihr uns mal zeigen, wie man das besser machen kann. *(Lassen Sie jedes Kind die Situation, die Sie zu Beginn des Familiengesprächs vorgestellt haben, spielen. Halten Sie die Handlung bei Bedarf an, damit das Kind erklären kann, was es gerade denkt und was es sagen beziehungsweise tun will.)*

(Nach dem Rollenspiel:) Das war wirklich toll! Ihr habt das alle so gut hingekriegt! Wir üben das bei Gelegenheit noch mal, aber für heute war das schon wirklich super!“

Gebet zum Abschluss

Bevor Sie beten, lassen Sie der Reihe nach jeden sagen, wofür er gerade dankbar ist. Sie können sich zum Beten an den Händen halten. Bitten Sie die Kinder, für die Eltern zu beten, und beten Sie als Eltern für die Kinder. Danken Sie Gott zum Schluss für all das, was er uns „abgegeben“ und mit uns geteilt hat, und bitten Sie ihn, dass er Ihnen allen hilft, anderen gegenüber auch so großzügig zu sein, wie er es uns gegenüber ist.

Anleitung zum Familiengespräch Nr. 12
Sich abwechseln

Machen Sie zu Beginn (oder zum Schluss) Ihres Familientreffens etwas zusammen, das auf Ihrer Liste steht.

Was Sie brauchen:

- ein Gesellschaftsspiel, das keine großen Vorbereitungen erfordert (zum Beispiel ein Kartenspiel oder Domino)
- eine Bibel

Gemeinsame Aktion: Ich fange an!

Vater/Mutter: „Heute geht es darum, dass wir uns bei vielen Sachen abwechseln. Wir tun jetzt alle mal so, als wollten wir _____ *(nennen Sie das Spiel)* spielen, aber vorher wiederholt ihr alle der Reihe nach, was ich sage. Okay? *(Alle sollen sich so hinsetzen, als würden sie jeden Moment mit dem Spiel beginnen. Sagen Sie dann die folgenden Sätze – so lustig, übertrieben und dramatisch, wie Sie es hinbekommen, und lassen Sie alle Familienmitglieder reihum Satz für Satz wiederholen.)*

1. Ich fange an!
2. Nein, ich fange an!
3. Aber ich hab zuerst gesagt, dass ich anfange!
4. Wenn ich nicht anfangen kann, spiele ich nicht mit.
5. Umso besser, mit dir wollte ich sowieso nicht spielen!
6. Na bitte, dann spiel halt allein!"

Stellen Sie die folgenden Fragen:

Vater/Mutter: 1. „Wie hören wir uns an, wenn wir so reden?

2. Wenn wir uns wirklich so verhalten würden – glaubt ihr, jemand würde gern mit uns etwas spielen wollen?

3. Wenn ihr Leute von einer anderen Familie so reden hörtet – hättet ihr dann Lust, mit ihnen zu spielen?

Austausch: Sich abwechseln

Vater/Mutter: *(Lesen Sie Philipper 2,3-4.)* „Was haben diese Verse damit zu tun, dass man sich bei irgendetwas abwechselt? *(Gott will, dass wir auch an andere denken und nicht nur an uns; wenn man sich abwechselt, zeigt man damit, dass man an den anderen gedacht hat ...)*

Inwiefern gehorchen wir Gott, wenn wir uns abwechseln? *(Wir behandeln andere so, wie wir selbst behandelt werden wollen; wir sind rücksichtsvoll; es ist einfach nett; man ist dann nicht egoistisch ...)*

Hört euch diese Geschichte mal an: Julius und Ben waren Freunde. Eines Tages gingen sie in den Hof, um ein bisschen Fußball zu spielen. Ben rannte los und rief: ‚Los, Julius, spiel mir den Ball zu!' Aber Julius warf ihm einen gemeinen Blick zu und sagte: ‚Ich schieß zuerst aufs Tor. Es ist schließlich mein Ball!'"

Stellen Sie die folgenden Fragen:

Vater/Mutter: 1. „War Ben freundlich? *(Ja.)*

2. War Julius freundlich? *(Nein.)*

3. Was hat Ben wohl gedacht, als Julius unbedingt zuerst schießen wollte? *(Das scheint ihm ja ziemlich wichtig zu sein; er ist aber nicht besonders freundlich!)*

4. Wenn noch andere Kinder im Hof gewesen wären und das mit angehört hätten – was würden die wohl von Julius halten? *(Sie würden denken, dass es keinen Spaß macht, mit ihm zu spielen, warum benimmt der sich bloß so?)*

5. Was hätte Julius sagen oder tun können, das sehr viel freundlicher gewesen wäre?" *(Er hätte Ben den Ball zuspielen und sagen können: ‚Hier hast du den Ball' oder ‚Wir können uns ja abwechseln mit dem Schießen, fang du an!')*

Austausch: Denken – Sagen – Tun zum Thema Abwechseln

Vater/Mutter: „Denken wir uns doch mal einen Plan Denken – Sagen – Tun aus, der uns hilft, uns mit anderen abzuwechseln. Was könntet ihr denken, damit es euch einfacher fällt, andere vorzulassen? *(Helfen Sie Ihren Kindern, konstruktive und freundliche Gedanken zu formulieren, zum Beispiel: Es gehört ja nicht nur mir; wenn man sich abwechselt, ist das rücksichtsvoll und Gott freut sich darüber; wenn ich mitspielen will, muss ich die anderen auch drankommen lassen; jetzt ist er/sie dran, ich komme ja später auch wieder an die Reihe ...)*

Super. Und was könntet ihr sagen, damit die anderen merken, dass ihr euch wirklich friedlich mit den anderen abwechseln wollt? *(Helfen Sie den Kindern, freundliche Antworten zu finden, zum Beispiel: ‚In Ordnung, du bist jetzt dran' oder ‚Klar, mach du den Anfang!"*

Spitze! Im letzten Teil unseres Plans geht es darum, wie wir handeln. Was müsstet ihr tun, um euch mit den anderen abzuwechseln? *(Den Ball – oder was auch immer – freundlich abgeben.)*

Wer schafft es, Denken – Sagen – Tun einmal komplett für eine Situation durchzugehen, bei der es darauf ankommt, sich mit anderen abzuwechseln?"

Gemeinsame Aktion: Achtung – Fertig – Rollenspiel!

Vater/Mutter: „Schauen wir mal, wie das in einer wirklichen Situation klappt. Wir tun jetzt wieder so, als wollten wir unser Spiel spielen, und diesmal zeigt ihr mir, wie gut das mit dem Abwechseln klappt. *(Setzen Sie sich wieder alle so, dass Sie jeden Moment mit dem Spiel beginnen könnten, zu dem Sie zu Beginn des Familiengesprächs gar nicht erst gekommen sind.)* Wer will uns einmal vorführen, wie das mit dem Abwechseln klappt? *(Wenn eines Ihrer Kinder gut reagiert und beispielsweise sagt: ‚Madeleine, du kannst anfangen!', loben Sie es sofort, dass es das gut gemacht hat.)* Wir können ja das Denken – Sagen – Tun auch mal für andere Situationen durchspielen. Was könntet ihr denken, wenn eins eurer Geschwister auch mal an den Computer will? *(Es ist schließlich nicht mein Computer; wir können ja das Spiel beide spielen und dabei eine Menge Spaß haben; wenn man sich abwechselt, zeigt man damit, dass man Gott gehorcht; wenn ich will, dass sie mich an den Computer lässt, sollte ich sie auch*

ranlassen …) Und was könntet ihr sagen? *(‚Klar, du kannst mitspielen'; ‚sobald ich mit dieser Runde fertig bin, kannst du ran, okay?')*
Was könntet ihr denken, wenn euer Bruder oder eure Schwester mit dem gleichen Spielzeug spielen möchte wie ihr? *(Ich muss ja eigentlich jetzt nicht damit spielen; ich kann ja in der Zwischenzeit mit etwas anderem spielen; es wäre doch nett, ihm/ihr den Vortritt zu lassen …)* Und was könntet ihr sagen? *(erklären, warum ich es gerade noch brauche; ihm/ihr sagen, dass er/sie es haben kann; vorschlagen, dass wir uns abwechseln …)*
Und noch ein paar Mini-Fragen zum Abschluss: Wenn ihr jemandem ein Spielzeug oder so etwas gebt oder ihn an den Computer lasst oder euch abwechselt oder dem anderen den Vortritt lasst – wie solltet ihr das alles machen? *(freundlich)* Wenn ihr es nicht so richtig hinbekommt, wie ihr euch abwechseln könnt, und euch keine Lösung einfällt – wen bittet ihr dann um Hilfe?" *(die Eltern)*

Gebet zum Abschluss

Lassen Sie jeden für eine andere Familie beten, die er kennt. Sie machen als Mutter oder Vater den Abschluss, indem Sie Gott dafür danken, dass so eine kleine Sache, wie einander den Vortritt zu lassen, auf eine so großartige Weise unseren Gehorsam ihm gegenüber zeigt. Bitten Sie Gott, dass er Ihnen allen hilft, in der nächsten Woche die Bedürfnisse der anderen Familienmitglieder vor die eigenen zu stellen und dass er Sie immer mehr zu der Familie macht, die Sie sein sollen.

Anleitung zum Familiengespräch Nr. 13
Flexibilität

Machen Sie zu Beginn (oder zum Schluss) Ihres Familientreffens etwas zusammen, das auf Ihrer Liste steht.

Was Sie brauchen:
- einen ca. 15 bis 30 cm langen Gegenstand, der sich nicht verbiegen lässt (einen Kochlöffel, einen dicken Ast, eine Metallstange ...)
- ein langes Gummiband
- eine Bibel

Gemeinsame Aktion: Verbieg das mal!

Vater/Mutter: *(Halten Sie den Ast, oder was auch immer Sie benutzen, hoch und zerren Sie daran herum, um zu demonstrieren, dass er sich nicht verbiegen lässt.)* „Manchmal möchte Gott, dass wir stark und unnachgiebig sind, so wie dieser Ast. Wer von euch hat eine Idee, wann Gott will, dass wir stark bleiben und nicht nachgeben? *(Wenn andere etwas falsch machen; wenn man für das Richtige einsteht; wenn man kurz davor steht, selbst etwas Falsches zu tun ...)*

Und wenn jetzt der Ast hier wäre *(halten Sie ihn fest, so dass er nach oben zeigt)* und bis hier rüber reichen müsste? *(Deuten Sie einen Punkt etwa zwanzig bis fünfundzwanzig Zentimeter daneben an.)* Was passiert, wenn ich den Ast dahin biegen will? *(Er bricht.)*

Und wie wär's, wenn ich dieses Gummiband benutzte? Wenn ich es hier halte *(halten Sie das Band mit zwei Fingern fest)* und ein anderer hält es hier *(lassen Sie eins Ihrer Kinder das Band oben festhalten)*, dann kann man es immer noch bis hier rüber ziehen – mit dem Ast ging das nicht! *(Ziehen Sie mit der anderen Hand das Gummiband zwanzig bis fünfundzwanzig Zentimeter zur Seite, so dass ein Dreieck entsteht.)*

Manchmal will Gott, dass wir stark sind, wie der Ast. Aber manchmal müssen wir auch nachgiebig und flexibel sein, wie das Gummiband. Wenn etwas flexibel ist, heißt das, dass es sich verbiegen und auseinander ziehen lässt. Und wenn wir im Umgang miteinander flexibel sind, heißt das, dass wir uns umstellen können, wenn etwas einmal nicht so funktioniert, wie wir das erwartet oder uns gewünscht hätten. Wir gehen auch dann respektvoll miteinander um, wenn es nicht nach uns geht. Kann jemand von euch mir mal ein Beispiel nennen, wann wir in unserer Familie flexibel sein sollten? *(wenn jemand etwas gerade benutzt, das ich gerne hätte; wenn wir nicht dahin gehen, wo ich gerne hingehen würde; wenn ich warten muss, bis ich dran bin ...)* Genau. Gott will, dass wir stark und unbeugsam sind, wenn es darauf ankommt, und dass wir flexibel und nachgiebig sind, wenn es darauf ankommt – je nachdem."

Austausch: Flexibilität

Vater/Mutter: *(Lesen Sie Epheser 5,1 und Philipper 2,4)* 1. „Als Jesus den Himmel verließ und auf die Erde kam, um sein Leben für uns hinzugeben – hat er da an sich gedacht oder an uns? *(An uns.)*

2. Wenn wir so sein wollen wie Jesus, sollten wir dann immer nur daran denken, was für uns gut ist, oder sollten wir auch Rücksicht darauf nehmen, was für die anderen gut ist? *(Wir sollten auch an die anderen denken.)*

3. Was meint die Bibel denn, wenn sie sagt, dass wir nicht nur an uns denken sollen, sondern auch an die anderen? *(Wir sollten überlegen, was die anderen gut finden, und das dann machen; nicht immer nur das machen, was wir gerade wollen ...)*

4. Wie wirkt sich das auf unsere Familie aus, wenn wir flexibel reagieren, wenn es einmal nicht nach uns geht? *(Wir helfen einander; wir machen, was die anderen gut finden; wir kommen viel besser miteinander aus; wir streiten nicht so viel; es muss ja nicht immer nach uns gehen ...)*

5. Was passiert, wenn man nicht flexibel ist?" *(Man hat nicht*

viel Spaß; man kriegt Ärger; man wird aufs Zimmer geschickt; man hat außerdem gar nichts davon ...)

Austausch: Denken – Sagen – Tun zum Thema Flexibilität

Vater/Mutter: „Denken wir uns doch mal einen Plan Denken – Sagen – Tun aus, der uns hilft, flexibel zu sein, so wie unser Gummiband hier. Ihr wisst ja bestimmt noch, dass es wichtig ist, was wir denken – denn davon hängt ab, was wir hinterher sagen und tun. Also, was könntet ihr denken, damit es euch leichter fällt, flexibel zu sein. *(Helfen Sie Ihren Kindern, konstruktive und freundliche Gedanken zu formulieren, zum Beispiel: ‚Es kann ja nicht immer nach mir gehen; es macht bestimmt auch Spaß, wenn wir diesmal machen, was ____ vorschlägt; vielleicht können wir es ja beim nächsten Mal so machen, wie ich es will; es wäre eigentlich nett von mir, wenn ich es so mache, wie _____ es sich vorstellt.')*

Das war echt gut. Und was könntet ihr sagen, damit die anderen merken, dass ihr flexibel seid – so wie unser Gummiband hier? *(Helfen Sie den Kindern, freundliche Antworten zu finden, zum Beispiel: ‚Wir können es diesmal gerne so machen, wie du willst'; ‚machen wir das so'; ‚es ist mir egal'; ‚vielleicht können wir es ja ein andermal so machen, wie ich es will' ...)*

Spitze! Und was könntet ihr tun, um zu zeigen, wie flexibel ihr seid?" *(Abwarten, bis man dran ist; höflich reden; spielen, was der andere will; freundlich bleiben; einfach etwas anderes tun ...)*

Gemeinsame Aktion: Achtung – Fertig – Rollenspiel

Vater/Mutter: „Wir schauen jetzt mal zum Spaß, wie das ist, wenn jemand nicht flexibel ist. *(Wählen Sie eine Situation aus, in der Ihre Kinder nicht allzu viel Flexibilität bewiesen haben. Stellen Sie die beiden Akteure auf und erklären Sie beiden Kindern, was sie spielen sollen – eines hat die Aufgabe, total unnachgiebig zu sein.)*

Achtung – Fertig – Los!" *(Halten Sie die Handlung zwischendurch an, damit das „unflexible" Kind sagen kann, was es gerade denkt und was ganz bestimmt zu einem falschen Verhalten führt. Und lassen Sie es dann sagen und tun, was einen Mangel an Flexibilität beweist, also schreien, einen Anfall kriegen, schmollen und so weiter.)*

Fragen Sie:

Vater/Mutter: 1. „Na, was meint ihr – wie hat das geklappt?

2. Was würde passieren, wenn einer von euch sich wirklich so verhalten würde? *(würde eine Menge Ärger kriegen; würde in sein/ihr Zimmer geschickt; es wäre nicht schön für unsere Familie ...)*

Probieren wir das Ganze noch mal, aber diesmal richtig! Vergesst nicht: erst Denken – dann Sagen – dann Tun. Mal sehen, wie das funktioniert!" *(Lassen Sie die Spieler von eben die gleiche Situation noch einmal spielen, aber diesmal geht es darum, flexibel zu reagieren. Halten Sie auch diesmal wieder die Handlung an, um dem „flexiblen" Kind die Möglichkeit zu geben, dass es seine Gedanken formuliert. Und lassen Sie es dann vorführen, was es sagen und tun würde.)*

Fragen Sie dann:

Vater/Mutter: 1. „Hat _____ uns gezeigt, wie das ist, wenn man flexibel ist?

2. Wie war das denn für alle Beteiligten?

3. Obwohl es nicht so ging, wie _____ sich das vorgestellt hatte – hat er/sie sich trotzdem richtig verhalten?

4. Was meint ihr, was Gott darüber denkt, wie er/sie sich da verhalten hat?

5. Wie findet ihr es denn, flexibel zu sein?"

Gebet zum Abschluss

Tragen Sie zunächst Gebetsanliegen zusammen. Halten Sie sich dann alle an den Händen und lassen Sie jeden für das Familienmitglied zu seiner Linken beten. Beten Sie als Vater oder Mutter zum Abschluss: Bitten Sie Gott, dass er Sie alle immer wieder daran erinnert, wie viel Jesus aufgab, als er auf die Erde kam. Bitten Sie ihn, dass er jedem hilft, nicht nur an sich, sondern auch an die anderen zu denken. Und danken Sie ihm, dass er Ihnen als Familie schon so viel gezeigt hat, wie Sie Jesus ähnlicher werden können.

Anleitung zum Familiengespräch Nr. 14
Vergebung

Machen Sie zu Beginn (oder zum Schluss) Ihres Familientreffens etwas zusammen, das auf Ihrer Liste steht.

Was Sie brauchen:
- ein Spielzeug, eine CD oder irgendetwas anderes, das die Kinder viel benutzen
- eine Bibel

Gemeinsame Aktion: Hört mal zu und denkt dann nach

Vater/Mutter: „Heute geht es in unserem Familiengespräch darum, dass wir einander vergeben sollen. Hört euch mal die folgende Geschichte an:

Erste Geschichte: Oliver hatte zum Geburtstag ein funkelnagelneues Fahrrad bekommen. Tanja, seine Schwester, bat ihn, auch einmal darauf fahren zu dürfen, und er erlaubte es ihr. Als sie das Fahrrad draußen ausprobierte, fuhr sie durch ein kleines Schlagloch. Sie fiel vom Fahrrad und merkte, als sie sich wieder aufgerappelt hatte, dass die Farbe an der Seite des Rahmens etwas verkratzt war. Sie erzählte Oliver, was passiert war, und sagte, dass ihr das sehr Leid tat. Oliver riss ihr das Rad aus den Händen und fauchte: ‚Du bist echt so ungeschickt! Du kannst ja nicht mal Fahrrad fahren, ohne gleich runterzufallen! Ich geb dir nie wieder was von meinen Sachen!'"

Stellen Sie die folgenden Fragen:

Vater/Mutter: 1. „Als Tanja in Olivers Fahrrad Kratzer machte – tat sie das absichtlich oder unabsichtlich? *(unabsichtlich)*

2. Hat sich Tanja bei Oliver entschuldigt? *(ja)*

3. Hat Oliver Tanja vergeben? *(nein)*

4. Was haltet ihr davon, wie Oliver sich hier verhalten hat?
5. Wie hättet ihr euch an Olivers Stelle verhalten?

Zweite Geschichte: Katrin fragte ihre Schwester Carla, ob sie deren Pullover anziehen könnte. Obwohl es einer von Carlas Lieblingspullis war, erlaubte Carla es ihr. Beim Abendessen kam ein Klecks Ketchup auf den Pullover. Als sie Carla davon erzählte und sich entschuldigte, sagte Carla: ‚Oh nein! Na ja, da kann man nichts machen. So was kann ja jedem mal passieren.'"

Stellen Sie die folgenden Fragen:

Vater/Mutter: 1. „Hat Katrin den Ketchup extra verschüttet oder aus Versehen? *(aus Versehen)*
2. Hat sich Katrin entschuldigt? *(ja)*
3. Hat Carla Katrin vergeben? *(ja)*
4. Wie findet ihr Carlas Verhalten hier?
5. Was hättet ihr an Carlas Stelle gemacht?"

Austausch: Einander vergeben

Vater/Mutter: *(Lesen Sie Kolosser 3,12-14.)*
1. „Wie möchte Gott, dass wir miteinander umgehen? *(sollen freundlich und geduldig sein, einander vergeben ...)*
2. Was sollen wir machen, wenn wir uns respektlos gegen jemanden verhalten haben? *(entschuldigen; sagen, dass es uns Leid tut)*
3. Wie möchte Gott, dass wir mit jemandem umgehen, der etwas macht, das wir nicht so toll finden, der sich aber dann entschuldigt?" *(möchte, dass wir ihm vergeben)*

Vater/Mutter: *(Lesen Sie Jesaja 1,18 und Matthäus 6,14-15)*
1. „Was macht Gott, wenn wir ihn um Vergebung bitten? *(macht unsere Schuld weiß wie Schnee)*
2. Wenn wir wollen, dass Gott uns vergibt, wenn wir uns falsch verhalten haben – wie sollen wir dann andere behandeln, die uns Unrecht getan haben? *(ihnen vergeben)*
3. Was für Dinge fallen euch so ein, die wir uns in unserer

Familie manchmal gegenseitig vergeben müssen? *(wenn wir einander auf die Nerven gehen, schreien, schlagen und treten, gemeine Sachen sagen, respektlos sind ...)*

Austausch: Denken – Sagen – Tun zum Thema Vergebung

Vater/Mutter: „Denken wir uns doch mal einen Plan Denken – Sagen – Tun aus, der uns hilft, wenn wir jemandem von unserer Familie etwas vergeben müssen. Also, was könntet ihr denken, damit es euch leichter fällt, zu vergeben? *(Helfen Sie Ihren Kindern, konstruktive und freundliche Gedanken zu formulieren, zum Beispiel: ‚Ich mache ja manchmal auch etwas, das nicht richtig ist; Gott will, dass ich vergebe; jeder macht mal was falsch; irgendwann muss ich sie bestimmt auch einmal um Vergebung bitten ...')*

Das war echt gut. Und was könntet ihr sagen, wenn euch jemand um Verzeihung bittet? *(Helfen Sie den Kindern, freundliche Antworten zu finden, zum Beispiel: ‚ist schon in Ordnung'; ‚das war wirklich nicht besonders schön, aber ich verzeih's dir gerne'; ‚wir machen alle mal was falsch, ist schon verziehen' ...)*

Spitze! Und was könntet ihr tun, nachdem ihr dem anderen vergeben habt, um ihm zu zeigen, dass ihr wirklich nicht mehr sauer seid?" *(ihm/ihr freundlich auf den Rücken klopfen; einfach friedlich weiterspielen; einander die Hand geben; einander fest umarmen ...)*

Gemeinsame Aktion: Achtung – Fertig – Rollenspiel

Vater/Mutter: „Das üben wir jetzt. Zuerst schauen wir uns an, wie es ist, wenn jemand nicht bereit ist zu vergeben. Wir brauchen wieder zwei Schauspieler. Tun wir einfach so, als hätte _____ *(erstes Kind)* das hier *(halten Sie das Spielzeug/die CD etc. hoch)* benutzt, das _____ *(zweites Kind)* gehört. Irgendwie ist es kaputt gegangen, und jetzt bringt ______ *(erstes Kind)* es zurück und sagt dabei, dass es kaputt gegangen ist. Okay? *(Stellen Sie die beiden Kinder so auf, dass sie die Szene spielen können.)*

Seid ihr alle soweit fertig? Nicht vergessen: Diesmal soll _____ *(zweites Kind)* unversöhnlich sein und ______ *(erstes Kind)* nicht vergeben. Achtung – fertig – los! *(Halten Sie die Handlung zwischenzeitlich an, um dem zweiten Kind die Möglichkeit zu geben auszusprechen, was es gerade denkt und warum es dem anderen nicht vergeben will. Und dann soll es weiterspielen, was es sagen und tun würde, wenn es nicht zur Vergebung bereit wäre. Wiederholen Sie das Rollenspiel, bis alle einmal wissen, wie es ist, wenn man dem anderen nicht vergibt.)* Und jetzt spielen wir das Ganze noch mal – aber diesmal vergeben wir dem anderen so, wie Gott sich das wünscht." *(Wiederholen Sie die Rollenspiele und lassen Sie die Darsteller diesmal demonstrieren, wie Vergebung funktioniert. Halten Sie die Handlung an, damit das Kind sagen kann, was es gerade denkt und was es tun und sagen will.)*

Austausch: Vergeben oder nicht?

Vater/Mutter: 1. „Was hat euch besser gefallen – das Rollenspiel *mit* Vergebung oder das *ohne*?

2. Was meint ihr, welches Rollenspiel hat Gott besser gefallen?

3. Wie war das für euch, als der andere euch nicht vergeben hat?

4. Wie war das für euch, als ihr dem anderen nicht vergeben habt?

5. Wie wirkt es sich auf unsere Familie aus, wenn wir uns vergeben? *(Wir kommen besser miteinander zurecht; wir sind nicht sauer aufeinander; wir gehorchen Gott; wir machen alle schon mal Fehler und brauchen Vergebung ...)*

6. Was für eine Familie wollen wir sein – eine, in der man einander vergibt, oder eine, in der man lieber wütend aufeinander bleibt?

7. Was müssen wir machen, um eine Familie zu werden, in der sich alle Familienmitglieder vergeben?" *(an Denken – Sagen – Tun erinnern; uns entschuldigen, wenn wir etwas falsch gemacht haben; immer daran denken, dass wir alle Fehler machen; immer daran denken, dass Gott Vergebungsbereitschaft will ...)*

Gebet zum Abschluss

Erinnern Sie alle daran, dass wir Gott für die vielen Male danken können, die er uns unsere Schuld vergeben hat. Machen Sie als Mutter oder Vater wieder den Abschluss; danken Sie Gott für seine Treue und seine Bereitschaft, uns immer wieder zu vergeben. Bitten Sie ihn, dass er Ihnen allen hilft, einander so zu vergeben, wie er uns vergibt. Danken Sie ihm für die Weisheit, die wir in seinem Wort finden, und für all das Wichtige, das Sie als Familie schon lernen konnten.

Anleitung zum Familiengespräch Nr. 15
Der Familien-TÜV

Machen Sie zu Beginn (oder zum Schluss) Ihres Familientreffens etwas zusammen, das auf Ihrer Liste steht.

Was Sie brauchen:
- mehrere Blatt Papier und einen Stift
- eine Bibel

Gemeinsame Aktion: Das Familienthermometer

Vater/Mutter: „Heute wollen wir alle einmal sehen, wo wir als Familie eigentlich stehen. Als Erstes nehmen wir mal die ‚Familientemperatur' ab. Wir haben eine Skala von eins bis fünf – fünf ist dabei ganz gut und eins ganz schlecht. *(Malen Sie auf fünf Blätter jeweils ein Thermometer, das von eins bis fünf reicht.)*

Los geht's. Das geht ganz einfach: Ich stelle euch eine Frage, und ihr sagt mir, an welcher Stelle auf dem Thermometer wir stehen. Okay?" *(Lesen Sie die folgenden Fragen und lassen Sie jedes Familienmitglied seine Einschätzung abgeben. Markieren Sie auf dem Thermometer die Werte, die die einzelnen Familienmitglieder nennen, zusammen mit ihren Anfangsbuchstaben.)*

Fragen zum Familienthermometer:

Vater/Mutter: „Wie gut schaffen wir es, ...

1. respektvoll miteinander umzugehen,
2. miteinander zurechtzukommen,
3. Spaß zusammen zu haben,
4. uns gemeinsam über Gott auszutauschen,
5. als Familie zusammenzuwachsen?"

Austausch: Wie wir unsere Familientemperatur bewertet haben

Vater/Mutter: 1. „Was haltet ihr von den Zahlen, die wir auf unseren Thermometern eingetragen haben?
2. In welchem Bereich sind wir am besten?
3. An welchem Bereich müssen wir noch am meisten arbeiten?
4. Nennt etwas, das ihr an unserer Familie gut findet.
5. Nennt etwas, das ihr an unserer Familie gerne ändern würdet."

Austausch: Was wir aus der Bibel gelernt haben

Vater/Mutter: „Wir schauen uns heute auch noch einmal ein paar der Bibelverse an, die uns bei unseren Familiengesprächen begegnet sind." *(Lesen Sie die folgenden Verse oder Abschnitte vor: Galater 5,22-25; Epheser 4,25-27; Kolosser 3,12-15; 1. Korinther 12,14-26; 1. Korinther 13,1-7; Jeremia 29,11; Lukas 6,31; Jakobus 1,19-20; Philipper 2,3-4.)*

Stellen Sie die folgenden Fragen:

Vater/Mutter: 1. „Was lernen wir aus diesen Versen darüber, wie wir miteinander als Familie umgehen sollen?
2. Wie gut haben wir es bisher geschafft, diese Bibelstellen in die Tat umzusetzen?
3. An welchen Stellen müssen wir noch an uns arbeiten?"

Gemeinsame Aktion: Ziele festlegen

Vater/Mutter: „Überlegen wir doch einmal, was wir als Familie eigentlich erreichen wollen, damit wir wissen, wo es überhaupt hingehen soll. Ich lese einen halben Satz vor, und wir alle überlegen uns, wie wir ihn vervollständigen möchten. Ich schreibe das alles auf. *(Lassen Sie alle der Reihe nach den folgenden Satz vervollständigen, und schreiben Sie mit, damit Sie bei späteren Familientreffen darauf Bezug nehmen können.)*

Ich hätte gerne eine Familie, in der ______________________
____ .

Und dann schreiben wir noch auf, was jeder von uns machen kann, damit wir diesem Ziel näher kommen. Ich lese wieder einen halben Satz, den wir der Reihe nach zu Ende führen. *(Schreiben Sie auch hier wieder mit. Lassen Sie reihum alle sagen, was sie denken, und machen Sie ruhig mehrere Runden.)*

So kann ich dazu beitragen, dass unsere Familie ihr Ziel erreicht: ______________________________

______________________________________.“

Gemeinsame Aktion: Themen für weitere Familiengespräche

Vater/Mutter: „Wir machen auch noch eine Liste mit Themen, über die wir bei unseren nächsten Familientreffen gerne reden würden. Wir können die wiederholen, über die wir schon diskutiert haben – oder wir können uns andere ausdenken. Wir können über alles reden, was uns unseren Zielen näher bringt, was uns Gott näher bringt, was uns hilft, respektvoller miteinander umzugehen, oder was uns hilft, mit schwierigen Situationen zu Hause, mit Freunden oder in der Schule umzugehen. Also, was schlagt ihr vor?“ *(Schreiben Sie alle Vorschläge auf und entscheiden Sie sich für drei Themen, die für alle interessant sind. Diese nehmen Sie sich dann für Ihre nächsten Familientreffen vor.)*

Gebet zum Abschluss

Halten Sie sich an den Händen und bitten Sie jedes Kind, für die Familie zu beten. Machen Sie als Mutter oder Vater den Abschluss und danken Sie Gott für all das Gute, das er schon in Ihrer Familie gewirkt hat. Bitten Sie ihn, dass er Sie alle immer weiter zu einer Familie formt, wie er sie sich wünscht. Beten Sie, dass Gott jedem Familienmitglied hilft, an den Stellen zu wachsen, wo Wachstum nötig ist. Legen Sie die zukünftigen Familientreffen in seine Hand und bitten Sie ihn, Sie weiter zu führen.

Übung macht den Meister
Beispielantworten

Erster Schritt: Stärken Sie den Familienzusammenhalt

1. „Mama und ich haben beschlossen, dass wir gerne öfter etwas als Familie zusammen machen wollen. Ihr seid uns alle so wichtig, und wir möchten, dass ihr das auch spürt. Wir wollen, dass wir alle bei diesen Familientreffen viel Spaß haben, deswegen ist es gut, wenn ihr alle mit überlegt, wie wir diese Treffen gestalten können. Wir wollen auch über alle möglichen wichtigen Dinge reden, damit wir als Familie immer mehr zusammenwachsen und lernen, wie wir Gott noch besser nachfolgen können. Am Sonntagnachmittag machen wir unser erstes Familientreffen. Hat jemand einen Vorschlag, was wir zusammen unternehmen könnten?"
2. Fangen Sie mit kleinen Berührungen und kurzen Bemerkungen an und steigern Sie beides mit der Zeit. Ihre Berührungen sollten, wenn das Kind nicht daran gewohnt ist, anfangs kurz, ganz sanft und unaufdringlich sein, und Ihre Worte ebenso. Sie können mit beidem gut beginnen, wenn Sie Ihre Kinder zu Bett bringen; später bauen Sie bewusste Berührungen und ermutigende Worte einfach auch in den Tagesablauf ein.

Zweiter Schritt: Wenden Sie sich den Kindern einzeln zu

1. Alex ist vierzehn Jahre alt. Er spricht ganz leise und ist sehr schüchtern, dabei sehr intelligent. Er ist gern allein und hat wenig enge Freunde.
   - Stärke: kommt in der Schule gut zurecht
   - Schwäche: ist gehemmt, wenn er neue Leute kennen lernt
   - Schwierige Situation: Geburtstagsfeiern, Familientreffen
   - Wie man ihm helfen kann: einfache Gesprächstechniken üben (wie man Leute begrüßt; wie man ein Gespräch anfängt ...)

2. Katie ist zehn. Sie ist launisch, kämpft mit dem Schreiben, hat einen Dickkopf und gibt schnell auf, wenn sie auf Hindernisse stößt.
   - Stärke: kann sich gut verteidigen
   - Schwäche: beachtet die Gefühle anderer zu wenig
   - Schwierige Situation: wenn es nicht nach ihr geht
   - Wie man ihr helfen kann: mit ihr üben, wie sie ruhig bleiben (z.B. zehnmal tief durchatmen) und klar denken kann (z.B. was kann ich jetzt am besten machen?), wenn sie ihren Willen nicht bekommt.

Dritter Schritt: Wirken Sie dem Konkurrenzdenken entgegen

Vergleichen

Angemessene Bemerkungen: „Jimmy, ich möchte, dass du den Mund beim Kauen zumachst."

„Katie, du kannst ruhig und sachlich sagen, was du denkst, oder du kannst auf dein Zimmer gehen. Es liegt ganz an dir."

Schubladendenken

Angemessene Bemerkungen: „Susanne strengt sich in der Schule ganz schön an und kommt sehr gut zurecht."

„Tommy, ich möchte nicht, dass du so redest, als wüsstest du alles besser. Du machst manchmal richtig tolle Vorschläge, und ich möchte sie gerne alle hören. Aber wir können uns viel besser unterhalten, wenn du auch zuhörst, was die anderen zu sagen haben."

Konkurrenzkampf

Umgeleitete Kommentare: „Joshua, es ist schön, wenn du gute Noten hast; aber es ist viel wichtiger, wie du mit deiner Schwester redest. Ich möchte, dass du etwas über ihre Noten sagst, das ihr Mut macht. Und zwar bitte sofort."

„Tim, ich will mal sehen, wie du dich über deinen Erfolg freuen und gleichzeitig nett zu den anderen sein kannst."

Vierter Schritt: Bestehen Sie auf gegenseitigem Respekt

1. Papa: „Daniel, hast du Peter wirklich angespuckt? Na, dann gehst du jetzt sofort auf dein Zimmer. Du kannst mir später erzählen, was passiert ist. Und du, Peter, kommst hierher und erzählst mir deine Sicht der Dinge."
2. Mama: „Hey, Katrin, das ist keine Art, wie du Emily aus dem Zimmer scheuchst. Ich möchte, dass du dich dafür bei ihr entschuldigst. Und dann überlegen wir mal zusammen, wie ihr freundlicher miteinander umgehen könnt."

Fünfter Schritt: Verbessern Sie die Kommunikation

1. „Wenn du mich unterbrichst, wenn ich gerade telefoniere, macht mich das echt wütend."
   „Ich werde wirklich sauer, wenn du das immer sagst!"
2. Gehen Sie sofort in das Zimmer, wo der Computer steht, und sagen Sie: „Hey, ihr zwei, wenn ihr hier nicht miteinander zurecht kommt, könnt ihr das anwenden, was wir bei unseren Familientreffen besprochen haben. Wer möchte zuerst sagen, wo das Problem liegt?"

Sechster Schritt: Lassen Sie die Kinder die Probleme selbst lösen

1. „Linda, das gibt ein Ups. Sage das, was du zu sagen hast, bitte respektvoll!"
2. Mögliche Lösungen:
   - Steffen duscht am Abend vorher.
   - Jenny steht zum Duschen eine Viertelstunde früher auf.
   - Beide haben im Bad ihren eigenen Bereich für ihre Toilettensachen.
   - Beide räumen das Durcheinander auf, das sie veranstaltet haben, und hängen die Handtücher auf.
   - Jenny ist bis 7.15 Uhr aus dem Bad.
   - Wer sich respektlos verhält (Schreien, Schimpfnamen), muss am Abend eine halbe Stunde früher ins Bett.
   - Die Eltern kontrollieren das Bad. Wer ein allzu großes Durcheinander hinterlässt, muss später das Bad putzen.

Siebter Schritt: Lehren Sie die Kinder das Überleben im Geschwisteralltag

1. Mit nervigen Geschwistern fertig werden:

Denken: *Wenn ich mich jetzt richtig verhalte, kriege ich keinen Ärger.*
Sagen: „Hey, ich wäre wirklich froh, wenn du ________."
Tun: Hol dir aus der Küche was zu trinken; das gibt dir Zeit, dich abzureagieren und zu überlegen, was du als Nächstes tun kannst.

2. Teilen:

Denken: *Ich kann ______ ja ein andermal benutzen.*
Sagen: „Wie wär's, wenn wir uns damit abwechseln?"
Tun: Überlegt gemeinsam, wie ihr euch abwechseln könnt.

3. Sich abwechseln:

Denken: *Es wäre wirklich nett von mir, ihm/ihr den Vortritt zu lassen.*
Sagen: „Willst du zuerst?"
Tun: Lass dem/der anderen den Vortritt.

4. Flexibilität:

Denken: *Wenn wir jetzt __________, können wir das nächste Mal ________.*
Sagen: „Naja, das ist nicht grad das, was ich eigentlich wollte, aber ich mache trotzdem mit."
Tun: Beschließe einfach, fröhlich mitzumachen.

5. Einander vergeben:

Denken: *Immerhin hat er/sie gesagt, dass es ihm/ihr Leid tut.*
Sagen: „Ach, ist nicht so schlimm."
Tun: Macht zusammen etwas Lustiges.

Achter Schritt: Belohnen Sie respektvolles Verhalten

Mögliche Reaktionen:

1. Drücken Sie den beiden freundlich die Schulter und lächeln Sie ihnen aufmunternd zu: „Ihr schafft das wirklich toll, euch

miteinander zu unterhalten und nett zueinander zu sein. Da haben wir alle viel mehr Spaß. Es wäre so schön, wenn wir immer so miteinander umgehen könnten!"

2. Sagen Sie Ihren Kindern, dass Sie jedes Mal ein Kreuzchen machen, wenn Sie hören, dass sie einander Mut machen (zum Beispiel durch Kommentare wie „gut gemacht!" oder „das hast du echt gut hingekriegt!"). Wenn sie an einem Tag fünf zusammenkriegen, gibt es ein Sternchen im Kalender. Wenn alle drei Sternchen hintereinander im Kalender stehen haben, unternimmt die ganze Familie etwas Besonderes miteinander.

Neunter Schritt: Bestrafen Sie respektloses Verhalten

1. „Kinder, wenn ihr euch nicht einig werden könnt, wie ihr diesen Keks aufteilt, kriegt ihn keiner. Also, was würdet ihr vorschlagen?"
2. Reagieren Sie sofort. Je nachdem, wie gravierend der Verstoß Ihrer Meinung nach ist, helfen Sie den Kindern entweder, ihre Streitigkeiten zu lösen, oder Sie verordnen den Kontrahenten gleich eine Zwangspause.

Zehnter Schritt: Schmieden Sie die Geschwister zu einem Team

Beispielantworten:

1. Verhalten, das Sie gerne abstellen wollen:
   - Schlagen, Treten, Schubsen, Spucken, Kratzen ...
   - Schreien
   - Schimpfnamen
   - Besserwisserei
2. Verhalten, das Sie sich mehr wünschen:
   - Teilen
   - Bemerkungen, die anderen Mut machen
   - Respekt bei allem, *was* man sagt und *wie* man es sagt
   - die Eltern zu Hilfe holen, wenn man nicht weiterweiß

Praktische Ratgeber für Eltern und Pädagogen

Gary Chapman & Ross Campbell
Die fünf Sprachen der Liebe für Kinder
ISBN 3-86122-335-X
168 Seiten, Paperback

Die ganze Liebe der Eltern gilt den Kindern. Doch wie kann man sicher sein, dass diese Liebe bei den Adressaten auch ankommt? Denn – was versteht ein Kind überhaupt unter Liebe? Mutter oder Vater können die Muttersprache der Liebe erlernen, die ihr Kind spricht. Hier sind die fünf verschiedenen Sprachen beschrieben, mit denen Eltern ins Herz ihrer Kinder vordringen können.

In Auszügen auch als Hörbuch erhältlich:

Gary Chapman & Ross Campbell
Die fünf Sprachen der Liebe für Kinder – Hörbuch
ISBN 3-86122-745-2
CD, 74 Minuten

Ross Campbell
Kinder sind wie ein Spiegel
Ein Handbuch für Eltern, die ihre Kinder richtig lieben wollen
ISBN 3-86122-388-0
112 Seitn, Paperback

Eine Frage, die sich wohl die meisten Eltern irgendwann einmal verzweifelt stellen, wenn es zu Hause richtig kracht: „Was mache ich nur verkehrt, wie kann ich es besser machen?"
Ross Campbell hat auf viele Fragen eine Antwort: bedingungslose Liebe. Allerdings – es reicht nicht, wenn wir unseren Kindern sagen, dass wir sie lieben.
Wir müssen es ihnen so vermitteln, dass sie es fühlen und sich angenommen wissen, so wie sie sind.

Kinder sind wie ein Spiegel: Sie reflektieren alles, was wir ihnen schenken. Und wenn wir ihnen viel Liebe schenken, werden sie sich fröhlich und gesund entwickeln.

Gary Chapman
So stell' ich mir Familie vor
Fünf Anregungen für ein glückliches Zusammenleben
ISBN 3-86122-541-7
208 Seiten, Paperback

Kennen Sie die fünf Merkmale einer Familie, in der es einfach klappt? Erfolgsautor Gary Chapman zeigt Ihnen die Bausteine, aus denen sich ein harmonisches Familienleben zusammensetzt. Puzzeln Sie mit und bringen Sie neue Farbe in den Familienalltag. So kommen Geborgenheit, Glück und Zufriedenheit in Ihre Familie.

Christiane Grabe
Welche Grenzen braucht mein Kind?
Mit Liebe erziehen
ISBN 3-86122-707-X
64 Seiten, kartoniert

Was brauchen Eltern und Kinder für ihr Zusammenleben? Wo sind Grenzen zu setzen – brauchen Kinder überhaupt Grenzen? Wie können Eltern konsequent und doch liebevoll erziehen? Und wie gelingt es, eine Basis der Liebe für das Miteinander zu schaffen?

Prägnant bringt Christiane Grabe es auf den Punkt, wie das Zusammenleben in der Familie gelingt: mit Liebe und Konsequenz. Wie beides zueinander passt, wird an vielen praktischen – und selbst erprobten! – Beispielen gezeigt: hilfreiche Tipps, die leicht ausprobiert werden können und ihnen helfen, Ihre Kinder zu glücklichen, selbstständigen und verantwortungsvollen Menschen zu erziehen.

Ein Familienvater packt aus

Thomas Weißenborn
Im Himmel gibt es keine Windeln
Ein Familienvater packt aus
ISBN 3-86122-807-6
128 Seiten, kartoniert

Der Test war positiv? Kein Grund zur Panik – sollte der Schwangerschaftsteststreifen blau anlaufen, müssen Sie es ihm nicht gleichtun! Es ist noch kein Papa vom Himmel gefallen, auch ein Cowboy wie Sie kann das lernen!
Sollten „Beckenbodentraining" oder die korrekte Berechnung der Pippistoppintervalle noch böhmische Dörfer für Sie sein, dann folgen Sie dem Autor. Er hat dieses unbekannte Land schon viermal durchritten und weiß, wo es langgeht.
Sie werden lachen, Sie werden staunen, vor allem aber werden Sie merken: Jeder kleine Stinkefußindianer ist ein glitzernder Nugget Gottes für Sie!

„Das Beste waren aber noch die Ultraschallbilder. Obwohl ausgedruckt und fröhlich im Verwandtenkreis herumgereicht, ist mir bis heute nicht klar, was darauf eigentlich zu sehen ist. Und wahrscheinlich auch keinem anderen. Aber so etwas gibt Mann ja nicht zu, schließlich ist ein Ultraschall ein technisches Gerät, mit dem Mann sich natürlich bestens auskennt. Beim Arzt blickt er also fasziniert auf einen Bildschirm voller grauer Streifen, die sich mit jeder Bewegung verändern. Ehrlich gesagt war ich mir nie sicher, ob es sich bei den für die Krankenkasse sicher nicht ganz billigen Fotos nicht doch um die Wetterkarte von gestern Abend gehandelt hat ..."